U0504101

国家社科基金项目（10BJY004）

中国社会科学院创新工程学术出版资助项目

增长、结构与转型：

中国经济增长潜力分析 II

GROWTH, STRUCTURE AND TRANSITION:

RESEARCH ON CHINA'S ECONOMIC POTENTIALITIES II

袁富华◎著

社会科学文献出版社
SOCIAL SCIENCES ACADEMIC PRESS (CHINA)

前　言

立足于"一线三点"的基本认知构架，本书对中国长期增长的一些主要问题进行了分析。"一线"即长期增长曲线，包括经济增长的阶段性、生产函数弹性参数变化、要素非线性动态等，这种方法容易让我们把研究的着力点直接放在长期增长规律及问题的探索上，并由此获得一些新认识。"三点"即效率、结构和转型，包括长期增长过程中劳动生产率变化、产业和人口结构变化及其影响、增长方式转变等。以长期经济增长趋势为主线，我们把最能反映中国潜在增长变化程度和规律的因素，归结为劳动生产率变化和结构变化，进而派生出增长方式转型的一些认识。

第一章是对潜在增长分析方法的一个评论，对中国长期增长的主要问题及潜在增长评估的特殊性给出说明，提供了一个比较切合中国经济实际的框架。主要认识是，作为后发工业化国家，中国面临着工业化阶段向城市化阶段的转型，其间，增长阶段转换、人口结构变化和增长目标的重新定位，将影响中国长期增长曲线的参数结构，资本、劳动等重要变量也将呈现非线性变动。目前，中国经济正在经历由工业化时期的增长加速，向城市化阶段增长减速的过渡。

在进行国际比较的基础上，本书第二、三、四章提供了一些关于中国长期增长的认识。

第二章通过对发达国家长期增长因素的比较分析，印证了以下事实：20世纪70年代以后发达国家经济增长的减速，与生产率增长的减速密切相关，而生产率的减速是由产业结构服务化这种系统性因素造成的。为此，本章提出了长期增长过程中"结构性加速"与"结构性减速"的观点。未来几十年，中国经济结构的服务化趋势将逐渐增强，"结构性加速"向"结构性减速"转换及相应问题将会凸显。第三章对发达国家和发展中国家经济结构的本质差异及演化规律进行了比较分析，提出欠发达国家产业结构变迁过程中的资源错配问题。发达国家在长期增长中，第三产业的劳动生产率普遍高于或接近于第二产业；而发展中国家正好相反，第三产业的劳动生产率普遍低于第二产业。因此，如果在这种情况下套用库兹涅茨规律于发展中国家，在片面强调服务业规模扩张的时候，资源错配就会出现；而且，服务业越发展，资源错配导致的经济增长缺乏效率问题就越突出。第四章提出中国劳动力"工业化不足"的问题。发达国家工业部门长期以来的高就业份额，是一个被研究者长期忽略的现象。正是这个被忽略的现象，蕴涵了理解工业化本质的一些线索。工业部门劳动力份额的最大值，发生在资本主义工业由成熟向更高级阶段的演化时期。相比较而言，发展中国家的工业发展似乎从来没有出现过这种景象，作为工业化重要动力的劳动力报酬递增表现得比较微弱。发达国家的工业化经验和发展中国家的教训值得中国借鉴。

第五章和第六章提供了中国工业行业和区域增长及效率状况的计量案例。第五章运用加成率估算方法，对中国全社会 36 个工业行业和 29 个省市 17 个工业行业的市场竞争程度进行了评估，数据分析认为，20 世纪 90 年代末期以来，较强的市场控制力只存在于少数工业行业中，这些行业的市场垄断力量，随机分布在省际各个工业行业中。工业行业加成率普遍低下的事实，意味着近年来工业部门出现了弱化的内部规模经济，换句话说，中国工业正面临着学习效应或专业化效应递减的问题。第六章运用 2007 年 286 个城市的数据和局部线性空间模型，对中国城市劳动生产率的空间模式和影响因素进行了解读。总体来看，我国城市劳动生产率由东至西呈现递减趋势，而区域劳动生产率在东部和西部表现出了比较显著的集聚特征，即两个区域的城市劳动生产率分别表现出各自的区域匀质性，但是中部地区城市间劳动生产率的分布没有表现出类似的匀质性。第七章对快速增长时期的中国经济模式进行分段考察。根据中国经济长期增长趋势及增长阶段转换的客观事实，本章将长期增长时期划分为高速增长时期和稳速增长时期，分别对应着低价工业化模式和新增长模式。两个时期增长模式的内核存在着本质的区别，低价工业化模式的增长表现是规模报酬递减，新增长模式的内核是规模报酬递增。

　　第八到十一章对中国经济转型的内在机制和应对策略进行了粗略勾勒。第八章认为，中国的现代化进程在较短时期内经历了人口结构转型和工业化规模扩张。低价工业化模式的历史作用，在于有效整合了经济资源，从而使劳动力禀赋的优势得以发挥，进而收获了"人口红利"。但是，随着中国老龄化时代的来临，劳动力供给正出现增长减速甚至绝对下降的拐点，中国经济正在结束以廉价劳动力为驱动的粗放增长模式。第九章对节能减排冲击和未来增长趋势给出了说明，认为在考虑低碳经济约束、人口转型的条件下，未来几年中国潜在增长速度将逐步降低到8%以下，现有生产模式不足以吸收减排冲击。为了保持经济的持续稳定增长，技术进步和结构转型至关重要。第十章和第十一章阐述了城市化过程中技术创新路径和管理创新方式，这是中国经济应对减速、提高效率和成功转型的保障。

　　本书是社会科学基金项目"中国经济快速增长时期的动力、源泉与模式研究（10BJY004）"的修改版。各章组织的基础，是著者两年内撰写的已发表或未发表的论文，在系统性和连贯性上可能有些欠缺，但虑及本书提出的一些问题和认识，对于相关领域的深入研究或许有所启发，因此将本书付梓，以期抛砖引玉。

目　录

第一章　中国经济潜在增长率的分析方法…………………………………… 1

第一节　潜在增长率评估方法概述 ………………………………………… 1

第二节　中国潜在增长水平的研究方法 ………………………………… 5

第三节　中国潜在增长水平的情景分析 ………………………………… 8

第二章　长期增长过程的"结构性加速"与"结构性减速"………… 14

第一节　引言 ……………………………………………………………… 14

第二节　数据及数据应用说明 …………………………………………… 16

第三节　经济增长速度及其主要因素分解 …………………………… 19

第四节　经济增长的"结构性减速" …………………………………… 25

第五节　"结构性加速"与"结构性减速"之间：结合中国经济问题的
　　　　进一步分析 ……………………………………………………… 31

第六节　结论 ……………………………………………………………… 34

第三章　结构变迁过程的资源错配：发展中国家的增长迷途 ………… 43

第一节　引言 ……………………………………………………………… 43

第二节　经济增长的两个演化世界 …………………………………… 45

第三节　发达国家的"正确"增长路径 ……………………………… 48

第四节　发展中国家的资源错配 ……………………………………… 51

第五节　资源错配、效率损失与增长徘徊 …………………………… 55

第六节　资源错配与中国经济的隐忧 ………………………………… 59

第四章　工业化的国际比较与中国劳动力"工业化不足" ⋯⋯⋯⋯⋯ 79

第一节　引言 ⋯⋯⋯⋯ 79

第二节　理论回顾及本文分析方法 ⋯⋯⋯⋯ 81

第三节　发达国家"工业化的峰"的标定 ⋯⋯⋯⋯ 83

第四节　对比分析：发达国家与发展中国家工业化的本质差异 ⋯⋯⋯ 88

第五节　对工业化和发展理论的重新审视：中国的实际 ⋯⋯⋯⋯ 92

第五章　中国工业行业规模经济的缺失 ⋯⋯⋯⋯⋯⋯⋯ 106

第一节　引言 ⋯⋯⋯⋯ 106

第二节　文献综述 ⋯⋯⋯⋯ 107

第三节　Hall‐Roeger 加成率估算方程 ⋯⋯⋯⋯ 108

第四节　数据与实证 ⋯⋯⋯⋯ 110

第五节　市场结构与规模经济：进一步分析 ⋯⋯⋯⋯ 120

第六节　结论 ⋯⋯⋯⋯ 121

第六章　区域增长效率的差异——一个统计案例 ⋯⋯⋯⋯⋯ 127

第一节　区域劳动生产率差异和关联的描述性分析 ⋯⋯⋯⋯ 127

第二节　文献综述 ⋯⋯⋯⋯ 130

第三节　模型和数据 ⋯⋯⋯⋯ 132

第四节　区域劳动生产率差异和关联的实证分析 ⋯⋯⋯⋯ 134

第五节　结论 ⋯⋯⋯⋯ 140

第七章　新增长模式：稳速、高效、均衡 ⋯⋯⋯⋯⋯⋯ 160

第一节　中国经济增长阶段 ⋯⋯⋯⋯ 160

第二节　不同模式下增长因素的比较 ⋯⋯⋯⋯ 161

第三节　低价工业化模式 ⋯⋯⋯⋯ 163

第四节　新增长模式 ⋯⋯⋯⋯ 166

第八章 人口结构转型、劳动力供给效应转换倒逼经济增长路径转换 … 169

第一节 人口红利对于低价工业化的贡献 ……………………… 169

第二节 人口红利的数据表征：劳动力供给对经济增长的贡献 …… 173

第三节 人口红利窗口关闭及增长预期 ………………………… 178

第四节 人口结构转型、劳动力供给效应倒逼低价工业化模式转型 …… 180

第九章 低碳经济、节能减排倒逼结构转型 …………………… 190

第一节 引言 ……………………………………………… 190

第二节 文献及评述 ……………………………………… 191

第三节 方法与数据 ……………………………………… 195

第四节 潜在增长核算 …………………………………… 199

第五节 增长因素及增长转型期问题分析 ……………………… 209

第六节 结论和建议 ……………………………………… 211

第十章 城市化过程的技术创新 ………………………………… 221

第一节 报酬递增的源泉：规模经济、范围经济和集聚经济 ……… 221

第二节 中国城市化关键期增长动力的转换 …………………… 223

第三节 城市化与创新集聚 ……………………………… 229

第四节 中国城市化与产业竞争力 ……………………… 232

第十一章 城市化过程的体制和管理创新 ………………………… 238

第一节 治理模式创新 …………………………………… 238

第二节 城市化制度创新 ………………………………… 240

第三节 科技创新及协作 ………………………………… 243

Contents

Chapter 1 Research Methods of China's Potential Economic Growth Rate / 1

Section 1 Review on Research Methods of Potential Economic Growth Rate / 1

Section 2 Assessment Procedures of China's Potential Economic Growth Rate / 5

Section 3 Scenario Analysis / 8

Chapter 2 "Structural Accelerating" and "Structural Decelerating" in the Long Run Growth / 14

Section 1 Introduction / 14

Section 2 Data and Methods / 16

Section 3 Growth and factors / 19

Section 4 Structural Decelerating / 25

Section 5 From "Structural Accelerating" to "Structural Decelerating": Further Analysis Based on China's Economic Problems / 31

Section 6 Conclusions / 34

Chapter 3 Resource Mismatch in the Course of Structural Change: Wrong Path of the Less Developed Countries' Growth / 43

Section 1 Introduction / 43

Section 2 Two Evolutionary Regimes of Economic Growth / 45

Section 3 Developed Countries' "Correct" Growth Path / 48

Section 4　Resource Mismatch in Less Developed Countries / 51

Section 5　Resource Mismatch, Efficiency Loss and Growth Volatility / 55

Section 6　Resource Mismatch and China's Economic Problems / 59

Chapter 4　International Comparison of Industrialization and China's Labor Transfer Problem / 79

Section 1　Introduction / 79

Section 2　Theoretical Review and Analysis Methods / 81

Section 3　Identifying "the Peak of Industrialization" in Developed Countries / 83

Section 4　The Difference Between Developed Countries and Less Developed Countries' Industrialization / 88

Section 5　The Review of Industrialization and Development Theory: China's Real / 92

Chapter 5　The Lack of Scale Economy in China's Industrial Sectors / 106

Section 1　Introduction / 106

Section 2　Literature Review / 107

Section 3　Hall – Roeger's Mark – up Calculation Formulation / 108

Section 4　Data Processing and Empirical Analysis / 110

Section 5　Market Structure and Scale Economy: A Further Analysis / 120

Section 6　Conclusions / 121

Chapter 6　Efficiency Variance of Region Economic Growth: A Statistical Case / 127

Section 1　Efficiency Variance and Correlation of Region: Descriptive Analysis / 127

Section 2　Literature Review / 130

Section 3　Model and Data / 132

Section 4　Efficiency Variance and Correlation of Region: Empirical Analysis / 134

Section 5　Conclusions / 140

Chapter 7　New Growth Pattern: Stability, Efficiency, Equilibrium / 160

Section 1　Growth Stage of China's Economy / 160

Section 2　A Comparison of Growth Factors in Different Patterns / 161

Section 3　The Pattern of Low – Price Industrialization / 163

Section 4　A New Growth Pattern / 166

Chapter 8　The Transition of Growth Paths Driven by Demographic Change and the Transition of Labor Supply Effects / 169

Section 1　The Contribution of Demographic Dividends to Low – Price Industrialization / 169

Section 2　Data of Demographic Dividends: The Contribution of Labor Supply to Economic Growth / 173

Section 3　The Closure of Demographic Dividends Window and Growth Expectations / 178

Section 4　Low – Price Industrialization Driven by Demographic Change and the Transition of Labor Supply Effects / 180

Chapter 9　Structural Change Driven by Low – Carbon Economy and Energy Saving / 190

Section 1　Introduction / 190

Section 2　Literature and Reviews / 191

Section 3　Methodology and Data / 195

Section 4　Potential Growth Accounting / 199

Section 5　Analysis of Growth Factors and Problems During Transition Periods / 209

Section 6　Conclusions and Policy Suggestions / 211

Chapter 10 Technical Innovations During the Urbanization Process / 221

    Section 1 Sources of Increasing Returns to Scales: Scale Economy, Scope E-conomy and Agglomeration Economy / 221

    Section 2 The Transition of Growth Drivers During Key Periods of China's Urbanization / 223

    Section 3 Urbanization and Innovation Agglomeration / 229

    Section 4 China's Urbanization and Industrial Competitiveness / 232

Chapter 11 Innovations of Institutions and Management during Urbaniza-tion / 238

    Section 1 Innovation on Governance Patterns / 238

    Section 2 Innovation on Urbanization Institutions / 240

    Section 3 Scientific Innovation and Coordination / 243

第一章 中国经济潜在增长率的分析方法[*]

第一节 潜在增长率评估方法概述

一 潜在增长的界定

潜在增长率的研究文献很多，本章以美国国会预算办公室（CBO，2001、2004）、欧盟财金事务理事会（2003）、日本央行（BOJ，2006、2010）的研究为主要参考，兼及其他理论研究，对潜在经济增长率的界定和评价方法进行概要介绍。

美国国会预算办公室对"潜在产出"（Potential Output）的界定是：潜在产出是对可达 GDP 水平的一种估计，此时经济资源处于充分利用状态，反映了生产能力的增长状况。潜在产出是对"最大可持续产出"的一种度量，当实际 GDP 大于或小于潜在产出时，经济将出现通货膨胀压力或资源闲置问题。日本央行对"潜在产出"的界定是：在中期，潜在产出代表了经济可持续增长路径；在长期，潜在产出表示物价稳定的经济状态。欧盟财金事务理事会对"潜在产出"的界定是：潜在产出是反映经济供给能力的综合指标，经济增长可持续性、通胀趋势均可以经由这个指标进行观察，周期分析、政策制定、增长前景分析建立在潜在产出增长趋势的预测之上。

---

[*] 本章的写作借鉴了中国社会科学院经济研究所"中国经济增长前沿"课题组的研究数据及成果。

从技术分析角度，日本央行对潜在增长率的"潜在"这个概念给出了更加细致的解释，实际上是对生产函数方法中要素投入评价方式的一般化说明。可以从两个角度定义"潜在"：从产能（fullest potential）角度定义，"最大意义上的"潜在投入＝要素投入潜能利用；从平均角度定义，"平均意义上的"潜在投入＝要素产能×平均利用率，对于这种平均意义上的"潜在"要素投入估算，欧盟财金事务理事会采用滤波方法进行。

为了澄清潜在产出的经济含义，欧盟财金事务理事会从时期角度对"潜在"给出了进一步解释，这种界定本质上与日本央行对"潜在"的解释是一致的。"潜在"的时期含义是：短期（1年），即物质资本生产能力准固定，潜在产出（通常用产出缺口衡量）被看作无通货膨胀压力和供给约束的产出；中期（5年），即生产性投资高企所导致的国内需求扩张，将内生地引致潜在产出能力扩张，并伴随劳动生产率的提高、利润的增加和令人满意的工资提高；长期（10年及以上），即充分就业意义上的潜在产出，更多地与未来技术进步和劳动资源潜力开发相关。

二 潜在经济增长率的评价方法

总体上看，潜在经济增长率测算模型可以分为滤波方法和结构分析方法，更加具体的划分如下。

（一）滤波方法

为了对经济增长潜在趋势进行识别，一系列滤波方法得到广泛应用，如 HP 滤波、BK 滤波、CF 滤波等（Baxter and King，1999；Christiano and Fitzgerald，2003）。对于单一时间序列的原始数据，或运用滑动平均方法，或运用频域估计方法，最终目的是将长期趋势因素与周期（和不规则）因素分离，获得对不可观察的潜在因素的估计。滤波方法的优点是简单直观，很容易实施。但是，其缺点也比较明显：一是，单变量滤波实际上是一种纯粹的技术分析方式，就潜在 GDP 估算而言，单一潜在 GDP 时间序列虽然可以通过滤波得到，但由于缺乏结构意义，因此不具有更多的经济和政策内涵；二是，"尾样本问题"可能导致滤波方法不能很好地捕捉最近的潜在增长信息；三是，面对经济变量时间序列陡升陡降的拐点，滤波方法的估算可能会发生偏差。为了克服滤波方法的局限，一些结构性估算模型被引入进来。

（二）生产函数方法

美国国会预算办公室、日本央行和欧盟财金事务理事会对潜在产出的估算，均采用标准的新古典增长方程。运用生产函数估计潜在增长的步骤是：第一，运用生产函数，获得资本、劳动要素的产出/投入弹性参数（即对 α、$1-\alpha$）的估计；第二，构造潜在产出评价方程：$\log (Y^*) = TFP + \alpha \cdot \log (K^*) + (1-\alpha) \cdot \log (L^*)$，其中，$*$ 代表潜在变量；第三，构造潜在要素投入数据序列：TFP、K^*、L^*。

将生产函数应用于潜在增长评估时，依据理论研究和经验分析，均需对要素产出/投入弹性参数（即 α、$1-\alpha$）给出说明。在美国国会预算办公室的生产函数方程中：$\alpha = 0.3$，$1-\alpha = 0.7$；在欧盟财金事务理事会的生产函数方程中：$\alpha = 0.37$，$1-\alpha = 0.63$；在张平等（2011）对中国长期增长的预测中：$\alpha = 0.6$，$1-\alpha = 0.4$。从上面几类参数可以看出，在美国、欧盟的潜在产出评价中，产出的资本弹性一般较小（0.3~0.4），中国产出的资本弹性较大（0.6~0.7），资本驱动中国经济增长的特征比较明显。

（三）潜在产出的其他估计方法

菲利普斯曲线：运用产出缺口与通货膨胀的关系，对潜在产出增长趋势进行估计；由于该曲线强调经济的需求面，加之估计结果较依赖于菲利普斯曲线的特定情境设定，与滤波方法和生产函数方法比较起来，该方法在政策评估实践中运用较少（BOJ，2010）。DSGE 模型方法：DSGE 模型把潜在产出看作"自然产出水平"——经济中不存在价格和工资刚性条件下的产出水平，相应的，潜在增长和产出缺口可以基于这种自然产出水平计算（Neiss and Nelson，2005）；DSGE 模型具有坚实的经济理论基础，评价结果也具有较强的经济和政策含义，但作为一种处于探索阶段的分析工具，仍有许多技术性问题需要解决，这在很大程度上限制了该方法的应用。多变量时间序列方法：与上述其他方法比较起来，VAR 模型和结构 VAR 模型结构简单，应用于潜在增长估计时假设限制少，且多变量时间序列在捕捉变量的动态变化和消除不确定因素方面也有优势，其局限是缺乏足够的经济理论意义。

三 中国潜在增长率文献及评述

对于中国潜在经济增长率的估算，上述方法多有运用。郭庆旺、贾俊雪（2004）运用消除趋势法、增长率推算法和生产函数法，对中国 1978 ~ 2002 年的潜在增长速度进行了比较分析，认为平均在 9.5% 左右。运用生产函数方法，沈利生（1999）认为，1980 ~ 1990 年、1991 ~ 1998 年的潜在 GDP 增长率分别为 9.9%、10.0%；王小鲁、樊纲（2000）认为 2001 ~ 2020 年中国潜在经济增长率低于 7%，林毅夫等（2003）的估计结果是，2004 ~ 2014 年为 8.5%，2014 ~ 2024 年为 7.1%。董利民、吕连菊等（2006）运用 HP 滤波和生产函数法对 1979 ~ 2004 年中国潜在经济增长率进行了估计，HP 滤波法得到的估计结果是 9.54%，生产函数法得到的估计结果是 9.67%。刘斌、张怀清（2001）运用线性趋势方法、HP 滤波方法、单变量状态空间和多变量状态空间的卡尔曼滤波方法，及 1992 年第一季度至 2001 年第一季度的季度 GDP 数据，对潜在经济增长率进行了估计，四种方法的估计结果分别为 9.1%、8.6%、8.4% 和 8.3%，并认为 8.3% 的潜在经济增长率较为合理。一些文献试图对中国 GDP 增长中的技术进步因素进行解读：运用生产函数方法，Wang and Yao（2001）认为，1979 ~ 1998 年中国 TFP 增长率为 2.4%；Young（2003）在分析了中国 1979 ~ 1998 年的经济运行情况后认为，中国 1979 ~ 1998 年的 TFP 增长率为 1.4%；张军、施少华（2003）认为，中国 1979 ~ 1998 年的 TFP 增长率为 2.8%；Chow and Li（2002）对中国 1978 ~ 1998 年 TFP 增长率的估计结果是 2.6%；王中宇（2006）的测算认为，1978 ~ 2005 年，中国 TFP 增长率大多数年份在 1.8% ~

2%波动，并对技术进步缓慢的原因进行了系统性解读；Zheng，Bigsten and Hu（2006）对中国1978～1993年TFP增长速度的估计结果是4.3%；Bosworth and Collins（2008）认为，1978～2004年中国TFP增长率为3.6%，其中，1978～1993年为3.5%，1993～2004年为3.9%。在最近的一项研究中，李宏瑾（2010）运用生产方法，对1978年以来中国产出缺口及其与通货膨胀的关系进行了考察。运用生产函数和卡尔曼滤波方法，袁富华（2010）对减排目标约束下的中国长期增长趋势进行了分析，张平等（2011）建立了中国长期经济增长的一个情景分析框架。

第二节　中国潜在增长水平的研究方法

本节拟对中国长期增长问题的一些特殊含义进行分析。出发点是生产函数弹性参数的变化趋势，这一特殊问题较少引起研究者的注意。结合这一出发点，我们转入中国工业化和城市化阶段经济增长目标的分析，进而导出本章中国潜在经济增长研究的视角和方法。

一　生产函数要素弹性参数逆转

要素弹性参数逆转，即产出/资本弹性（α）和产出/劳动弹性（$1-\alpha$）随着经济发展阶段的不同发生变化，发达国家和发展中国家的经验对比表明，随着经济向更高阶段演进，产出/资本弹性（α）将逐渐走低，相应地产出/劳动弹性（$1-\alpha$）将逐渐提高，即随着经济由较低阶段向较高阶段演进（典型如发达国家的工业化向城市化演进），要素弹性将沿着长期增长曲线发生逆转。

为什么要素弹性会沿着增长曲线发生变化？直观的回答是：在不同的经济发展阶段，要素收入在总产出中的比例或份额发生了变化，即在经济由工业化迈向城市化的过程中，伴随着人均产出的提高，劳动收入所占份额逐渐提高。这是直接依据经济学原理给出的回答，原因是，根据"分配净尽原理"或"欧拉定理"，在规模报酬不变的近似假设下，要素弹性等于要素份额。

要素弹性变化与要素收入分配的联系，从长期角度看非常有趣。这种联系意味着在由工业化向城市化的过渡中，收入向劳动者的倾斜与产出/劳动弹性（$1-\alpha$）的提高有着内在关联。换言之，若把城市化过程看作与工业化过程不同的发展阶段，那么城市化阶段增长目标的改变，有可能导致要素弹性参数的变化。因此，弹性参数与经济增长的福利内涵密切相关。这种结论对于发展中国家潜在经济增长预测的参数设定，非常具有启发性意义。

经历了30多年的要素驱动高速增长，中国经济不仅面临着产业结构的转型，而且面临着分配格局的转型，概括起来说就是经济发展进入由工业化主导向城市化主导的重要过渡期。在这个过渡期里，增长动力和增长目标的变化，将导致生产函数结构（弹性参数）的变化。面对这种状况，分阶段进行情景分析也相应地成为潜在增长预测的重要方面。

二 中国经济潜在增长的特征及评估的特殊性

对中国经济长期增长趋势进行分析，需要关注增长阶段转换、人口结构变化、节能减排等约束条件，这是中国潜在增长评估的特殊之处。

(一) 中国经济长期增长的阶段性转换

20世纪70年代末期开始的经济体制改革，启动了中国工业化进程，并带动城市化的发展。尽管进入90年代以来，中国城市化开始进入发展快车道，目前城市化率达到50%的关键点（张平等，2011）。但是，无论从发展方式还是从发展目标看，工业化主导经济增长的局面一直没有得到根本性改观。延续改革开放之初劳动力禀赋动员的发展模式，要素驱动、低成本的工业化特征非常明显，要素分配一直向资本倾斜。这是30多年来中国生产函数产出/资本弹性参数较大、产出/劳动弹性参数相对较小的原因。

然而，要素驱动经济增长的工业化模式，正面临越来越大的瓶颈，不仅表现为资源环境的刚性约束，而且表现为增长/分配失衡的社会福利目标约束。未来一二十年，由城市化快速发展到城市化步入成熟阶段，可以看作中国经济转型的一个过渡期，也是经济非均衡增长向均衡增长的转型期。在这个时期，福利目标的明晰在重塑分配格局的同时，也迫使中国生产函数结构（参数结构）发生变化。这是预测未来中国潜在增长必须明确的前提。

（二）中国经济长期增长的人口结构变化

改革开放30多年来，中国快速的工业化进程和巨大的资本积累，得益于20世纪60年代中期以来人口转型发生过程中"人口红利窗口"的开启。工业阶段的增长在很大程度上，可以看作劳动力资源禀赋的有效动员。既然人口红利在短期内被经济增长使用，"人口负债"的负向效应也将集中显现，这种人口转型趋势将发生在中国城市化的关键时期，对于潜在增长水平的抑制不可忽视。

（三）中国经济长期增长目标约束的变化

节能减排目标强制实施：为了促进增长方式转型，国家提出2020年单位GDP碳排放比2005年减少40%～45%的目标。根据已有研究（袁富华，2010），在现有投资和技术主导的增长模式下，要想维持高增长，必须在减排和高投资驱动之间进行转换，但是这种转换的一个可能效应是：高投资有可能再次抵消减排力度，从而使得中国经济未来步入一个不确定性较大的循环。如果为了减排而减排，在现有技术条件下，占能耗70%的工业无疑将受到很大冲击，进而降低未来增长速度。

城市化阶段的福利目标：中国工业化阶段产生的增长与收入分配之间的矛盾，需要通过城市化缓解和解决。城市化阶段增长目标与工业化阶段存在显著的不同，尤其是城市化率提高情景下大量农村劳动力的城市化，对中国社会保障能力提出了挑战。城市化阶段对国民福利提高的重视，将在一定程度上分流投资需求，削弱投资对经济增长的驱动力。

第三节　中国潜在增长水平的情景分析

本节立足于标准增长核算框架，在对要素弹性参数、劳动投入、资本存量、技术进步率估算的基础上，给出中国未来潜在增长的启发性模拟。

一　人口结构转型与劳动投入估计

基于历年《中国统计年鉴》《中国人口和就业统计年鉴》数据，考察人口结构转型有关变量的长期趋势，主要是未来 10~20 年劳动力供给状况的说明。劳动力供给变化在长期中与劳动年龄人口和劳动参与率二者的变化直接相关[①]。具体的定义是：

i. 劳动力供给（或劳动投入 L）= 年鉴中全社会年末从业人员数量；

ii. 劳动年龄人口 POP_L = 年鉴中 15~64 岁年龄段的人口；

iii. 劳动参与率 Θ_L = 劳动力供给与劳动年龄人口的比率；

用小写字母表示变量增长率，则：

iv. 劳动力供给增长率 l = 劳动年龄人口增长率 pop_L + 劳动参与率变化率 θ_L。

图 1-1 是 1993~2026 年中国劳动年龄人口、劳动力供给趋势的直观显示。其中，1993~2012 年的数据取自《中国统计年鉴》和《中国人口和就业统计年鉴》，2013 年之后的数据序列为估计值。图中趋势显示，改革开放以来，中国由劳动力供给增长所带来的人口红利正在消失。目前，中国劳动力供给已经进入绝对减少的"拐点"区域，2015 年之后，劳动年龄人口持续下降及相应劳动力供给持续减少将成为常态。其间，尽管统计数据调整（如最近一次人口普查对数据的矫正）有可能带来劳动年龄人口的短暂上升，但在中国人口转型系统性因素作用下，劳动力供给持续减少是未来相当长一段时期的主导性规律。

[①]　劳动年龄人口具体的估算方法参见本书第八章，也可参见中国经济增长前沿课题组（2013）。

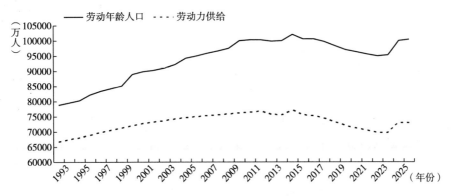

图1-1 1993~2026年中国劳动年龄人口和劳动力供给趋势

数据来源：历年《中国统计年鉴》《中国人口和就业统计年鉴》。

二 资本存量估计：基于城市化率与资本存量的关系

根据陈昌兵（2010）关于城市化率与投资率倒 U 型关系的探讨，以及中国经济增长前沿课题组对中国投资变动趋势的研究（2012），我们认为，随着城市化进程的深入，中国未来资本存量增长速度将呈现逐步降低的趋势，即未来 20 年里，中国城市化率的持续提高将导致资本存量增长速度由现阶段的高于10%降低到8%左右（见图1-2）。

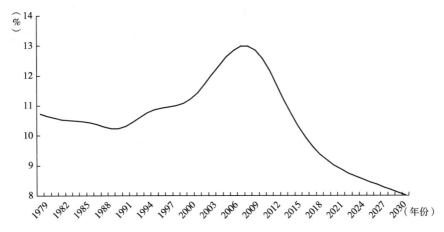

图1-2 中国资本投入增长率趋势

数据来源：历年《中国统计年鉴》，中经网统计数据库。

三　要素弹性参数和技术进步率

技术进步：大多数研究认为，中国生产函数中技术进步速度占 GDP 增长率的份额，维持在 20% ~30% 的水平，这种情况反映了在资本驱动增长模式下，投资增长对全要素生产率改进空间的挤压；在估计未来经济增长率时，技术进步贡献份额，比技术进步速度这个数值，相对容易设定。弹性参数：我们考虑要素弹性参数逆转的情景，预计未来 10 年资本弹性逐渐下降，劳动弹性逐渐上升。中国潜在经济增长水平的情景分析如表 1 - 1 所示。

表 1 - 1　中国潜在经济增长情景分析

年　份	α	$1-\alpha$	潜在增长率%	资本增长率%	劳动增长率%	技术进步份额 θ	节能减排冲击效应
2011 ~2015	0.7	0.3	7.8 ~8.7	10 ~11	0.8	0.2	- 1
2016 ~2020	0.6	0.4	5.7 ~6.6	9 ~10	- 1	0.3	- 1
2021 ~2030	0.5	0.5	5.4 ~6.3	8 ~9	- 0.5	0.4	- 0.5

注：表中劳动力变动趋势序列，来自课题组数据库；节能减排冲击效应，2011 ~2020 年数据采用张平等（2011）的数据，2021 ~2030 年假定为 - 0.5。

2011 年中国人均 GDP 是 5432 美元，根据表 1 - 1 的 GDP 增长速度预期值以及人口增长速度预期值[①]，我们可以估算出人均 GDP 水平（以 2011 年的人均 GDP 和汇率为基准，人均 GDP 增长速度取均值）：2015 年为 7349 美元，2020 年为 9226 美元，2030 年为 15259 美元。也就是说，在经济减速的情境下，2020 年中国人均 GDP 有望达到 10000 美元左右的水平，2030 年则有望达到 15000 美元左右的水平，跨越中等收入陷阱，进入发达国家的行列。因此，从人均 GDP 的水平来看，表 1 - 1 中显示的 2016 年之后的经济增长速度并不算低。

在投资减速和节能减排的抑制下，为了保持未来增长的稳速，技术进步为长期结构调整政策所关注。当然，表 1 - 1 的数据是从供给角度做出的

[①]　假定 2030 年人口增长达到峰值，人口自然增长率为 0，那么各个时间段的人口自然增长率为：2011 ~2015 年约 0.4%，2016 ~2020 年约 0.3%，2021 ~2030 年约 0.1%。

平滑预期，不可否认，随着中国日益融入世界经济，短期外部冲击有可能间断性地打破这种平滑趋势，所以，短期调控政策也是经济稳定所必需的。

参考文献

［1］蔡昉、都阳、高文书：《就业弹性、自然失业率和宏观经济政策——为什么经济增长没有带来显性就业？》，《经济研究》2004 年第 9 期。

［2］陈昌兵：《城市化与投资率和消费率间的关系研究》，《经济学动态》2010 年第 9 期。

［3］董利民、吕连菊、张学忙：《中国潜在产出测算实证研究》，《中国农学通报》2006 年第 10 期。

［4］郭庆旺、贾俊雪：《中国潜在产出与产出缺口的估算》，《经济研究》2004 年第 5 期。

［5］李宏瑾：《基于生产函数法的潜在产出估计、产出缺口及与通货膨胀的关系：1978～2009》，工作论文，2010。

［6］林毅夫、郭国栋、李莉、孙希芳、王海琛：《中国经济的长期增长与展望》，北京大学中国经济研究中心讨论稿，2003。

［7］刘斌、张怀清：《我国产出缺口的估计》，《金融研究》2001 年第 10 期。

［8］麦迪逊：《世界经济二百年回顾》，李德伟等译，改革出版社，1997。

［9］沈利生：《我国潜在经济增长率变动趋势估计》，《数量经济技术经济研究》1999 年第 12 期。

［10］王小鲁：《中国经济增长的可持续性与制度变革》，《经济研究》2000 年第 7 期。

［11］王小鲁、樊纲：《中国经济增长的可持续性》，经济科学出版社，2000。

［12］王中宇：《"技术进步"迷思》，《创新科技》2006 年第 10 期。

［13］袁富华：《低碳经济约束下的中国潜在经济增长》，《经济研究》2010 年第 8 期。

［14］袁富华：《中国经济快速增长时期的人口过程：低价工业化模式的源泉》，工作论文，2011。

［15］曾湘泉、于泳：《中国自然失业率的测量与解析》，《中国社会科学》2006 年第 4 期。

［16］张车伟：《中国初次分配问题研究——对中国劳动份额波动的考察》，工作论文，2009。

［17］ 张军、施少华：《中国经济全要素生产率变动：1952～1998》，《世界经济文汇》
2003 年第 2 期。

［18］ 张平、刘霞辉、王宏淼：《中国经济增长前沿》，中国社会科学出版社，2011。

［19］ 中国经济增长前沿课题组：《中国经济长期增长路径、效率与潜在增长水平》，
《经济研究》2012 年第 11 期。

［20］ 中国经济增长前沿课题组：《中国经济减速的结构性特征、转型风险与效率提升路
径》，《经济研究》2013 年第 10 期。

［21］ Baxter, M. and King, R. G., "Measuring Business Cycles: Approximate Band – pass Fil-
ters for Economic Series," The *Review of Economics and Statistics*, Vol. 81, No. 4 (1990),
pp. 575 – 593.

［22］ Bosworth, Barry and Susan M. Collins, "Accounting for Growth: Comparing China
and India," *Journal of Economic Perspectives*, Vol. 22, No. 1 (2008), pp. 45 – 66.

［23］ Chow, G. and K – W. Li, "China's Economic Growth: 1952 – 2010," *Economic De-
velopment and Cultural Change*, Vol. 51, No. 1 (2002), pp. 247 – 256.

［24］ Christiano, J. and Fitzgerald, T., "The Band Pass Filter," *International Economic Re-
view*, 2003, 44 (2), pp. 435 – 465.

［25］ BOJ, "The New Estimates of Output Gap and Potential Growth Rate," *Research and
Statistics Department*, 2004.

［26］ BOJ, "Measuring Potential Growth in Japan: Some Practical Caveats," *Research and
Statistics Department*, 2010.

［27］ CBO, "CBO's Method for Estimating Potential Output: An Update," The Congress
of the United States Congressional Budget Office, 2001.

［28］ CBO, "A Summary of Alternative Methods for Estimating Potential GDP," The Con-
gress of the United States Congressional Budget Office, 2004.

［29］ Directorate General for Economic and Financial Affairs, "Calculating Potential Growth
Rates and Output Gaps – A Revised Production Function Approach," European Com-
mission, 2006.

［30］ Neiss, K. and Nelson, E., "Inflation Dynamics, Marginal Cost, and the Output Gap:
Evidence from Three Countries," *Journal of Money, Credit and Banking*, Vol. 37 (De-
cember 2005), pp. 1019 – 1045.

[31] Wang, Y., and Y. Yao, "Sources of China's Economic Growth: 1952 – 99: Incorporating Human Capital Accumulation," *Policy Research Working Paper* 2650, World Bank, Development Research Group, Washington, D. C, 2001.

[32] Young, Alwyn, "Gold into Base Metals: Productivity Growth in the People's Republic of China during the Reform Period," J. P. E. 111 (December 2003), pp. 1220 – 1261.

[33] Zheng, Jinghai, Bigsten, Arne and Hu, Angang, "Can China's Growth be Sustained? A Productivity Perspective," *Working Papers in Economics* 236, Goteborg University, Department of Economics, 2006.

第二章 长期增长过程的"结构性加速"与"结构性减速"[*]

第一节 引言

对于发展中国家而言,"二战"后工业化国家经济增长的普遍加速,至20世纪70年代之后经济增长的普遍减速,这个时期尤其值得关注。这一段时期见证了资本主义国家百年增长潜力的最剧烈的释放,并最终把工业化国家推入城市化成熟期。

本章立足于 Mitchell（1998，2007）和 Maddison（2006）的历史统计数据库,对百余年来发达国家的经济增长路径进行描述,并对引致增长轨迹重大变化的经济因素进行分析,进而尝试说明以下事实:20世纪70年代以后发达国家经济增长的减速,与生产率增长的减速密切相关,而生产率的减速是由产业结构服务化这种系统性因素造成的。为此,本章提出了长期增长过程中"结构性加速"与"结构性减速"的观点。

我们之所以强调经济增长的"结构性加速"与"结构性减速",是因为中国经济增长正经历发达国家几十年前经历的工业化、城市化的转型。改革开放以来,中国工业化所引致的"结构性加速",成就了30多年的经济高增长奇迹,但是,随着工业化向城市化递进,产业结构发生由第二次产

---

* 本文发表于《经济研究》2012年第3期,原文题目为《长期增长过程的结构性加速与结构性减速:一种解释》（社科基金资助论文,10BJY004）。

业向第三次产业的演化,"结构性减速"将会发生。值得关注的是,处于"结构性加速"与"结构性减速"之间的中国经济,如果经济政策应对不当,诸多问题将因必然的"结构性减速"而凸显。关于这一点,我们认为,20世纪90年代以来的日本经济的诸多问题,可以作为"结构性加速"向"结构性减速"过渡的鲜明例子(或许我们的这种结构性观点,也可以很好地解释拉美国家高增长之后的徘徊不前)。

本章"结构性减速"观点的提出和明晰,是基于丰富的数据资料和一些作者的有益见解。20世纪80年代以来,尽管有不少文献尝试着对发达国家经济增长速度减缓的问题进行解释,但是,从长期角度看,我们更倾向于Maddison的看法及类似的解释。Maddison(1989)认为,1973年以来,OECD及其他国家经济减速的原因有三个:(1)石油价格飙升和固定汇率机制崩溃,导致政府和私人部门进行调整(如这个时期政策目标和理论依据与凯恩斯政策大幅偏离,充分就业不再是政策目标;抑制通胀、减少赤字和经济增长成为目标)。(2)过度谨慎的政策实践,妨碍了经济潜力的充分发挥。(3)劳动生产率增长减速。劳动生产率增长减速,一是受部门机构变化的影响,发达国家战后重建加速了劳动力从低生产率部门的流出,这种"一劳永逸"(once for all)的因素,压缩了生产率持续高速增长的空间;二是随着欧洲和日本资本存量的现代化以及向技术前沿的日益接近,追赶的收益逐渐减少,投资回报日益减少。Maddison对经济增长减速的第三个解释,在Bjork(1999)的文献中得到回应。Bjork(1999)运用美国百年历史数据,对包括产业结构、人口结构在内的重要长期因素的作用进行了详细说明,给人印象深刻的一个结论是:日趋成熟的美国经济,不可能重现昔日高增长的辉煌。

从某种意义上讲,本章"结构性加速"与"结构性减速"之观点,本质上是对一些作者前期工作的进一步解释。张平、刘霞辉(2007)提出了发达国家长期增长(人均GDP水平)的S型路径,并对S型轨迹上不同阶段的特征及可能发生的问题给出了解读。在本章中,人均GDP水平的S型路径,被更为直观的人均GDP增长率"钟形曲线"代替,因此,长期经济增长过程中"结构性加速"和"结构性减速"阶段被更加直观地标定。而且，我们把"结构性"赋予通常被认为是数量型的成长曲线，使其具有了更加明确的经济理论含义。

本章结构安排如下：第二节是数据库应用的详细说明；第三节是经济增长因素的分解，主要是把历史上重要的生产率因素析出；第四节通过一个数据实验，对发达国家"结构性减速"问题给出定量和定性分析；第五节立足于"结构性减速"观点，给出中国未来增长最重要的几个问题的简要说明；第六节是结论。

第二节 数据及数据应用说明

鉴于我们的研究目的，有必要对数据来源及主要的运用方法进行说明。下文增长和结构分析所用数据有三个出处：Mitchell（1998，2007）的国际历史统计数据；Maddison（2006）的各国经济数据估计；联合国统计数据库（UNDATA）：（1）我们选取了经济发展水平较高的 12 个发达国家，包括法国、德国、意大利、荷兰、挪威、西班牙、瑞典、瑞士、英国、加拿大、美国这些老牌工业化先行国，以及日本这个过去发展和未来趋势都值得关注的国家。（2）Mitchell（1998，2007）数据库的特色在于，它提供了发达国家近两百年的人口和经济结构变迁数据统计，从而为我们观察资本主义国家长期经济增长提供了极大便利。Mitchell 的数据库是以下变量分析的基础：发达国家长期人口结构变动状况；经济活动人口的产业分布及其变动，或部门就业构成及长期变动趋势；人口的经济活动参与率；第二、三次产业发展状况和趋势。但是，Mitchell 数据库的一个不便之处是，它没有提供连续可比的各国经济增长率序列（各个时期采用了不同的基准），因此不能直接用于各国 GDP 增长率尤其是劳动生产率的比较分析。（3）Maddison（2006）的统计数据库弥补了 Mitchell 工作的这一缺点，利用其 1990 年不变价长期 GDP 序列，结合 Mitchell 的数据库所提供的人口序列及其他数据，我们可以方便地对经济增长及其因素进行分析、分解。（4）Mitchell 的统计数据库，提供了历时两百年的诸多经济变量的数据资料，非常翔实。即便如此，一些较早年代的变量数据，有时候也不能保证在年代或年代期间上恰好对应，如一个典型的不便之处是，假设我们分析劳动参与率变动对劳动生产率长期变动的影响，Mitchell 数据库中与劳动参与率对应的两个变量是：产业的经济活动人口或就业；按年龄分组的人口。但是 Mitchell 数据库有时候不能把两个变量在时点上或时期上完全对应起来，如果可能的话，我们将利用联合国人口统计年鉴数据，来对年龄分组的人口数据进行补充，以保证两个变量在时间或时期上的对应性。实际上，这种做法可以解决大部分问题。对于实在无法对应起来的时期或时点，我们采用趋势估计方法，即用相邻年份的劳动年龄人口年均增量，来估计其间某年的劳动年龄人口。采用这种方法的估计数据，我们在算表后将给出说明。基于上述数据库，处理主要经济变量和因素分解的数据的方法如下。

一　人均 GDP 增长率

本章的长期增长趋势分析，都是围绕这个宏观变量展开的。基于不同的研究目的，我们将给出几种人均 GDP 的估算序列。一是简单的人均 GDP 增长率序列，即用各国实际 GDP 水平（Maddison 的 1990 年不变价序列）除以人口（Mitchell 的年中人口序列），得到人均 GDP 水平，据此计算人均 GDP 逐年增长速度。但是，这种逐年增长序列由于包含了短期扰动因素，因此给分析带来了不便。典型如"二战"前后主要资本主义国家的人口、产出等，受到战争破坏或战后重建的巨大扰动，因此分析的时候需要把这些不规则因素剔除。为此，两种常用的数据平滑方法被纳入分析：利用特定时期年均增长率计算方法以及 HP 滤波方法。我们用 HP 滤波方法抽取发达国家百年经济增长的趋势成分，技术上遵循普遍采用的参数设定方法，这种运用主要体现在图 2-1 "12 个工业化国家 1820~2004 年人均 GDP 增长趋势"上。特定时期年均增长率被应用于增长因素分解[①]，这种做法主要

① 假定持续 n 年至 t 时间点的一个特定增长期，原初和 t 时间点某经济变量的水平值为 x_0，x_t，则变量平均增长率 r 可以表示为：$r = [(x_t - x_0)/x_0]/n$。

是针对 Mitchell 数据库中的统计数据特性，因为很多经济变量的数据在那里是按时间期间（而非连续的时间点）提供的。

二　人均 GDP 增长率因素分解

在经济增长核算方面，有几种方法被经常采用：一种是经典 Solow 增长核算方程，基于这种技术，容易测算产出的劳动、资本、技术等因素贡献。但是，在一些情况下，这种核算方法的局限性也比较明显。一是如果连续变量序列不易获得，则 Solow 方法不易应用；二是当把结构性因素纳入增长分析视野时，虽然 Solow 方法经过适当改造后仍然可以使用，但是技术上处理起来稍显复杂。另一种更加直接的因素分解方法弥补了这个缺陷，若用以下记号和等式：

（1）人均 GDP：$\dfrac{gdp}{pop}$，其中，pop 表示一国人口；

（2）劳动生产率：$\dfrac{gdp}{em}$，其中，em 表示经济活动人口或就业；

（3）劳动参与率：$\dfrac{em}{lpop}$，其中，$lpop$ 表示劳动年龄人口；

（4）劳动年龄人口比重（即人口结构因素）：$\dfrac{lpop}{pop}$；

则关于人均 GDP 的三因素分解方程可以写为：

（5）$\dfrac{gdp}{pop} = \dfrac{gdp}{em} = \dfrac{em}{lpop} = \dfrac{lpop}{pop}$，或者简记为：$y = a \times b \times c$。

对方程（5）两边取对数，且对时间求导，得到人均 GDP 变化率的分解方程：

（6）$\dfrac{\dot{y}}{y} = \dfrac{\dot{a}}{a} + \dfrac{\dot{b}}{b} + \dfrac{\dot{c}}{c}$。

方程（5）和（6）把人均 GDP 增长率分解为三要素：劳动生产率增长率、劳动参与率变动率和劳动年龄人口比重变动率。与劳动生产率 $\dfrac{gdp}{em}$ 有关的结构性分析方法，我们将在相关小节中加以说明。

第三节　经济增长速度及其主要因素分解

一　发达国家人均 GDP 增长的阶段性加速和减速

如表 2 - 1，我们主要以 12 个工业化国家的增长历史为例，对长期增长的一些事实进行分析。在 Mitchell 的数据库中，关于这 12 个国家近两百年的数据估计提供得非常详细，通过对这些数据的观察，基本可以诠释出发达国家工业化和城市化进程中的一些主要特征。表中各国经济变量样本期是根据 Mitchell 和 Maddison 数据库所提供的数据样本期选定的，且直接与图 2 - 1 的散点轨迹在时间点上相对应。

表 2 - 1　12 个工业化国家经济增长率样本期说明

	1. 法国	2. 德国	3. 意大利	4. 荷兰	5. 挪威	6. 西班牙
时　期	1821~2003 年	1851~2003 年	1863~2003 年	1840~2003 年	1831~2003 年	1859~2003 年
	7. 瑞典	8. 瑞士	9. 英国	10. 加拿大	11. 美国	12. 日本
时　期	1821~2003 年	1872~2003 年	1831~2004 年	1871~2004 年	1871~2004 年	1872~2004 年

数据来源：Mitchell（1998，2007）；Maddison（2006）。

为了得到长期经济增长轨迹的总体情况，我们把 12 个国家人均 GDP 逐年增长率以点状图的形式展示在图 2 - 1 中。方法是，首先基于 Mitchell、Maddiosn 等数据库，计算人均 GDP 及其增长速度，然后对 12 个人均 GDP 序列分别进行 HP 滤波处理。除了英国 1938~1946 年人均 GDP 增长率滤波数据未加列示外，其余各国逐年增长率均在图中表示出来。没有显示英国 1938~1946 年经济增长率数据的原因，主要是战时破坏及战后重建对人均 GDP 的冲击表现得相对大，因此作为异常值被剔除。

一些有意思的长期增长特征可以被方便地观察到：（1）长期经济增长率的"钟形"演进轨迹。根据 12 个工业化国家的散点趋势，我们在图 2 - 1 中用粗实线标出了这些国家经济演进的"平均值"趋势，它代表了发达国

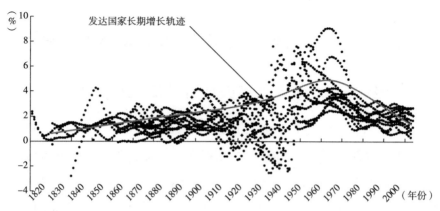

图 2 - 1　12 个工业化国家 1820 ~ 2004 年人均 GDP 逐年增长率（HP 滤波）
数据来源：Mitchell（1998，2007）；Maddison（2006）。

家长期增长的普遍规律，即经历了两次工业革命后，发达国家的经济增长速度呈现出先加速后减速的特征，表现为经济增长的"钟形"演进轨迹。（2）"钟形"演进轨迹的阶段性。发达国家经济增长的减速，普遍发生在 20 世纪 70 年代初期以后，但这不是一个偶然的巧合。因为到了 70 年代，以城市化率 70% 为标志，这些国家的经济走向成熟，从而内在地阻碍了经济增长的持续加速。（3）"结构性加速"和"结构性减速"。"钟形"演进轨迹的形成，可以从工业化和城市化进程中找到解读线索。首先，伴随着两次工业革命，经济结构发生了由二元向一元工业化的演进，在这个过程中，劳动力重心被逐渐转移至高效率的工业部门，于是经济增长呈现"结构性加速"。我们运用这个词的目的，就是强调结构变化在长期增长中的重要性。相应的，可以采用"结构性减速"来描述 20 世纪 70 年代以后发达国家的增长趋势，在这个过程中，发达国家劳动力由增长速度较高的工业部门，转移至增长速度相对低的服务业部门。因此，产业结构变化是主导长期经济增长的重要因素之一。（4）人口结构变化在长期经济增长中的重要性。主导长期经济增长的另一个重要因素是人口转型。发生在人口转型过程中的劳动年龄人口比重变化，以及劳动参与率变化，在相当大的程度上主导了经济增长速度的快慢。关于长期经济增长过程中的结构性因素，我们将在下文中详细分析。

我们对各国长期经济增长率给出进一步的数据说明。与图 2-1 的散点趋势相呼应,本章附录 1 "7 国人均 GDP 增长率分解"给出了各国人均 GDP 在特定时期里的年均增长速度①。与图 2-1 稍有不同的是,附录 1 的增长率平均值是基于 Mitchell 和 Maddison 数据库直接计算的,没有经过滤波处理。基于人均 GDP 增长趋势,我们大致把工业化国家的经济增长历程分为三个时期:(1)20 世纪 20 年代以前的缓慢演进时期。这个时期的重要特征是在纵向(时间轴向)比较上发展速度相对迟缓、增长速度波动较大;在横向(国家间)比较上各资本主义国家经济增长率差异较大。(2)20 世纪 20~60 年代的持续加速时期。这个时期的重要特征是各国人均 GDP 增长持续加速,而且发达国家人均 GDP 增长速度差异缩小,发展速度趋同现象出现。(3)进入 20 世纪 70 年代后,发达资本主义国家经济增长几乎同步进入持续减速时期。

二 发达国家增长因素分解

运用方程(5)和(6),我们把特定时期的人均 GDP 增长率分解为三个构成要素:劳动生产率增长率、劳动参与率变动率及劳动年龄人口比重变动率。附录 1 的表格汇报了 19 世纪中期以来发达国家人均 GDP 增长率及其三个构成因素的估算结果。为了叙述方便,我们把附录 1 的估算结果进一步综合为表 2-2、表 2-3 和图 2-3。总体来看,在 12 个国家的人均 GDP 增长速度中,劳动生产率变动(见表 2-2)解释了大部分变动:若以人均 GDP 增长率为因变量,以劳动生产率变动率为自变量,简单的统计检验表明②,劳动生产率变动可以解释大约 85% 的人均 GDP 增长速度,即劳动生产率增长速度的快慢,主导了人均 GDP 增长速度的快慢。经济增长速度的其余 15%,可以由劳动参与率变动和劳动年龄人口变动来解释。当然,

---

① 限于篇幅,附录 1 仅列出 7 个国家的数据,其他 5 国未列出。感兴趣的读者可以向作者索取。

② 19 世纪 90 年代至 20 世纪 90 年代及之后人均 GDP 增长率与劳动生产率增长率的固定效应和随机效应模型的 adj-R^2 分别为 0.83、0.85。

85% 和 15% 的划分，是基于 12 个国家一百年统计平均的结果，至于在特定时期，各国可能存在差异，有时候劳动参与率和劳动年龄人口变动对经济增长的解释力，比劳动生产率的变动还要强。关于这一点，详细的分析参见下文叙述。人均 GDP 增长率与劳动生产率增长率的统计关系直观地表示在图 2 - 2 中。

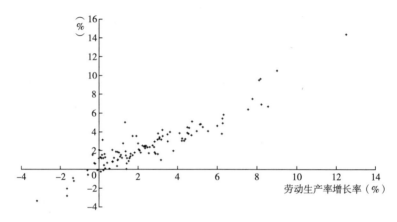

**图 2 - 2　12 个工业化国家 19 世纪 90 年代至 20 世纪 90 年代及之后人均 GDP
增长率与劳动生产率增长速度的回归关系**

数据来源：Mitchell（1998，2007）；Maddison（2006）。

（一）劳动生产率变化

我们首先来看长期经济增长率最重要的影响因素——劳动生产率的变化情况。如前文所述，伴随着两次工业革命及城市化，各发达国家先后经历了"结构性加速"和"结构性减速"。"结构性加速"产生的原因是经济发展重心由农业经济向工业化的转移，其间，劳动力资源被重新配置到劳动生产率更高的工业部门，并促进社会整体生产率的提高。但是，随着各个工业化国家日益走向城市化，劳动力被再次配置，由生产率增长速度较高的工业部门向增长速度相对低的服务业部门的转移，导致经济增长呈现"结构性减速"。如表 2 - 2 所示，12 个工业化国家劳动生产率增长速度下降的趋势，在 20 世纪 60 年代开始发生，如英国、法国、意大利、荷兰等国。

但是，劳动生产率增长速度的普遍下降，出现于 20 世纪 70 年代并持续至今。发达国家劳动生产率增长速度的普遍下降，与前文人均 GDP 增长减速的时期基本一致。进一步观察可以发现，相对于高增长时期，工业化大国劳动生产率减速的幅度普遍较大：法国 50 年代、60 年代的劳动生产率增长率为 5% ~6%，90 年代之后降低为 0.28%；德国 90 年代以后几乎无明显增长。

表 2 - 2　12 个工业化国家劳动生产率增长状况

单位:%

国家 年份	法国	德国	意大利	荷兰	挪威	西班牙	瑞典	瑞士	英国	加拿大	美国	日本
1890	2.06	1.01	4.24	0.40	1.62	1.42	2.73	0.07	0.67	1.92	1.56	
1910	- 1.34	- 0.25	- 0.59	1.08	2.22	1.38	0.12	- 0.09	0.94	- 1.66	6.22	4.23
1920	0.21	0.52	3.15	3.06	2.97		3.00	4.50	0.25	1.36	0.66	1.53
1930	1.40	8.17			0.75	0.09	2.07	0.31	- 1.30	4.73	2.03	6.31
1940		- 1.66	1.61	- 0.56	7.55	- 0.21	4.34	5.16	1.12	2.80	0.20	- 3.16
1950	5.99	8.10	8.22	6.27	4.40	7.77	2.83	3.49	4.10	2.54	1.43	9.00
1960	5.27	4.97	6.26	4.59	4.50	8.55	5.12	3.23	2.29	3.22	0.31	12.5
1970	2.59	3.50	3.07	1.83	1.34	5.53	0.14	1.17	2.47	0.17	4.70	4.56
1980	3.79	2.99	2.40	0.00	2.35	1.72	0.94	- 0.33	2.87	2.14	3.62	
1990 年 及之后	0.28	- 0.01	1.73	1.24	3.17	2.00	2.83	0.91	0.86	2.36	2.33	0.96

注：由于附录 1 各国增长率估算的时间期间有所不同，为方便起见，表 2 - 2、表 2 - 3 设定了大致可以把各国估算结果框在一起的年代标示：如 19 世纪 90 年代至 20 世纪 90 年代及之后等。

数据来源：Mitchell（1998，2007）；Maddison（2006）。

（二）劳动参与率

20 世纪 80 年代以前，劳动参与率下降成为发达国家的普遍趋势。从历史上看，20 世纪 20 年代以前，主要发达资本主义国家劳动参与率在 65% ~ 70% 这个较高水平上，如 19 世纪 90 年代、20 世纪 10 年代、20 世纪 20 年代发达国家的平均值为 69%、68%、65%。20 世纪 30 年代以后，劳动参与率下降到 65% 左右，这个水平一直持续到 20 世纪 80 年代，20 世纪 90 年代及之后才有所回升。大多数分析者认为，发达国家的累计所得税制及 20 世纪 40 年代以后国家福利主义的盛行，是这一时期劳动参与率长期低下的主要原因。从 20 世纪 90 年代开始，与下降的劳动生产率趋势相对应，大多数发达国家提高了劳动参与率，可以分为两类：一类是劳动生产率增长速度下降最快的国家，这类国家的劳动参与率出现了显著的上升，从而起到阻止劳动生产率增长速度深度下滑的作用，典型如法国，20 世纪 90 年代及之后劳动参与率增长 1.26%，占人均 GDP 增长率的 77%；德国劳动参与率增长 1.4%，超过人均 GDP 增长率 0.23 个百分点；荷兰劳动参与率增长 1.58%，占人均 GDP 增长率的 57%；英国劳动参与率增长 1.08%，占人均 GDP 增长率的 57%。另一类是劳动生产率增长速度下降稍缓的国家，这类国家的劳动参与率表现出了小幅下降，如瑞士、瑞典和美国。

表 2-3　12 个工业化国家劳动参与率变化状况

单位:%

国家 \ 年份	法国	德国	意大利	荷兰	挪威	西班牙	瑞典	瑞士	英国	加拿大	美国	日本
1890	80.9	71.2	79.7	65.0	68.8	62.0	66.6	75.5	73.0	60.6	58.2	
1910	81.9	74.8	78.0	64.3	67.0	60.9	70.7	72.4	70.1	59.3	46.2	83.6
1920	77.2	72.0	66.6	63.5	65.5		71.4	69.7	70.3	60.3	51.2	76.2
1930	75.1	72.5			64.5	56.1	66.8	67.4	68.5	59.3	50.1	74.0
1940		64.6	62.7	63.1	64.3	58.0	64.4	68.4	68.7	60.8	55.0	71.7
1950	67.9	72.4	58.4	59.2	59.7	59.0	65.5	69.8	69.4	60.7	52.2	72.8
1960	64.1	71.1	48.5	57.6	60.0	50.5	64.1	73.6	72.1	60.7	54.6	72.7
1970	60.4	65.5	58.2	54.8	79.0	50.5	75.1	71.5	74.3	72.0	53.4	70.7
1980	53.1	55.4	54.3	62.7	76.9	55.1	81.1	84.1	66.2	76.4	56.8	70.5
1990 年及之后	61.8	64.7	55.5	72.6	79.4	57.9	72.1	81.3	76.2	72.2	56.4	74.4

注：由于附录 1 各国增长率估算的时间期间有所不同，为方便起见，表 2-2、表 2-3 设定了大致可以把各国估算结果框在一起的年代标示：如 19 世纪 90 年代至 20 世纪 90 年代及之后等。

数据来源：Mitchell（1998，2007）；Maddison（2006）。

（三）劳动年龄人口比重

如图 2-3 所示，在 19 世纪 90 年代至 20 世纪 90 年代的一百年里，发达国家劳动年龄人口（15~64 岁）比重基本保持在 60%~70% 的水平，变化不大。由此可见，从历史上看，劳动年龄人口比重变化对经济增长率的影响相对较小。人口结构变化比劳动年龄人口比重包含了更加丰富的含义，正如图 2-3 所揭示的那样，20 世纪 60 年代以来，各发达国家不可避免地进入了人口老龄化加速时期。老龄人口抚养比的持续上升所带来的代际分配问题，对未来经济增长将产生累积性负向冲击。因此，从未来趋势看，人口结构的老龄化将持续阻碍经济增长速度的提高。

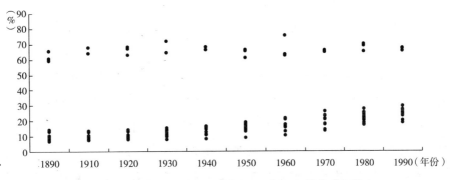

图 2-3 12 个工业化国家 1890~1990 年及之后劳动年龄人口比重、老龄人口抚养比变化

数据来源：Mitchell（1998，2007）；Maddison（2006）。

第四节 经济增长的"结构性减速"

我们重点关注经济增长最重要的影响因素——劳动生产率的增长问题，并由总量分析转向结构分析。首先对数据来源及应用方法进行简要说明：因为是接着前文关于劳动生产率增长"结构性减速"的论述，所以在这里我们主要是就 20 世纪 70 年代以来的分部门或产业劳动生产率状况进行分析。联合国数据库（UNDATA）中 70 年代以来各国分行业就业和增加值数据相对连续和完整，本章的分行业增加值数据取自该库"2005年不变价行业增加值"〔美元，Gross Value Added by kind of economic activity at constant (2005) prices – US dollars〕，分行业就业数据取自该库"分行业就业"（Total employment by economic activity）。

一 20世纪70年代以后发达国家产业结构日趋成熟

尽管第一次产业劳动生产率在70年代以来有着比第二、三次产业更为显著的增长，但是，由于发达国家该产业规模很小，其劳动生产率的升降不会对全社会劳动生产率增长率产生显著影响，因此，我们在这里及下一小节暂时把注意力集中于第二、三次产业。西方研究者喜欢用"一劳永逸"来形容"二战"以来西方产业结构的快速演进。根据 Mitchell 的历史统计数据，在20世纪50年代，工业化国家第一次产业增加值比重普遍处于10%左右的水平，但是，大多数国家第二次产业比重却相对较高，在30%左右的水平。然而，相继而来的城市化加速，把大量劳动力吸纳到现代部门，尤其是服务业部门，到了70年代，除个别国家，如西班牙外（1970年第一次产业就业份额为29%），大多数发达国家第一次产业就业份额降低到10%左右的水平。与此同时，库兹涅茨规律在第二次产业和第三次产业之间持续发生作用，第二次产业就业比重持续降低，连同第一次产业析出的劳动力，均被不断扩大的第三次产业吸收。在现阶段，发达国家产业结构已趋于成熟，第二次产业就业比重一般是20%～30%，第三次产业就业比重在70%左右，均已演进到成长曲线平缓的顶部（见图2-4）。两次产业就业比重的这个变化很值得关注。实际上，50年代前后第二、三次产业就业结构发生了一个逆转，这种逆转对于理解长期增长路径至关重要。

二 第二、三次产业劳动生产率持续增长但增速放缓

20世纪70年代以来，发达国家全社会劳动生产率增长的减速，可以由产业结构变动和产业劳动生产率变动来解释。在对结构变动效应进一步分析、分离之前，我们先来看一看第二、三次产业劳动生产率的具体情况。

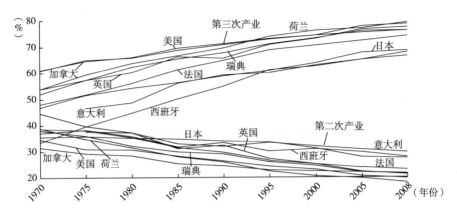

图 2 - 4 9 个工业化国家 1970～2008 年第二、三次产业就业比重
数据来源：联合国统计数据库。

图 2-5 和图 2-6 反映了发达国家 40 年来第二、三次产业劳动生产率水平状况，对应于曲线上的每个点的切线斜率，就是劳动生产率增长率。对比两幅图，我们所得到的总体印象是，第二次产业劳动生产率增长率普遍比第三次产业劳动生产率增长率高。简单的统计分析显示，在各个历史时期里，9 国第二次产业劳动生产率增长率平均值，为第三次产业的 2～3 倍：1985～1990 年、1995～2000 年、2005～2008 年，9 国第二次产业劳动生产率增长率平均值分别为 1.9%、2.3%、0.7%，第三次产业劳动生产率增长率平均值分别为 0.7%、1.1%、0.4%。这种情况从一个侧面为前文的判断提供了数据佐证，即发达国家在产业结构服务化演进过程中，由于第三次产业劳动生产率增长速度普遍低于第二次产业，导致全社会劳动生产率增长率被拉低。

综合考虑时间因素与结构因素可能更有意思。第一，从长期趋势成分看，正如前文所叙述的那样，尽管两次产业劳动生产率均表现出或快或慢的增长，但是，由于第三次产业劳动生产率增长率普遍低于第二次产业，在产业结构服务化的背景下，全社会劳动生产率增长率走低[①]。第二，如果

① 关于第二、三次产业劳动生产率增长速度问题的一些理论见解，参见 Herrick and Kindle-berger（1983，p.126）。

考虑到短期非结构性因素对工业或服务业的负向冲击，那么两次产业劳动生产率在特定时期出现短暂的下降（负增长）也有可能，正如图 2－5 和图 2－6 显示的那样，1995 年以来，不少国家的劳动生产率曲线向下弯曲。因此，短期劳动生产率的负增长叠加到长期结构性减速趋势上，压制了发达国家劳动生产率的趋势增长。

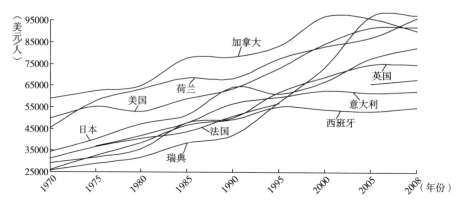

图 2－5 9 个工业化国家 1970～2008 年第二次产业劳动生产率水平
数据来源：联合国统计数据库。

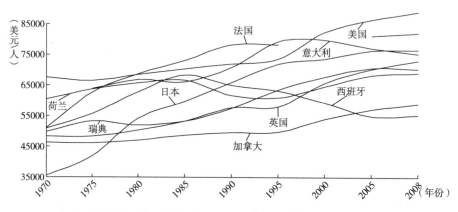

图 2－6 9 个工业化国家 1970～2008 年第三次产业劳动生产率水平
数据来源：联合国统计数据库。

三　劳动生产率的"结构性减速"

产业结构向服务化演进，这种趋势给予全社会劳动生产率增长减速的巨大冲击，可以通过一个数据实验进行说明。沿用本章第二节的记法：

（7）劳动生产率：$\dfrac{gdp_i}{em_i}$，其中，i 表示第一、二、三次产业；

（8）全社会劳动生产率 $\dfrac{gdp}{em} = \dfrac{\sum_{i=1}^{3} gdp_i}{em} = \sum_{i=1}^{3} \left(\dfrac{gdp_i}{em_i} \times \dfrac{em_i}{em} \right)$，其中，$\dfrac{em_i}{em}$ 表示第一、二、三次产业就业份额。

基于（8）式，选择一个基期，如 1950 年的产业就业份额，作为之后其他所有时期的产业就业份额，记三次产业各个时期不变的就业份额分别为：

（9）$\alpha_1 \equiv \left(\dfrac{em_1}{em} \right)_t$，$\alpha_2 \equiv \left(\dfrac{em_2}{em} \right)_t$，$\alpha_3 \equiv \left(\dfrac{em_3}{em} \right)_t$，其中，$t$ 为时期。

同时，我们也为产业增加值份额选择一个基期，比如也是 1950 年，记三次产业各个时期不变的增加值份额分别为：

（10）$\beta_1 \equiv \left(\dfrac{gdp_1}{gdp} \right)_t$，$\beta_2 \equiv \left(\dfrac{gdp_2}{gdp} \right)_t$，$\beta_3 \equiv \left(\dfrac{gdp_3}{gdp} \right)_t$，其中，$t$ 为时期。

那么，在（9）、（10）这两个假设下，全社会劳动生产率变动为三次产业劳动生产率变动的加权平均，权重为产业增加值份额 β_i（简单的推导请参见本章附录 2），即：

（11）$\left(\dfrac{gdp}{em} \right)_{t+1} \Big/ \left(\dfrac{gdp}{em} \right)_t - 1 = \left[\dfrac{\left(\dfrac{gdp_1}{em_1} \right)_{t+1}}{\left(\dfrac{gdp_1}{em_1} \right)_t} - 1 \right] \times \beta_1 + \left[\dfrac{\left(\dfrac{gdp_2}{em_2} \right)_{t+1}}{\left(\dfrac{gdp_2}{em_2} \right)_t} - 1 \right] \times \beta_2 +$

$\left[\dfrac{\left(\dfrac{gdp_3}{em_3} \right)_{t+1}}{\left(\dfrac{gdp_3}{em_3} \right)_t} - 1 \right] \times \beta_3$

或者简记为：$g = g_1 \times \beta_1 + g_2 \times \beta_2 + g_3 \times \beta_3$。

我们设计这个公式的目的，是为了检验产业结构演进对劳动生产率的影响。换句话说，假定就业结构和三次产业 GDP 份额都维持在基期如 1950 年的水平，而允许三次产业劳动生产率就像所表现的那样发生变化，那么，我们的基本判断是：用基期产业增加值份额 β_i 加权其后各期劳动生产率增长率，所得到的总和劳动生产率增长率，应该大于实际数据所表现的全社会劳动生产率增长率，即我们预想实验结果大于现实表现。原因正如前文阐述的那样，第三次产业劳动生产率增长较第二次产业普遍低下，且 70 年代以来，第三次产业份额均有显著的增长趋势，第三次产业的规模扩张抵消了第一、二次产业劳动生产率的相对高增长速度，进而拉低了全社会增长速度。结构性因素的影响因此析出。

基于这种判断，运用（11）式，我们可以来定义"结构效应"。仍假定以 1950 年为基期，固定基期的第一、二、三次产业增加值比重，并用它们与 70 年代以后相应产业劳动生产率增长率相乘，得到全社会劳动生产率增长率的"实验数据"序列，记为：$(g_{1950})_t$；同时，1970~2008 年由真实产业增加值比重和相应产业劳动生产率增长率合成的全社会劳动生产率增长率序列，记为：$(g)_t$。基于此，我们有全社会劳动生产率增长率变动的"结构效应"：

$$(12) \quad sf = \frac{(g)_t - (g_{1950})_t}{(g_{1950})_t} \times 100\%$$

在通常状况下，沿着产业结构服务化演进趋势，若第二产业劳动生产率增长率大于第三产业劳动生产率增长率，则 $sf \leqslant 0$，且 sf 绝对值越大，劳动力由第一、二次产业向第三次产业转移对全社会劳动生产率减速的效应也越大。表 2-4 汇报了 9 国劳动生产率变动的"结构效应"，正如所预期的那样，除个别时期外，各国各个时期均表现出了较大的负值，即与 50 年代的经济结构比较起来，70 年代以后经济结构向服务化的演进，对于全社会劳动生产率增长的负向冲击或抑制作用是巨大的。

表 2-4　9 国劳动生产率减速的结构效应（以 1950 年各国各次产业增加值比重为基准）

单位：%

年　份	1970~1975	1975~1980	1980~1985	1985~1990	1990~1995	1995~2000	2000~2005	2005~2008
法　国	0	-23	-29	-32	-63	-63	-47	-55
意大利	—	-39	-73	-39	-54	-77	-187	-172

年 份	1970～1975	1975～1980	1980～1985	1985～1990	1990～1995	1995～2000	2000～2005	2005～2008
荷 兰	－35	－41	－29	NA	－61	0	34	－54
西班牙	－35	－24	－14	－93	－71	－135	－3	－72
瑞 典	－19	－84	－49	－34	－23	－33	－38	－281
英 国	－44	－26	－29	0	－36	0	－22	172
加拿大	0	0	－6	－53	25	－12	－24	－25
美 国	－39	NA	－37	－20	－18	－11	－42	－2
日 本	－23	27	－21	－1	92	－43	－9	－43

注：一表示数据缺失，NA 表示被忽略的异常值。

数据来源：Mitchell（1998）、联合国统计数据库。

第五节 "结构性加速"与"结构性减速"之间：结合中国经济问题的进一步分析

发达国家日趋完善的激励和保障制度，为劳动生产率的持续增长提供了不竭的动力，因此，我们没有理由认为发达国家劳动生产率水平会出现系统性下降。但是，正如事实所表现的那样，"二战"后普遍发生于发达国家的强劲增长，在将产业结构彻底重塑之后，最终把这些国家的经济结构推向成熟。也正是在这种背景下，由劳动生产率增长率的"结构性减速"导致的人均 GDP 增长率减速才引人注目。

劳动生产率增长率减速问题之所以重要，是因为发生劳动生产率增长减速的国家，国民收入的增长速度将会减缓。尤其是在经济由高速增长向低速增长的过渡中，这种减速可能导致一系列问题。首先，若这种减速不是短期波动，而是作为系统性或长期趋势存在，那么，长期中国民收入增长速度的降低，将为福利主义国家社会保障系统的安全运行带来系统性冲击。其次，国民收入增长减速可能为人力资本投资、研发投资、资本设备投资等带来一系列阻碍，并迫使经济政策进行调整。但是这种观点也为经济周期分析提供了一个有益启示：经济周期的产生或许与劳动生产率的

"结构性加速"或"结构性减速"存在某种形式的联系。限于篇幅和本书目的，这些问题将在其他研究中予以关注。

至此，有关方法和问题可以纳入对中国经济问题的分析。自 20 世纪 70 年代末期的改革开放以来，中国经济发生了持续 30 多年的快速增长；其间，农村劳动力向现代部门的转移，对于促进全社会劳动生产率的提高作用巨大。同时，人口红利机会的出现，为 30 多年的经济扩张注入了源源不断的活力。采用前文类似的分解方法，如图 2 - 7 所示，1979 ~ 2010 年，劳动生产率增长率的持续提高仍是人均 GDP 增长的重要促进要素。考虑到本章强调的经济增长"结构性加速"或"结构性减速"问题，我们该如何看待中国未来的经济增长？

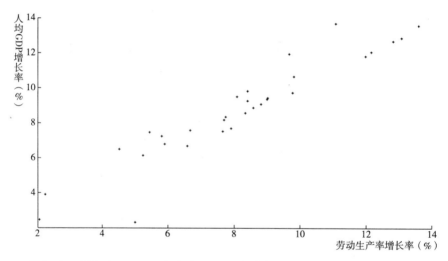

图 2 - 7　中国 1979 ~ 2010 年人均 GDP 增长率与劳动生产率增长率的回归趋势
数据来源：历年《中国统计年鉴》。

1. 中国增长阶段的国际比较

我们先来看一个比较。表 2 - 5 是基于 Mitchell 数据库和 Maddison 数据库给出的一个数据比较，Maddison 数据库提供的最近年份的中国 GDP 数据是 2008 年。简单的计算显示，2008 年中国人均 GDP 水平大约相当于美国 1925 年、加拿大 1941 年、日本 1966 年的人均 GDP 水平；换句话说，中国现阶段的经济水平，大约相当于美国 20 世纪 20 年代中期、加拿大 20 世纪 40 年代初期、日本 20 世纪 60 年代中期的水平。

美国 20 世纪 20 年代正经历被称为"浮华年代"的空前繁荣，加拿大的 20 世纪 40 年代和日本的 20 世纪 60 年代也正经历经济"结构性加速"。同时，中国的 2008 年也是改革开放以来持续加速进程中的一站。

有意思的是，表 2 - 5 提供了相应发展阶段上 GDP 份额和就业份额的对比。从 GDP 份额看，中国与日本的情景相近，第二产业 40% 以上的增加值份额，成为维持高经济增长速度的基础。但是，从就业份额看，中国第三产业发展明显滞后，这个观察与其他研究者的观察基本相同。但是，若把中国第三产业发展滞后与"结构性加速"和"结构性减速"联系起来，我们将会产生其他认识：与美国、加拿大比较起来，日本在相对短的时间里推动和完成了产业结构的"服务化"，因此也产生了更令人瞩目的"结构性加速"与"结构性减速"的转换。我们推测，1990 年以来日本诸多增长与宏观问题，皆根源于此。同样的，在产业结构迅速服务化的进程中，中国如果采取"狂飙突进"的方式，那么"结构效应"的巨大负向冲击就是可以预见的（可回顾我们的数据实验）。而且，中国城市化推进速度越快，"结构性效应"的负向冲击就会越大。

表 2 - 5　中国 2008 年产业结构与相似发展时期发达国家的对比

单位：%

	GDP 份额			就业份额		
	第一产业	第二产业	第三产业	第一产业	第二产业	第三产业
美国：1925	11	26	63	24	33	43
加拿大：1941	13	34	53	27	30	43
日本：1966	9	44	47	26	32	42
中国：2008	11	49	40	40	27	33

注：原始数据来源于 Mitchell（1998），《中国统计年鉴》（2009）。美国 1925 年 GDP 份额为 1919～1929 年的平均值，就业份额为 1920～1930 年的平均值；日本 1966 年 GDP 份额、就业份额为 1960～1970 年的平均值。

2. 认识中国长期增长问题的立足点

我们可以把认识中国长期增长（当然，也包括短期波动）问题的方法进一步提炼为：立足于"结构性加速"与"结构性减速"之间。相关的一系列研究试图寻找一个恰当的角度阐释中国经济问题，并给予长期经济政策调整一个理论说明。如张平等（2011）文献中涉及的"城市化关键时期"，即城市化率超过50%以后至城市化成熟，是一个思维角度。但是，我们认为，若立足于"结构性加速"与"结构性减速"来对未来经济增长趋势进行表述，将会更有启发性。

3. 中等收入陷阱问题

立足于"结构性减速"分析中等收入陷阱问题会很有趣。近年来，关于中国未来增长的一个悲观预期是所谓的"中等收入陷阱"问题。我们认为，"中等收入陷阱"若要发生，需要满足的关键条件是：在收入处于中等水平时，经济结构过早地趋于服务化。也就是说，在中等收入水平时期，经济的"结构性减速"也随之发生，进而从根本上阻碍了国民收入的持续快速提高。因此，"中等收入陷阱"存在与否，可以基于中国未来产业结构及生产率变动状况进行模拟。限于篇幅及本书目的，这里不做深入探讨。

4. 国民福利与"结构性减速"

在长期中，中国社会经济面临的最大压力将是"结构性减速"与国民福利提高之间的矛盾，主要是社会保障体系建立和完善的困难。随着产业结构的持续演进和服务化，有两个相互叠加的效应值得关注：一是人口老龄化对社会保障的需求，这种需求将会对未来投资产生压力；二是"结构性减速"对收入增长将施加压力，进而影响需求的增长。如果中国不具有抵消"结构性减速"的足够高的劳动生产率增速，那么在这些效应的叠加下，未来增长将面临不乐观的前景。

第六节　结论

20世纪70年代以来普遍发生于发达国家的经济增长减速，是工业化向城市化发展进程中的一种系统性趋势。当经济结构日趋成熟，就业向服务业部门集中，高就业比重、低劳动生产率增长率的第三产业的扩张，拉低了这些国家的全社会劳动生产率增长率。作为长期增长的重要影响因素，劳动生产率增长率的减速将影响国民收入增长，进而给国民福利及投资、消费等带来冲击。发生于西方国家的"结构性减速"问题，对于中国来讲具有极大的启发意义。长期增长过程的"结构性加速"和"结构性减速"这个问题对于中国而言之所以重要，原因在于未来一二十年里，中国将面临产业结构向服务化的调整以及人口结构的转型；更为重要的是，这些变化将在一个相对较短的历史时期里发生。类似于日本产业结构短期内的迅速变化，经济增长由"结构性加速"向"结构性减速"过渡期间所产生的冲击效应值得关注。与发达国家"结构性减速"本质上的不同在于，中国的"结构性减速"很可能发生在较低收入水平上，进而对国民福利提高和经济可持续增长带来巨大影响。因此，重新审视中国未来产业发展方向以及结构调整和优化路径，具有重要的现实意义。

参考文献

［1］张平、刘霞辉：《经济增长前沿》，社会科学文献出版社，2007。

［2］张平、刘霞辉、王宏淼：《中国经济增长前沿 II》，中国社会科学出版社，2011。

［3］Bjork, G. C., *The Way it Worked and Why it Won't*, London：Praeger, 1999.

［4］Herrick, B. and Kindleberger, C. P., *Economic Development*, New York ：McGraw – Hill, 1983, p. 126.

［5］Maddison, A., *The World Economy in the 20th Century*, OECD Publishing, 1989.

［6］Maddison, A., *The World Economy* (Volume 1, Volume 2), OECD Publishing, 2006.

［7］Mitchell, B. R., *International Historical Statistics* (4th ed)：1750 – 1993, New York ：Stockton Press, 1998.

［8］Mitchell, B. R., *International Historical Statistics* (6th ed)：1750 – 2005, New York, N. Y. ：Palgrave Macmillan, 2007.

附录1 7国人均 GDP 增长率分解

说明：（1）本附录中 7 个国家的数据算表，依据 Mitchell（1998，2007）、Maddison（2006），并运用联合国人口统计年鉴进行补充。（2）各个表中增长率为特定时期的期间年均增长率。以表 1 法国人均 GDP 年均增长率为例，1866～1886 年均增长率为 1.03%，1886～1896 年均增长率为 2.02%，其余类推。

1. 法国

单位:%

年　份	人均GDP年均增长率	（1）劳动生产率平均增长率	（2）劳动参与率	劳动参与率年均增长率	（3）劳动年龄人口比重	劳动年龄人口比重年均增长率
	$\triangle y/y$	$\triangle a/a$	b	$\triangle b/b$	c	$\triangle c/c$
1856～1866	1.20	1.00	60.4	0.18	65.8	0.01
1886	1.03	0.49	67.8	0.61	64.5	-0.10
1896	2.02	0.69	75.3	1.12	65.2	0.12
1901	1.03	0.25	78.5	0.84	65.0	-0.07
1906	0.83	0.14	81.1	0.66	65.1	0.02
1911	2.08	2.06	80.9	-0.06	65.3	0.08
1921	-0.92	-1.34	81.9	0.13	67.6	0.34
1926	7.64	9.22	77.8	-1.01	67.3	-0.08
1931	-0.07	0.21	77.2	-0.15	66.9	-0.13
1936	0.04	1.40	75.1	-0.56	64.4	-0.73
1946	-0.92	-1.49	76.8	0.23	67.2	0.43
1954	7.03	10.02	68.8	-1.29	65.0	-0.41
1962	4.64	5.99	67.9	-0.17	61.1	-0.75
1968	4.53	5.27	64.1	-0.93	62.5	0.39
1975	3.77	3.83	63.4	-0.16	63.0	0.11
1982	2.37	2.59	60.4	-0.66	65.2	0.51
1991	1.97	3.79	53.1	-1.35	65.1	-0.01
2004	1.63	0.28	61.8	1.26	65.4	0.03

2. 德国

单位:%

年 份	人均GDP年均增长率	(1) 劳动生产率平均增长率	(2) 劳动参与率	劳动参与率年均增长率	(3) 劳动年龄人口比重	劳动年龄人口比重年均增长率
	△y/y	△a/a	b	△b/b	c	△c/c
1882~1895	2.45	2.10	65.4	-0.19	61.1	0.48
1907	1.78	1.01	71.2	0.73	60.8	-0.04
1925	0.66	-0.25	74.8	0.29	67.7	0.63
1933	0.09	0.52	72.0	-0.48	68.0	0.06
1939	9.66	8.17	72.5	0.12	71.6	0.88
1950	-2.81	-1.66	64.6	-0.99	68.0	-0.47
1961	9.50	8.10	72.4	1.10	65.5	-0.32
1970	4.08	4.97	71.1	-0.20	63.1	-0.42
1980	3.01	3.50	65.5	-0.78	65.9	0.45
1992	1.64	2.99	55.4	-1.28	68.7	0.35
2004	1.17	-0.01	64.7	1.40	67.1	-0.19

注:(1) 1980年东德产业就业数据缺失,该年东德所有数据以相当于西德的1/3估算;(2) 1980年东德分年龄组人口以1981年代替;(3) 1882年15~64岁年龄人口,根据1871~1880年的9年平均趋势估算,用1880年数量减去2年的年均增长量;1895年15~64岁人口为1890~1900年的平均值;1907年15~64岁人口,根据1900~1910年年均增量估算,用1910年数量减去3年的平均增长量。

3. 意大利

单位:%

年 份	人均GDP年均增长率	(1) 劳动生产率平均增长率	(2) 劳动参与率	劳动参与率年均增长率	(3) 劳动年龄人口比重	劳动年龄人口比重年均增长率
	△y/y	△a/a	b	△b/b	c	△c/c
1871~1881	-0.58	-1.24	93.8	1.02	62.9	-0.24
1901	1.41	2.48	85.0	-0.47	59.5	-0.27
1911	3.31	4.24	79.7	-0.63	59.3	-0.02

续表

年　份	人均GDP年均增长率	（1）劳动生产率平均增长率	（2）劳动参与率	劳动参与率年均增长率	（3）劳动年龄人口比重	劳动年龄人口比重年均增长率
	$\triangle y/y$	$\triangle a/a$	b	$\triangle b/b$	c	$\triangle c/c$
1921	− 0.08	− 0.59	78.0	− 0.21	63.9	0.78
1931	1.03	3.15	66.6	− 1.46	62.8	− 0.17
1936	1.71	1.28	69.0	0.72	61.9	− 0.30
1951	1.39	1.61	62.7	− 0.60	66.3	0.47
1961	6.92	8.22	58.4	− 0.69	66.1	− 0.03
1971	5.43	6.26	48.5	− 1.69	75.5	1.42
1981	3.43	3.07	58.2	1.98	64.7	− 1.42
1991	2.53	2.40	54.3	− 0.67	70.1	0.83
2001	1.51	1.73	55.5	0.23	67.3	− 0.41
2003	0.49	− 0.95	57.6	1.91	66.7	− 0.43

注：2003 年分年龄组人口数据来自《联合国人口统计年鉴》。

4. 英国

单位:%

年　份	人均GDP年均增长率	（1）劳动生产率平均增长率	（2）劳动参与率	劳动参与率年均增长率	（3）劳动年龄人口比重	劳动年龄人口比重年均增长率
	$\triangle y/y$	$\triangle a/a$	b	$\triangle b/b$	c	$\triangle c/c$
1861 ~ 1871	1.25	− 0.62	74.8	1.93	59.7	0.05
1881	1.27	1.28	76.3	0.19	58.5	− 0.20
1891	1.33	1.12	77.2	0.12	58.8	0.06
1901	0.37	0.93	73.3	− 0.50	58.8	− 0.01
1911	0.84	0.67	73.0	− 0.04	59.9	0.20
1921	0.99	0.94	70.1	− 0.40	62.7	0.46
1931	0.46	0.25	70.3	0.02	63.8	0.19
1941	− 1.23	− 1.30	68.5	− 0.25	66.0	0.34

续表

年　份	人均 GDP 年均增长率:%	（1）劳动生产率平均增长率:%	（2）劳动参与率:%	劳动参与率年均增长率:%	（3）劳动年龄人口比重:%	劳动年龄人口比重年均增长率:%
	△y/y	△a/a	b	△b/b	c	△c/c
1951	1.55	1.12	68.7	0.03	68.4	0.36
1961	3.87	4.10	69.4	0.10	66.6	−0.26
1971	2.43	2.29	72.1	0.39	64.8	−0.26
1981	2.36	2.47	74.3	0.31	62.4	−0.38
1991	1.66	2.87	66.2	−1.08	63.4	0.16
2004	1.89	0.86	76.2	1.08	62.1	−0.14

注：2004 年分年龄组人口数据来自《联合国人口统计年鉴》。

5. 加拿大

单位:%

年　份	人均 GDP 年均增长率	（1）劳动生产率平均增长率	（2）劳动参与率	劳动参与率年均增长率	（3）劳动年龄人口比重	劳动年龄人口比重年均增长率
	△y/y	△a/a	b	△b/b	c	△c/c
1891～1901	−0.17	2.94	54.8	−0.29	60.6	−2.17
1911	3.57	1.92	60.6	1.06	62.4	0.30
1921	−2.04	−1.66	59.3	−0.21	60.8	−0.25
1931	1.92	1.36	60.3	0.16	62.8	0.33
1941	5.11	4.73	59.3	−0.17	65.5	0.43
1951	2.37	2.80	60.8	0.26	61.7	−0.58
1961	1.72	2.54	60.7	−0.01	57.8	−0.64
1971	4.22	3.22	60.7	−0.01	62.3	0.78
1981	3.15	0.17	72.0	1.88	67.8	0.89
1991	0.83	0.70	76.4	0.61	64.7	−0.46
2004	2.45	2.36	72.2	−0.42	69.0	0.52

注：2004 年分年龄组人口数据来自《联合国人口统计年鉴》。

6. 美国

单位:%

年　份	人均GDP年均增长率	(1) 劳动生产率平均增长率	(2) 劳动参与率	劳动参与率年均增长率	(3) 劳动年龄人口比重	劳动年龄人口比重年均增长率
	$\triangle y/y$	$\triangle a/a$	b	$\triangle b/b$	c	$\triangle c/c$
1890～1900	2.02	1.91	58.4	-0.03	57.2	0.13
1910	1.20	1.56	58.2	-0.04	55.7	-0.27
1920	3.81	6.22	46.2	-2.06	59.7	0.73
1930	2.06	0.66	51.2	1.10	60.9	0.19
1940	2.13	2.03	50.1	-0.23	62.8	0.32
1950	1.19	0.20	55.0	0.99	62.7	-0.02
1960	1.19	1.43	52.2	-0.51	64.7	0.32
1970	1.28	0.31	54.6	0.46	67.7	0.46
1980	3.64	4.70	53.4	-0.23	64.3	-0.51
1990	1.80	2.14	56.8	0.65	58.7	-0.87
2004	2.51	2.33	56.4	-0.06	60.2	0.20

注：2004年分年龄组人口数据来自《联合国人口统计年鉴》。

7. 日本

单位:%

年　份	人均GDP年均增长率	(1) 劳动生产率平均增长率	(2) 劳动参与率	劳动参与率年均增长率	(3) 劳动年龄人口比重	劳动年龄人口比重年均增长率
	$\triangle y/y$	$\triangle a/a$	b	$\triangle b/b$	c	$\triangle c/c$
1910～1920	3.06	4.23	83.6	-0.53	57.7	-0.31
1930	0.90	1.53	76.2	-0.88	59.7	0.36
1940	5.82	6.31	74.0	-0.30	59.7	0.00
1950	-3.34	-3.16	71.7	-0.30	59.9	0.03
1960	10.53	9.00	72.8	0.15	63.8	0.65
1970	14.37	12.50	72.7	-0.01	69.1	0.84
1980	3.82	4.56	70.7	-0.28	67.5	-0.24

续表

年　份	人均 GDP 年均增长率	(1) 劳动生产率平均增长率	(2) 劳动参与率	劳动参与率年均增长率	(3) 劳动年龄人口比重	劳动年龄人口比重年均增长率
	$\triangle y/y$	$\triangle a/a$	b	$\triangle b/b$	c	$\triangle c/c$
1990	3.99	3.62	70.5	-0.03	69.5	0.30
2004	1.06	0.96	74.4	0.39	66.7	-0.29

注：1910 年分年龄组人口数据，用 1913 年比重估算；2004 年分年龄组人口数据来自《联合国人口统计年鉴》。

附录 2　全社会劳动生产率的变动为三次产业劳动生产率的变动之和

沿用正文记号。基期为 t，报告期为 $t+1$：

全社会劳动生产率：

$$\frac{gdp}{em} = \frac{gdp_1}{em_1} \times \frac{em_1}{em} + \frac{gdp_2}{em_2} \times \frac{em_2}{em} + \frac{gdp_3}{em_3} \times \frac{em_3}{em} = \frac{gdp_1}{em_1} \times \alpha_1 + \frac{gdp_2}{em_2} \times \alpha_2 + \frac{gdp_3}{em_3} \times \alpha_3 \qquad (1)$$

考虑时间因素：

$$\left(\frac{gdp}{em}\right)_{t+1} - \left(\frac{gdp}{em}\right)_t = \left[\left(\frac{gdp_1}{em_1}\right)_{t+1} - \left(\frac{gdp_1}{em_1}\right)_t \right] \times \alpha_1 + \left[\left(\frac{gdp_2}{em_2}\right)_{t+1} - \left(\frac{gdp_2}{em_2}\right)_t \right] \times \alpha_2$$
$$+ \left[\left(\frac{gdp_3}{em_3}\right)_{t+1} - \left(\frac{gdp_3}{em_3}\right)_t \right] \times \alpha_3 \qquad (2)$$

（2）式左右两边同除以 $\left(\frac{gdp}{em}\right)_t$，则左边就是全社会劳动生产率增长率。

考虑（2）式右边第一项：

$$\left\{ \left[\left(\frac{gdp_1}{em_1}\right)_{t+1} - \left(\frac{gdp_1}{em_1}\right)_t \right] \times \alpha_1 \right\} \div \left(\frac{gdp}{em}\right)_t = \left\{ \left[\left(\frac{gdp_1}{em_1}\right)_{t+1} \div \left(\frac{gdp}{em}\right)_t - \left(\frac{gdp_1}{em_1}\right)_t \div \left(\frac{gdp}{em}\right)_t \right] \right\} \times$$

$$\alpha_1 = \left[\frac{\left(\frac{gdp_1}{em_1}\right)_{t+1}}{\left(\frac{gdp_1}{em_1}\right)_t} - 1 \right] \times \left\{ \left[\frac{\left(\frac{gdp_1}{em_1}\right)_t}{\left(\frac{gdp}{em}\right)_t} \right] \times \alpha_1 \right\} = \left[\frac{\left(\frac{gdp_1}{em_1}\right)_{t+1}}{\left(\frac{gdp_1}{em_1}\right)_t} - 1 \right] \times \left[\frac{gdp_1}{gdp} \right]_t$$

$$= \left[\frac{\left(\frac{gdp_1}{em_1}\right)_{t+1}}{\left(\frac{gdp_1}{em_1}\right)_t} - 1 \right] \times \beta_1 \qquad (3)$$

（3）式的结果 $\left[\dfrac{\left(\dfrac{gdp_1}{em_1}\right)_{t+1}}{\left(\dfrac{gdp_1}{em_1}\right)_t} - 1\right] \times \beta_1$，即为第一次产业劳动生产率增长率

与该产业 GDP 份额的乘积。第二、三次产业类推。因此，全社会劳动生产率的变动为三次产业劳动生产率变动之和。

第三章 结构变迁过程的资源错配：
发展中国家的增长迷途

第一节 引言

本章尝试阐明的一个观点是：欠发达经济问题本质上是结构性问题。这个观点的阐述，是建立在这样一个基本观察上：在发展中国家的增长历史及现实中，普遍存在着产业结构动态变化中的"资源错配"。因此，本章的认识不同于以往要素（总量）和结构理论的认识。

从要素角度看，论者往往把思维放在新古典或内生增长理论上，原因是这些理论为总量分析提供了非常简洁的框架。即使在论述发展中国家的经济问题时，新古典或内生增长理论也被普遍认为是最有效的理论方法。但是我们认为，由于经济结构问题的存在，新古典或内生增长理论并不能讲述欠发达国家故事的全部，投资和技术进步的作用往往被过高估计。

首先对"资源错配"这个概念给出说明。本章中发展中国家的资源错配，是指劳动力或资本发生了向低效率服务业的过快演进，因而导致了整体经济的无效率及相应问题。

当然，"资源错配"这个概念，是在与发达国家增长方式相比较的基础上定义的。随着产业结构的变迁，很多发展中国家表现出来的"资源错配"，是错在偏离了有效率的增长路径。正如我们的统计分析将要揭示的那样，发达国家在长期增长中，第三产业的劳动生产率普遍高于或接近于第二产业；而发展中国家正好相反，第三产业的劳动生产率普遍低于第二产业。因此，如果在这种情况下套用库兹涅茨规律于发展中国家（或者搬用发达国家现代增长模式于发展中国家），在片面强调服务业规模扩张的时候，资源错配就会出现；而且，服务业越发展，资源错配导致的经济增长缺乏效率问题就越突出。

有必要对库兹涅茨规律做一下阐释。库兹涅茨（2005）关于劳动力的产业间转移，以及第三产业发展趋势的描述，本质上讲的是成功的发达国家的故事。或许这个故事太过完美，因此往往被借用来分析发展中国家的增长趋势，以至于人们对发展中国家的产业结构变迁产生了误解。产业结构变换中的"资源错配"因此被忽略。

一般来说，发达国家第三产业由于比第二产业具有更高的劳动生产率，因此才有第三产业规模的持续扩张和资源的"正确"再配置（实际上，故事的这一半已被库兹涅茨等描述过）。但是，如果第三产业劳动生产率比第二产业低，且持续扩大，发展中国家"资源错配"就会出现（我们现在来描述故事的另一半）。因此，我们的这种理解不同于一般文献对于发展中国家经济增长的解释，当然，也不同于一般的结构描述性分析。围绕"资源错配"这一问题，我们的基本判断是：发展的根本问题，本质上是经济结构的调整问题。

再者，我们的认识与人们对经济结构调整的一般认识也不同。就发展中国家的经济结构调整而言，有一个影响广泛的误解。多少年来，提及发展中国家的结构调整和优化——尤其是面临普遍存在的巨大的就业压力问题，研究者几乎一致把目光集中于服务业的发展，而不问这背后的经济理论和立论假设如何。正如前文所强调的那样，结构演进的库兹涅茨规律，其成立有（暗含的）先决条件：第三产业的扩张是基于该产业相对更高的劳动生产率。若不顾这个条件，把发展中国家的产业结构滞后归结为第三产业规模的狭小，那么，开出的政策药方就会南辕北辙。这个认识影响政策久了，就会导致发展中国家第三产业脱离效率的空转，由此导致国家经济发展"迷路"。

这有悖于发展经济学的初衷。经典发展理论的设想是，在二元经济结构下，劳动力不断被高效率的现代部门吸收，经济整体效率随之提高。但是，如果因为劳动力转移出传统农业部门，而制造出来另外一个规模巨大的低效率部门，那么发展中国家的经济不是实现了所谓的现代增长，而不过是从一种停滞方式（典型如刘易斯所说的传统农业部门）跃入另一种停滞方式（典型如发展中国家产业结构的过早服务化）。实际上，一个不可忽视的现实是，发展中国家总是分布于这种奇怪的两极。

本章对这个认识的阐述，建立在对主要发达国家和发展中国家的统计说明上。本章安排如下：第二节是文献回顾及本章主要方法的提示。第三节树立本章分析的基准——发达国家的"正确"增长路径。第四节提供大量发展中国家的统计数据，围绕的一个重心是：发展中国家长期以来把资源过度消耗在低生产率的服务业上，这是"资源错配"的统计事实。第五节，讨论"资源错配"的后果，由此为拉美及其他发展中国家的问题分析提供一个全新的认识角度。第六节是对中国未来增长的启示。

第二节 经济增长的两个演化世界

经典文献对人们认识的影响之深，可以用一个例子来加以说明。提及发展模式问题，研究者往往会想到钱纳里等（1988）的工作，这个工作以试图寻求各国经济发展的"标准结构"著称，即经济发展的不同阶段，具有不同的产业结构份额与之对应。但是，这种认识容易产生的一个误解是：当人均国民收入达到某个数值时，仿佛产业结构的份额达到某个数值才算正常。

我们之所以说这是误解，是因为在钱纳里等的比较研究中，忽视了一个重要的历史现象：即使在同一发展阶段上（或相同人均 GDP 水平上），发达国家和发展中国家的产业效率也可能不具有可比性。如，根据 Mitchell（1998）的历史数据，中国的人均 GDP 大致相当于美国 20 世纪 20 年代中期的水平。在人均 GDP 可比的两个时间段上，美国服务业比重为 60%，中国为 40%。需要注意的是，19 世纪 70 年代以来，美国的第三产业劳动生产率一直高于第二产业，服务业发展沿着比较效率的路径"正确"演进着，因此导致了 20 世纪 20 年代服务业的高比重。中国服务业的比重达不到这个高水平，是由服务业自身的劳动生产率低下所致，也就是说，中国的服务业不具有充分的规模扩张的内在动力。因此我们认为，在观察发达国家历史，并用于发展中国家的比较时，产业效率是一个关键特征，但不幸的是，这个重要问题却被文献有意或无意地忽视了。

由此引出了本章关于经济增长的演化路径问题。图 3 - 1 展示了真实世界的情景，在那里，我们表征了经济增长的两个演化世界：发达国家"正确"的演化世界和欠发达国家演化的"迷途"与可能摆脱困境的出路。

为了分析方便，首先介绍一个经常为库兹涅茨使用的概念：相对劳动生产率。以第三产业相对于第二产业的劳动生产率为例，记：GDP_i 为产业增加值（$i = 2，3$）；EM_i 为产业就业（$i = 2，3$），则第三产业相对于第二产业的劳动生产率可以写为：

$$lv_{3,2} = \left(\frac{GDP_3}{GDP_2} \right) \Big/ \left(\frac{EM_3}{EM_2} \right) \tag{1}$$

下文中，为了分析方便，我们把第二产业劳动生产率标准化为 1，因此第三产业相对于第二产业的劳动生产率就是一个没有量纲的相对值。

在图 3 - 1 中，被标准化的第二产业劳动生产率（等于 1）分为上、下两部分，纵轴代表第三产业相对于第二产业的劳动生产率。上半部分是真实的发达国家的世界：这个世界的第三产业劳动生产率一般高于或接近于第二产业，但是，在 S 型成长曲线规律的作用下，第三产业劳动生产率增长减速甚至被第二产业超越，袁富华（2012）系统分析过这种现象。下半部分是真实的欠发达国家的世界，在这里，产业结构同样发生着变化，但是却呈现另一番景象：发展中国家的第三产业劳动生产率普遍低于第二产业，正好与发达国家相反。于是经常有这样的现象发生，第三产业在发展中国家的规模已经很大了——超过了60%，但是劳动生产率却低于第二产业，换句话说，这些穷国经济被一个效率低下的第三产业包围了，社会资源流向规模庞大而效率缺乏的第三产业，经济陷入低增长怪圈。两个世界的经济结构演化与发展情景泾渭分明。

产业结构逆转与良性发展问题。有两种可能性主导着欠发达国家的经济增长。一种可能性是沿着目前的路径继续演化——经济朝着服务化和低效率路径持续演进，这种情况将导致发展中经济体与发达经济体差距继续扩大。另一种可能性是重塑经济结构，让劳动力和资本向劳动生产率相对较高的第二产业倾斜，提高经济整体效率，这种景象在图3-1中是用箭头分叉表示的。但是，有没有通过提高服务业生产率促进整体生产率的可能？回答这个问题比较困难，关键是，发展中国家凭借什么发展生产率超过第二产业的服务业？对于创新普遍缺乏的穷国来说，这方面的困难似乎较大。

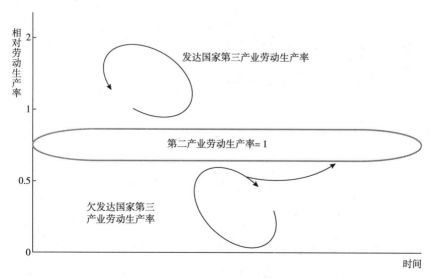

图3-1　经济增长的两个演化世界

注：图中圆圈表示第三产业劳动生产率在波动中变化的趋势。

第三节　发达国家的"正确"增长路径

我们首先对两个演化世界里的发达国家进行分析，用历史数据解读图 3-1 的上半部分。分析发达国家的目的，是提供关于"正确"增长路径的信息，为发展中国家"错误"增长路径提供比较的基准。

一　20 世纪 70 年代以来发达国家产业结构演进趋势

联合国数据库（UNDATA）提供了发达国家和发展中国家 1970 年以来的主要经济数据，对于大多数发达国家来说，这个时段的逐年连续数据可以获得。图 3-2 提供了 10 个工业化国家 1970 年以来第二、三次产业就业比重的演进趋势，这 10 个国家是比利时、法国、意大利、荷兰、瑞典、瑞士、西班牙、英国、美国和日本。

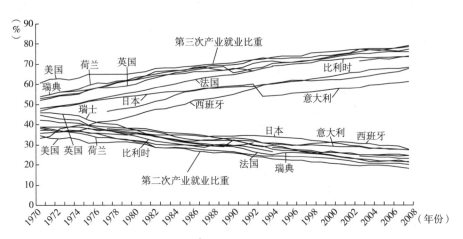

图 3-2　10 个工业化国家的第二次产业和第三次产业就业比重

注：第三次产业只有 9 个国家。

数据来源：联合国统计数据库。

正如曲线显示的那样，20 世纪 70 年代以来发达工业化国家出现了第二、三次产业之间的剧烈变化，劳动力向第三次产业的快速流动，最终将工业化国家的经济结构推向成熟。通常状况是，在 20 世纪 70 年代初期，10

个工业化国家第二次产业劳动力比重在40%～45%的水平；第三次产业的劳动力比重在50%的水平；经过近40年的演化，这些国家第三次产业劳动力比重增加到70%～80%的水平，成为成熟经济的典型表征。但是需要指出的是，劳动力向第三次产业的流动，在很大程度上削弱了这个产业继续高增长的空间，其中就包括我们将要谈及的劳动生产率增长减速问题。

二　20世纪70年代以来第三次产业比较劳动生产率

把各国第二次产业劳动生产率标准化为1，我们可以很方便地观察第三次产业相对于第二次产业的劳动生产率。作为发达经济"正确"增长的重要标志，我们在这里需要明确发达国家生产率的一个重要特征：第三次产业劳动生产率通常高于或等于第二次产业劳动生产率。这种特征成为经济"服务化"的根本效率基础。图3-3展示了10个工业化国家1970年以来第三次产业劳动生产率的变动趋势。

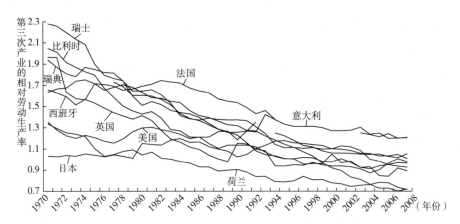

图3-3　发达国家的第三次产业相对于第二次产业的劳动生产率
（第二次产业劳动生产率 = 1.00）

数据来源：联合国统计数据库。

（1）总体来看，在产业结构服务化的大趋势中，工业化国家第三次产业的劳动生产率普遍高于或等于第二次产业的劳动生产率。分为两个阶段：1970年至20世纪90年代末期，各国第三次产业劳动生产率普遍高于第二次产业劳动生产率；进入2000年以来，第二、三次产业劳动生产率呈现相等趋势。（2）随着第三次产业规模的扩张和劳动力向服务业部门的持续转移，工业化国家第三次产业劳动生产率出现递减趋势，第二次产业的劳动生产率逐渐接近甚至超过第三次产业劳动生产率。可以预期的是，随着产业结构的持续演进，第二、三次产业劳动生产率趋同是一种潜在趋势。

三 发达国家历史上的高效率服务业

发达国家第三次产业具有的高效率，不只是 20 世纪 70 年代以来的情景。实际上，长期以来，发达国家第二、三次产业结构的演进，基本遵循了比较效率的原则——服务业规模的扩大是立身于自己高生产率的"实力"，而非脱离了效率的凭空发展。限于数据的可获得性，表 3 - 1 汇报了 5 个工业化国家 19 世纪中期至 20 世纪 60 年代第三次产业相对劳动生产率状况。从历史上看，老牌工业化国家如英国、美国、意大利等服务业劳动生产率相对较高，因此，发达国家"正确"的产业演化路径有其悠远的历史背景。这种"正确"的演化动力，恰恰是发展中国家普遍缺乏的。

表 3 - 1　发达国家历史上的第三次产业相对劳动生产率

（第二次产业劳动生产率 = 1.00）

法 国		意大利		瑞 典		英 国		美 国	
1856	0.8	1871	1.8	1860	2.2	1841	1.6	1870	4.0
1866	0.9	1881	1.5	1870	2.0	1851	2.0	1880	3.4
1886	0.7	1901	2.1	1880	2.0	1861	1.7	1890	2.9
1896	0.7	1911	2.0	1890	2.0	1871	1.4	1900	2.7
1901	0.6	1921	1.2	1900	1.3	1881	1.5	1910	2.1
1906	0.7	1931	2.1	1910	1.3	1891	1.5	1920	2.2
1911	0.8	1936	1.5	1920	1.5	1901	1.5	1930	1.5
1936	1.0	1951	1.1	1930	1.3	1921	1.5	1940	1.1
1946	1.1	1961	1.5	1940	1.1	1931	1.8	1950	1.1
1954	0.8	—	—	1950	0.9	1951	1.1	1960	1.3
1962	0.8	—	—	1960	1.3	1961	1.0	—	—

数据来源：Mitchell（1998）。

第四节　发展中国家的资源错配

以发达国家作为比照，我们在这里用发展中国家数据解读图 3 - 1 的下半部分，揭示"资源错配"这个经常为文献所忽视的发展事实。限于数据的可获得性，我们引用了联合国统计数据库中 12 个发展中国家的数据，包括巴西、智利、厄瓜多尔、墨西哥、乌拉圭、委内瑞拉、中国、印度尼西亚、马来西亚、菲律宾、泰国、埃及。相对于为数众多的发展中国家来说，尽管这个样本较少，却是经常为经济分析所关注的国家，且主要的发展中国家也基本包含于其中，因此，这里的分析具有典型性。

一　20 世纪 70 年代以来发展中国家产业结构演进趋势

我们把 12 个发展中国家 1975～2005 年第二、三次产业就业比重演进趋势组织在表 3 - 2 之中。大致分为两组，一组是产业结构服务化较快的拉美国家；一组是产业结构服务化稍慢的其他国家。具体说明如下：（1）拉美趋势。一个为人们广泛关注的现象是，自 20 世纪 70 年代以来，拉美国家产业结构的服务化倾向就比较显著。如智利、厄瓜多尔、乌拉圭、委内瑞拉等国，第三次产业就业比重在 70 年代中期就处于较高水平，30 多年来也一直在高水平上演化；相对于这些国家而言，80 年代以前，巴西、墨西哥的第三次产业比重虽然较低，但是其后却经历了较快的上升，均达到 60% 的水平。总体来说，现阶段拉美国家的第三次产业比重已经接近或达到发达国家的水平了。（2）其他国家趋势。相对于拉美国家，其他发展中国家的产业结构没有表现出过快的演化。如亚洲地区的中国、印度尼西亚、泰国、菲律宾及非洲地区的埃及，20 世纪 80 年代中期的服务业就业比重普遍低于 40%，现阶段也普遍低于 50%。（3）需要强调的一点是，发展中国家的就业结构，没有出现库兹涅茨规律所揭示的自然演化顺序，即没有出现过类似于发达国家长期的劳动力大规模工业部门集聚现象。正如前文所分析的那样，20 世纪 70 年代以来，发达国家第二、三次产业之间此落彼起的演化，是在第二次产业就业比重较高（40%以上）的基础上展开的，或者，发达国家经历了充分工业化的城市化。但是，无论在服务业比重较高的拉美国家，还是在服务业比重较低的其他欠发达国家，类似于发达国家历史上劳动力大规模工业集聚现象比较少见。正是由于这种结构服务化是在较低的发展水平上实现的，发展中国家产业演进中累积的问题及对经济可持续增长的影响才比较大。

表3-2　发展中国家产业就业结构状况

单位:%

国　　家	1975 年		1985 年		1990 年		1995 年		1999 年		2005 年	
	第二产业	第三产业	第二产业	第三产业	第二产业	第三产业	第二产业	第三产业	第二产业	第三产业	第二产业	第三产业
巴　　西	—	—	22	49	23	54	20	54	19	57	21	58
智　　利	25	53	20	60	25	55	26	58	23	62	23	64
厄瓜多尔	—	—	—	—	27	66	22	72	23	69	21	70
墨 西 哥	24	35	—	—	28	50	21	55	25	54	26	59
乌 拉 圭	—	—	—	—	33	62	27	69	25	71	29	66
委内瑞拉	25	55	25	59	25	61	24	63	23	67	21	70
中　　国	—	—	21	17	21	19	23	25	23	27	24	31
印度尼西亚	9*	25*	13	32	14	30	18	38	17	37	19	37
马 来 西 亚	—	—	24	46	28	46	32	48	32	50	30	56
菲 律 宾	15	31	14	37	15	40	16	40	16	45	16	48
泰　　国	12	21	12	20	14	22	20	28	18	33	20	37
埃　　及	18	33	20**	39**	21	40	22	44	23	49	21	48

注：＊为1976年数据，＊＊为1984年数据。

数据来源：联合国统计数据库。

二　20世纪70年代以来第三次产业比较劳动生产率

图3-4和图3-5提供了12个国家的第三次产业比较劳动生产率。发展中国家第三次产业劳动生产率普遍低于第二次产业，因此服务业相对劳

动生产率一般在小于1的区域里演化。这种情况与发达国家刚好相反。虽然有个别国家如墨西哥、中国的第三次产业比较劳动生产率一度出现大于1的情景，但是，随着服务业规模的持续扩大，20世纪90年代中期之后，也都落入小于1的区域。这种景象意味着，发展中国家日益扩大的服务业部门，是在比较低效率的状态下进行的，与发达国家正好相反。具体如下：（1）拉美情景。巴西和墨西哥第三次产业比较劳动生产率相对较高，巴西的这个指标值基本维持在0.8~0.9的水平，墨西哥的这个指标在20世纪80年代以前大于1，但是之后有所下降，现阶段基本维持在0.8的水平。厄瓜多尔、智利、乌拉圭、委内瑞拉的指标状况比较糟糕，但是这些国家却是服务业比重最高的一类（回顾表3-2发展中国家产业就业结构状况）。（2）其他国家情景。亚非6国表现出了相似的情景。90年代以前，中国服务业相对劳动生产率稍大于1，但是其后却出现了显著的下降，现阶段基本处于0.7的水平；泰国的这个指标值也是如此，80年代之前稍好，但之后也是一路走低。其他4国的情景明显要比中国和泰国糟糕。（3）值得关注的是，这些发展中国家服务业相对劳动生产率的低水平，是在产业结构服务化的进程中发生的，若这种状况得不到根本改善，将直接恶化社会整体生产率，进而阻碍国民收入的持续提高。

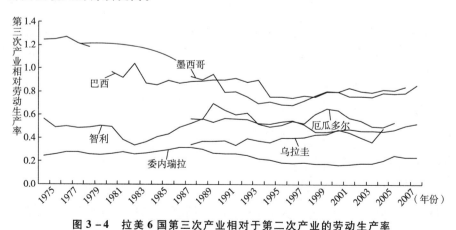

图3-4 拉美6国第三次产业相对于第二次产业的劳动生产率
（第二次产业劳动生产率 = 1.00）

数据来源：联合国统计数据库。

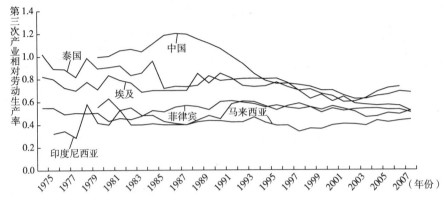

图3-5 亚非6国第三次产业相对于第二次产业的劳动生产率
(第二次产业劳动生产率=1.00)

数据来源：联合国统计数据库。

三 与发达国家的比较

从劳动生产率的绝对值水平来看，发展中国家第三次产业劳动生产率长期低于发达国家，且差距有逐渐拉大之势。在欠发达国家中，拉美国家第三次产业的劳动生产率较高，就现阶段的水平而言，比东亚和东南亚发展中国家至少高出一倍。以联合国统计数据库的2005年不变价美元估算，目前，拉美国家第三次产业劳动生产率大致相当于美国的1/7（个别国家如墨西哥的情景稍好，但是也只相当于美国的1/5～1/4），亚非国家就更低了。美国等发达国家是在极高的服务业效率基础上，按照产业自身演化的，以至于第三次产业达到了70%～80%的比重。发展中国家的服务业是在较低的水平上演化的，虽然也达到了60%甚至更高的水平，但是，服务业的低效率逐渐成为经济持续增长的累赘（下文将给出进一步的说明）。因此，我们对发展中国家产业结构演化的一个基本看法是：发展中国家不过是复制了发达国家产业结构现代化的"外壳"。发达国家服务业的繁荣，历史上严格遵循了第一、二、三次产业的进化顺序，就业的产业间转移也符合库兹涅茨规律，以至于我们可以观察到这种有趣的现象：20世纪80年代以前，工业化国家第二次产业的就业比重经常维持在40%或更高水平之上。

但是，发展中国家历史上第二次产业发展明显不足，就业比重能够达到 30% 就算高的了。由此我们可以看出，发展中国家产业结构服务化的趋势，很可能是在尝试危险的"蛙跳"。

第五节　资源错配、效率损失与增长徘徊

让我们设计一个简单的数据实验，对资源错配导致的生产率损失给出一个直观的说明。记：

GDP_i，$i = 2，3$ 为第二、三次产业增加值；EM_i，$i = 2，3$ 为第二、三次产业就业。相应的，GDP，EM 为第二、三次产业增加值和就业总计，或者叫作现代部门增加值和就业。现代部门劳动生产率为：

$$\frac{GDP}{EM} = \frac{GDP_2}{EM_2} \times \frac{EM_2}{EM} + \frac{GDP_3}{EM_3} \times \frac{EM_3}{EM} \equiv lv_2 \times \alpha_2 + lv_3 \times \alpha_3 \equiv lv \tag{2}$$

其中，lv，lv_i（$i = 2，3$）为劳动生产率；α_i（$i = 2，3$）为第二、三次产业就业份额。

运用（2）式，我们假定发展中国家第二、三次产业就业份额发生了部分"逆转"：由于某种原因促使过度配置的第三次产业劳动力回流到效率相对较高的第二次产业。如，假定重新配置后第二、三次产业的劳动力的份额一样。为简单起见，假定只是劳动份额发生了变化，产业劳动生产率没有变化。记：$lv_{实际}$ 为第二、三次产业劳动生产率的加权值，$lv_{实验}$ 为实验所获得的第二、三次产业劳动生产率的加权值，则由于资源错配导致的效率损失可以定义为：

$$s = \frac{lv_{实际} - lv_{实验}}{lv_{实验}} \times 100\% \tag{3}$$

如果经济中存在显著的资源错配，那么，$s < 0$。而且，s 的绝对值越大，由错配而导致的效率损失就越大。表 3 - 3 汇报了这个装置的运作结果。可以看出，在我们的假设下，低效率服务业的扩张所造成的损失非常可观。

表 3 - 3   发展中国家资源错配的效率损失

单位：%

国家 年份	智 利	厄瓜多尔	委内瑞拉	印度尼西亚	马来西亚	菲律宾
1975	- 10		- 23			- 11
1976	- 14		- 21	- 23		- 10
1977	- 14		- 19	- 25		- 13
1978	- 15		- 18	- 14		- 12
1979	- 14		- 20	- 10		
1980	- 14		- 21		- 7	- 12
1981	- 15		- 21		- 5	- 17
1982	- 25		- 20		- 9	- 15
1983	- 28		- 23		- 7	- 16
1984	- 24		- 24		- 10	- 15
1985	- 21		- 23		- 11	- 14
1986	- 18				- 14	- 15
1987	- 14		- 19		- 15	- 13
1988	- 12	- 13	- 18		- 15	- 12
1989	- 10	- 14	- 22	- 15	- 11	- 12
1990	- 11	- 8	- 24	- 15	- 9	- 14
1991	- 10	- 10	- 24	- 15	- 11	- 10
1992	- 10	- 12	- 23	- 15	- 5	- 10
1993	- 10	- 11	- 25	- 13	- 5	- 11
1994	- 12	- 16	- 29	- 13		- 11
1995	- 12	- 18	- 30	- 15	- 5	- 13
1996	- 11	- 18	- 33	- 15	- 6	- 12
1997	- 11	- 15	- 32	- 17	- 5	- 13
1998	- 13	- 17	- 31	- 19	- 6	- 14
1999	- 17	- 12	- 35	- 17	- 6	- 13
2000	- 17	- 10	- 34	- 16	- 6	- 16
2001	- 16	- 10	- 37	- 14	- 6	- 14
2002	- 16	- 14	- 38	- 14	- 7	- 16
2003	- 17	- 15	- 39	- 15	- 8	- 15
2004	- 17	- 17	- 38	- 14	- 11	- 15

续表

国家 年份	智 利	厄瓜多尔	委内瑞拉	印度尼西亚	马来西亚	菲律宾
2005	− 18	− 18	− 36	− 14	− 11	− 15
2006	− 17	− 16	− 30	− 14	− 10	− 16
2007	− 15		− 30	− 14	− 11	− 16
2008	− 15		− 31		− 10	− 18

进一步的判断是，发展中国家表现出来的增长乏力，与产业结构服务化有关。袁富华（2011）对经济增长过程中的"结构性减速"问题进行了解释，基本结论可用于发展中国家的低增长问题分析。"结构性减速"是在第三次产业比重较大的情况下出现的一种现象，是由于服务业劳动生产率增长速度（进而由于服务业自身增长速度）减缓而导致的全社会劳动生产率增长速度（进而导致经济整体增长速度）的减缓。图3-6A至图3-6D提供了4个拉美国家全社会劳动生产率增长速度和第三次产业劳动生产率增长速度关系的示例。正如各图中的曲线所解释的那样，长期以来，4国全社会劳动生产率增长率随着第三次产业劳动生产率增长率亦步亦趋地起伏波动，第三次产业本身的低增长速度及增长的不稳定性，对整体劳动生产率增长率增长波动和增长速度带来了冲击。

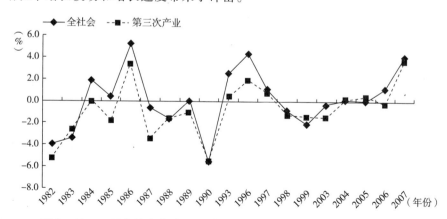

图3-6A 巴西全社会劳动生产率增长率和第三次产业劳动生产率增长率
数据来源：联合国统计数据库。

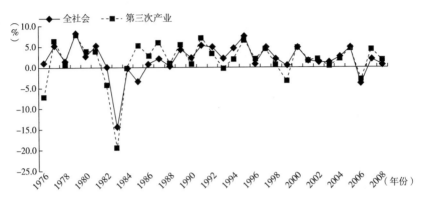

图3-6B 智利全社会劳动生产率增长率和第三次产业劳动生产率增长率
数据来源：联合国统计数据库。

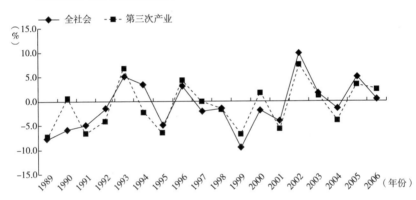

图3-6C 厄瓜多尔全社会劳动生产率增长率和第三次产业劳动生产率增长率
数据来源：联合国统计数据库。

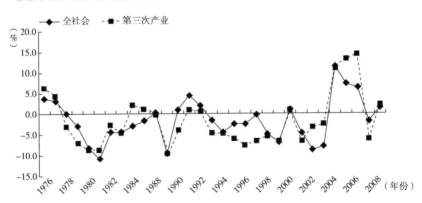

图3-6D 委内瑞拉全社会劳动生产率增长率和第三次产业劳动生产率增长率
数据来源：联合国统计数据库。

第六节　资源错配与中国经济的隐忧

发达国家结构演化与其他发展中国家的结构演化都能给中国未来增长带来诸多启示。尽管发达国家经济演进中也出现了诸多问题——典型如产业结构服务化导致的经济增长减速，但是，不可否认的是，这种在高效率基础上展开的服务业规模扩张，符合一般经济规律。发展中国家长期以来的服务业发展，一直沿着低效率的路径扩张，与发达资本主义国家正好相反。低素质的服务业扩张不能为经济的持续增长提供足够的动力。因此，仅有与发达国家经济结构比肩的发达经济结构的"外壳"还远远不够。

我们之所以强调发展中国家产业结构演化中资源错配问题的重要性，是因为这个问题本质上牵扯到穷国的增长可持续性。突出表现在以下方面：穷国的产业效率本来就相对低下，不经过充分的工业化就无法达到一种实现经济的可持续增长，国民收入的持续提高也就无从谈起。关于这一点，我们结合中国的具体情况给出进一步的说明。

自 20 世纪 70 年代末期以来，中国一直在所谓的劳动力比较优势路径上发展，即通过压低劳动力价格获得产业竞争力，而不是像发达国家那样通过创新（以抵消高价劳动力成本）来获得竞争优势。即便如此，这种通过资源禀赋优势发挥所实现的经济追赶，其效果也很显著，以至于这种成效被不少研究者当作全球化和开放利益的典型。表 3 - 4 给这个故事所蕴涵的积极意义提供了数据支持，即改革开放以来，中国第二、三次产业经济效率出现了显著的追赶趋势，中国与发达国家及其他发展中国家的差距正逐步缩小。典型如 20 世纪 90 年代中期，发达国家——英、法、美、意、日等国第二次产业劳动生产率相当于中国的 20 ~ 30 倍，第三次产业劳动生产率相当于中国的 30 ~ 40 倍；到了 2008 年，中国与上述国家生产率的差距明显缩小了：发达国家第二次产业劳动生产率约为中国的 10 倍，第三次产业劳动生产率为中国的 15 ~ 20 倍。不仅如此，相对于一些发展中国家而言，中国也表现出"后来居上"的气象：典型如90年代中期，中国第二次产业劳动生产率约为智利、墨西哥的1/10，到了2008年，差距缩小到1/4；第三次产业也表现出了类似的缩小趋势。

表3-4　中国产业劳动生产率与发达国家的对比

（中国各次产业劳动生产率标准化为1）

英　国				美　国			
年　份	第一产业	第二产业	第三产业	年　份	第一产业	第二产业	第三产业
1995	43	24	28	1995	43	28	36
2008	30	10	15	2008	66	13	18
法　国				意大利			
年　份	第一产业	第二产业	第三产业	年　份	第一产业	第二产业	第三产业
1995	69	22	38	1995	46	23	39
2008	55	9	16	2008	39	9	15
日　本				巴　西			
年　份	第一产业	第二产业	第三产业	年　份	第一产业	第二产业	第三产业
1995	36	24	35	1995	3.1	5.2	5.0
2008	26	11	15	2007	2.8	1.6	2.0
智　利				墨西哥			
年　份	第一产业	第二产业	第三产业	年　份	第一产业	第二产业	第三产业
1995	7.2	9.8	6.5	1995	5.4	10.7	9.7
2008	6.7	4.2	3.3	2008	5.0	3.5	4.5
泰　国				马来西亚			
年　份	第一产业	第二产业	第三产业	年　份	第一产业	第二产业	第三产业
1995	1.6	3.3	3.4	1995	11.1	6.6	4.7
2008	1.2	1.7	1.3	2008	8.4	3.3	2.6

注：表中劳动生产率计算依据联合国统计数据库2005年美元可比价计算。

数据来源：联合国统计数据库。

　　然而，中国产业生产率的糟糕表现，给人的印象似乎更加深刻（回顾表3-4，现阶段中国产业劳动生产率与发达国家存在10倍乃至20倍的差距）。之所以这样说，是因为在实现了持续几十年的快速追赶后，两种日益明显的反作用机制将抑制未来中国赶超的进程：一是学习效应的递减；二是结构变迁中资源错配隐忧的存在。学习效应（干中学、投中学）对于中国经济增长的作用，在张平、刘霞辉（2007）的文献中得到了较多探讨。一方面，中国工业的规模扩张和开放，促进了学习效应的发挥和累积，并被认为是产业效率持续提高的主要动因。另一方面，就像日本所经历的那样，高增长及模仿到了一定阶段后，随着本国技术逐渐向国际技术前沿接近，学习效应发生递减；此时，如果没有适当的创新机制抵消这种负面影响，那么工业及整体经济增长可能出现显著的减速现象及一系列经济问题①。至少，从现阶段来看，中国产业部门中还看不到抵消学习效应递减，进而促使中国产业生产率持续追赶的内生机制产生。

学习效应递减削弱了工业规模扩张（就业吸收）潜力，就业压力迫使服务业部门被动扩张。这是前文阐述的发展中国家结构变迁中资源错配的景象。事实上，这种景象也正在中国结构调整中发生。中国经济增长的初始条件，为劳动密集型加工工业的发展提供了机会，也决定了中国在国际分工中的地位。换句话说，处于产业链末端的中国工业，参与的是技术、产品成熟和衰退期的生产竞争，然而，这样的市场机会通常被认为是学习效应递减、规模报酬递减和无潜力的。从就业来看，中国工业在经历了20世纪80年代至90年代大规模劳动力集聚后，其就业吸收能力在21世纪之初出现下降。而在90年代末期中国工业集聚劳动力的峰值时期，第二次产业劳动力就业份额也不过23%，这个份额与发达国家长期呈现的第二次产业劳动力份额40%～50%的辉煌经历相差甚远。也正是从这个意义上说，中国工业在促进劳动力资源的配置方面，似乎并不像诸多文献认为的那样高。同样，也正是基于这样一种认识，我们认为，中国工业发展远非很多文献赞赏的那样成功。

中国工业发展的这种问题，本质上引致了结构调整中的资源错配。回

---

① Alexander（2002）对高增长时期过后日本的技术创新过程机制进行了研究：20世纪80年代以来，日本持续加大研发投资，并成为继美国之后的第二大研发投入国。巨大的科技投入（但相对于美国产出效率较低）维持了日本产业的高效率，但是却没有很好地抑制经济增长的减速及由此带来的诸多问题。

顾本章第四节图 3 - 5 中国第三次产业相对劳动生产率的那条曲线，正如分析所指出的那样，中国第三次产业相对劳动生产率一度大于 1，20 世纪 90 年代中期之后落入小于 1 的区域，近年来这个数值为 0.7。其间，服务业规模出现了持续的扩大，而这种扩大恰恰被很多文献认为是产业结构优化的一个成果。但是，问题并没有那么简单，因此，我们在此想要强调的是，进行单纯的产业份额分析并无实质意义。如果中国服务业部门具有相对于工业部门较高的劳动生产率，服务业的规模扩张将沿着库兹涅茨规律发展，与发达国家"正确的"服务业发展方式吻合，产业结构变迁因此具有"结构优化"的含义，因为服务业的这种发展，整体上促进了全社会生产率的提高。反之，如果中国服务业一直沿着相对于工业低效率的路径走下去，结构调整中的资源错配问题就值得关注。

参考文献

[1] 库兹涅茨：《各国的经济增长》，常勋等译，商务印书馆，2005。

[2] 钱纳里、赛尔昆：《发展的型式：1950～1970》，李新华译，经济科学出版社，1988。

[3] 袁富华：《长期增长过程中的结构性加速与结构性减速》，《经济研究》2012 年第 3 期。

[4] 张平、刘霞辉：《经济增长前沿》，社会科学文献出版社，2007。

[5] Mitchell, B. R., *International Historical Statistics* (4th ed), 1998, pp. 1750 - 1993. New York : Stockton Press.

[6] Alexander, A. J., *In the Shadow of the Miracle*：*The Japanese Economy Since the End of High- Speed Growth*, Lanham, Md. : Lexington Books, 2002.

附录 1　发达国家劳动生产率（2005 年不变价）

单位：美元/人

年份	法　国			比利时			意大利		
	第一产业	第二产业	第三产业	第一产业	第二产业	第三产业	第一产业	第二产业	第三产业
1970	10308	31300	51140	10556	24610	50386	NaN	NaN	NaN

续表

年份	法 国			比利时			意大利		
	第一产业	第二产业	第三产业	第一产业	第二产业	第三产业	第一产业	第二产业	第三产业
1971	11045	32527	54173	11943	25588	51476	NaN	NaN	NaN
1972	11741	34177	57249	12696	27779	53189	NaN	NaN	NaN
1973	13050	34650	60225	13823	29867	55873	NaN	NaN	NaN
1974	13619	35602	62373	14851	30826	56360	NaN	NaN	NaN
1975	13138	36570	62710	12673	31049	55757	NaN	NaN	NaN
1976	13062	37977	64844	12926	34544	57759	NaN	NaN	NaN
1977	13545	38898	65823	13968	36251	57567	7111	37021	64053
1978	15413	40285	66581	16121	38539	57908	7331	38450	64939
1979	17628	40401	67207	16054	40444	58940	7968	41233	66135
1980	18032	40632	68696	17585	42399	60526	8553	41715	66952
1981	18655	40854	69819	18834	42942	62281	9270	41751	66690
1982	21766	40749	71093	20246	45421	63202	9769	42243	66204
1983	20797	41488	71822	19920	48313	61994	10635	43441	65790
1984	22589	42446	73059	21907	50204	63746	10935	45964	65849
1985	24313	43729	73204	22088	52229	63263	11628	47715	66178
1986	24252	45099	74244	23524	53284	64507	12273	49021	66963
1987	26245	46153	75180	22623	54722	66263	13236	51415	68143
1988	26925	48700	76458	24059	55090	69533	13743	53669	68955
1989	28050	50316	77890	25144	56374	71393	14806	56369	70707
1990	30687	50964	78269	24544	58735	69601	15015	56431	70884
1991	30414	52334	77942	26533	57762	73081	17059	56085	71108
1992	34794	54833	78469	30319	56439	76240	18279	56404	71029
1993	34623	53792	78528	Inf	Inf	Inf	21352	53436	76051
1994	36890	56761	78315	30868	61401	76710	22797	56612	77885
1995	NaN	NaN	NaN	31976	63225	77375	24459	59614	79448
1996	NaN	NaN	NaN	32729	65378	77145	25932	60355	79174
1997	NaN	NaN	NaN	34973	68651	77733	27370	60886	79778
1998	NaN	NaN	NaN	35797	70207	78379	29063	60749	79707

续表

年份	法　国			比利时			意大利		
	第一产业	第二产业	第三产业	第一产业	第二产业	第三产业	第一产业	第二产业	第三产业
1999	NaN	NaN	NaN	37016	71386	77117	32631	60752	78972
2000	NaN	NaN	NaN	45483	73077	77443	32234	62860	79883
2001	NaN	NaN	NaN	47031	74761	79258	31274	62778	79768
2002	NaN	NaN	NaN	46832	75441	79762	31145	62066	79164
2003	37287	64292	80398	41795	76676	80569	30181	60298	78589
2004	48655	65784	81248	38592	77722	81396	37139	62275	77081
2005	48487	67303	81663	32565	77248	81186	37130	61835	77204
2006	46995	67169	83441	36782	80273	82530	35322	63713	76473
2007	49462	69276	83173	37257	80797	82223	37469	63888	76850
2008	56459	67880	82108	36941	78489	82750	39736	62547	75349

年份	荷　兰			西班牙			瑞　典		
	第一产业	第二产业	第三产业	第一产业	第二产业	第三产业	第一产业	第二产业	第三产业
1970	11699	45314	60523	4387	25937	50927	11001	25688	49808
1971	12497	47771	61722	5001	26498	52025	12247	26734	49979
1972	12592	50327	63011	5535	30527	49892	12326	27929	50523
1973	14012	53344	66064	5902	32357	50918	12996	29246	52118
1974	16414	55996	68098	6613	33563	52458	13943	28610	53488
1975	18668	57867	63737	7062	32498	55736	12809	28847	53349
1976	18780	63357	65220	7757	34781	57495	13269	29564	53823
1977	17708	63346	66304	7585	35428	59494	12687	29352	53286
1978	21352	62416	67124	8397	36111	61567	12805	29962	52204
1979	22669	62125	67774	8494	36779	61778	13172	31708	52128
1980	25117	63159	65811	9880	38459	62773	13923	31695	52110
1981	26985	59925	64106	9352	40178	63579	13929	31934	52913
1982	28119	62692	63413	9565	40813	64325	14755	33074	53284
1983	27126	64495	64597	10070	42306	65460	16415	34786	53274

续表

年份	荷　兰			西班牙			瑞　典		
	第一产业	第二产业	第三产业	第一产业	第二产业	第三产业	第一产业	第二产业	第三产业
1984	29728	68074	66679	11154	44041	67653	17690	37748	53355
1985	29073	68927	66658	11469	46781	68324	18163	38566	53319
1986	30995	72023	66983	12277	47365	66923	21801	39597	54317
1987	27150	65667	61006	14378	47633	66478	20285	41082	57083
1988	28901	67729	60256	15893	48730	66296	20311	41747	57471
1989	30319	68483	61520	16055	49298	65407	24050	41819	57396
1990	32655	68228	61778	18196	49330	65064	26891	41956	57603
1991	33032	69478	61204	20847	50734	64652	25456	42669	58291
1992	38772	71897	60216	22668	49462	62707	25949	45711	59805
1993	40296	72037	60522	24422	51886	63296	27188	49227	61224
1994	39932	76913	60859	24203	54094	64047	26345	54840	62648
1995	44069	77500	61057	23567	55303	63283	28741	57311	63620
1996	40528	77921	62127	29120	55289	61484	30706	58197	64846
1997	43499	75521	63437	31168	55195	61005	33000	61902	66369
1998	44499	78167	63034	31993	54905	61020	33380	65067	67149
1999	48308	79425	64271	32758	54564	59875	33702	69588	67333
2000	45964	83092	64729	35807	53879	59321	36381	73736	67900
2001	44619	83867	64530	34549	53848	59053	38647	74706	66859
2002	42750	85657	63765	36429	53773	58298	41606	80271	66923
2003	43819	85455	64576	36408	53904	57052	42984	83946	68167
2004	46172	87439	66703	35618	53555	56566	45996	91881	70339
2005	43435	87271	68424	32325	53301	55061	46598	97046	70719
2006	43838	89069	69413	36255	52995	54778	51738	99380	72388
2007	48782	94358	69538	39619	52639	55128	45750	101085	71014
2008	54315	96497	69090	40825	54896	55294	46741	97560	70404
年份	瑞　士			英　国			美　国		
	第一产业	第二产业	第三产业	第一产业	第二产业	第三产业	第一产业	第二产业	第三产业
1970	18181	42538	96986	10571	29228	48449	13561	49915	67565

年份	瑞 士			英 国			美 国		
	第一产业	第二产业	第三产业	第一产业	第二产业	第三产业	第一产业	第二产业	第三产业
1971	19398	43252	97640	11603	30216	49206	14131	52428	66902
1972	20590	44458	97721	12429	31459	50090	13931	54801	67084
1973	21802	45870	97937	12784	33255	50364	14221	56752	68119
1974	22386	47132	98287	13611	31963	50054	13819	54744	67255
1975	21569	48323	91744	12593	31638	48427	14799	55192	66570
1976	21360	50675	90959	11608	33280	49419	14474	56861	66665
1977	22320	52114	91981	13131	34658	49957	14489	57770	66695
1978	22743	52074	90761	14214	36032	50798	13201	56738	67711
1979	23454	55622	88882	14281	36962	50998	14209	54309	68482
1980	27225	58319	88064	16144	35653	50362	13747	52905	68614
1981	25794	56759	87729	16953	37395	51143	16827	52787	68789
1982	25667	56863	86270	18576	40684	51867	16849	53632	68710
1983	25395	58685	85846	17852	44501	53101	14171	54705	69126
1984	25944	60778	87632	21806	45392	52762	16955	56701	70178
1985	24442	62567	89424	20644	47683	53252	20399	58819	70387
1986	26000	63044	88028	21116	50264	54983	20516	58190	70530
1987	27965	63640	85310	21031	53209	55350	20867	61068	70222
1988	30454	66048	84936	21561	55409	55599	19575	64597	71313
1989	30149	68295	86168	23306	55817	54654	21195	63325	71848
1990	33256	69748	85790	23356	50048	57721	22454	63489	72025
1991	33840	71640	83018	23762	50546	57974	22751	63845	72465
1992	35448	76129	82173	25831	53259	58450	24574	65335	73045
1993	32885	77778	81225	25954	55686	60166	23881	67910	72589
1994	32088	80414	83129	23365	60692	57057	24349	70875	72866
1995	30460	80305	80982	22877	61914	58021	22782	73197	73659
1996	27192	81484	81798	23147	62423	59290	23508	74648	75106
1997	24590	86260	82514	24712	63450	59974	26105	75557	76969
1998	24100	87681	84226	27195	63868	62008	26670	78321	79486

续表

年份	瑞　士			英　国			美　国		
	第一产业	第二产业	第三产业	第一产业	第二产业	第三产业	第一产业	第二产业	第三产业
1999	23310	87722	84305	30287	67419	63941	28303	82444	80856
2000	26074	86471	90731	30244	69597	65295	31360	84442	82442
2001	25160	88778	86143	29716	70642	66255	30989	83306	83820
2002	25850	87784	86302	33707	71687	66767	30780	85939	83587
2003	24036	91553	84707	36142	74150	67525	50619	89910	83195
2004	28467	93106	86739	34664	78306	68342	55014	92995	84854
2005	28857	95739	81164	35469	77229	69658	60674	92055	86487
2006	28097	98018	82387	36886	74869	72237	57217	91939	87580
2007	27948	99509	91554	33006	74166	74633	64473	91273	88612
2008	27281	101312	90315	30273	74935	73165	67998	92200	89071

年　份	日　本		
	第一产业	第二产业	第三产业
1970	9137	34412	35514
1971	9501	35875	36796
1972	11620	38467	39964
1973	13005	40111	41361
1974	13451	38939	41011
1975	13637	40363	41972
1976	13386	41705	42750
1977	13148	42332	44180
1978	13233	44255	45556
1979	13842	46993	47456
1980	13753	47162	54304
1981	14210	48304	55142
1982	15310	48789	55389
1983	16000	47482	56146
1984	17061	48216	57696
1985	16979	51456	59755

续表

年　份	日　本		
	第一产业	第二产业	第三产业
1986	17412	52093	60705
1987	18168	55123	61784
1988	18162	58285	63958
1989	19089	60510	65239
1990	19546	64413	65951
1991	18327	64416	67434
1992	19561	62197	68599
1993	19072	61079	69185
1994	20060	60048	70440
1995	19169	61152	72000
1996	20231	63334	73318
1997	20327	63803	73470
1998	21162	63385	72260
1999	21882	64283	72741
2000	22946	66992	73705
2001	23320	66097	74512
2002	26138	67504	75581
2003	24846	70181	76157
2004	23677	75626	75718
2005	24543	77837	76523
2006	25217	80628	76740
2007	26464	82084	76946
2008	26349	82714	76678

数据来源：联合国统计数据库。

附录2　发达国家第三次产业相对劳动生产率（各国第二次产业劳动生产率＝1）

年份	法国	比利时	意大利	荷兰	西班牙	瑞典	瑞士	英国	美国	日本
1970	1.6	2.0	NaN	1.3	2.0	1.9	2.3	1.7	1.4	1.0
1971	1.7	2.0	NaN	1.3	2.0	1.9	2.3	1.6	1.3	1.0
1972	1.7	1.9	NaN	1.3	1.6	1.8	2.2	1.6	1.2	1.0

续表

年份	法国	比利时	意大利	荷兰	西班牙	瑞典	瑞士	英国	美国	日本
1973	1.7	1.9	NaN	1.2	1.6	1.8	2.1	1.5	1.2	1.0
1974	1.8	1.8	NaN	1.2	1.6	1.9	2.1	1.6	1.2	1.1
1975	1.7	1.8	NaN	1.1	1.7	1.8	1.9	1.5	1.2	1.0
1976	1.7	1.7	NaN	1.0	1.7	1.8	1.8	1.5	1.2	1.0
1977	1.7	1.6	1.7	1.0	1.7	1.8	1.8	1.4	1.2	1.0
1978	1.7	1.5	1.7	1.1	1.7	1.7	1.7	1.4	1.2	1.0
1979	1.7	1.5	1.6	1.1	1.7	1.6	1.6	1.4	1.3	1.0
1980	1.7	1.4	1.6	1.0	1.6	1.6	1.5	1.4	1.3	1.2
1981	1.7	1.5	1.6	1.1	1.6	1.7	1.5	1.4	1.3	1.1
1982	1.7	1.4	1.6	1.0	1.6	1.6	1.5	1.3	1.3	1.1
1983	1.7	1.3	1.5	1.0	1.5	1.5	1.5	1.2	1.3	1.2
1984	1.7	1.3	1.4	1.0	1.5	1.4	1.4	1.2	1.2	1.2
1985	1.7	1.2	1.4	1.0	1.5	1.4	1.4	1.1	1.2	1.2
1986	1.6	1.2	1.4	0.9	1.4	1.4	1.4	1.1	1.2	1.2
1987	1.6	1.2	1.3	0.9	1.4	1.4	1.3	1.0	1.1	1.1
1988	1.6	1.3	1.3	0.9	1.4	1.4	1.3	1.0	1.1	1.1
1989	1.5	1.3	1.3	0.9	1.3	1.4	1.3	1.0	1.1	1.1
1990	1.5	1.2	1.3	0.9	1.3	1.4	1.2	1.2	1.1	1.0
1991	1.5	1.3	1.3	0.9	1.3	1.4	1.2	1.1	1.1	1.0
1992	1.4	1.4	1.3	0.8	1.3	1.3	1.1	1.1	1.1	1.1
1993	1.5	NaN	1.4	0.8	1.2	1.2	1.0	1.1	1.1	1.1
1994	1.4	1.2	1.4	0.8	1.2	1.1	1.0	0.9	1.0	1.2
1995	NaN	1.2	1.3	0.8	1.1	1.1	1.0	0.9	1.0	1.2
1996	NaN	1.2	1.3	0.8	1.1	1.1	1.0	0.9	1.0	1.2
1997	NaN	1.1	1.3	0.8	1.1	1.1	1.0	0.9	1.0	1.2
1998	NaN	1.1	1.3	0.8	1.1	1.0	1.0	1.0	1.0	1.1
1999	NaN	1.1	1.3	0.8	1.1	1.0	1.0	0.9	1.0	1.1
2000	NaN	1.1	1.3	0.8	1.1	0.9	1.0	0.9	1.0	1.1
2001	NaN	1.1	1.3	0.8	1.1	0.9	1.0	0.9	1.0	1.1
2002	NaN	1.1	1.3	0.7	1.1	0.8	1.0	0.9	1.0	1.1

续表

年份	法国	比利时	意大利	荷兰	西班牙	瑞典	瑞士	英国	美国	日本
2003	1.3	1.1	1.3	0.8	1.1	0.8	0.9	0.9	0.9	1.1
2004	1.2	1.0	1.2	0.8	1.1	0.8	0.9	0.9	0.9	1.0
2005	1.2	1.1	1.2	0.8	1.0	0.7	0.8	0.9	0.9	1.0
2006	1.2	1.0	1.2	0.8	1.0	0.7	0.8	1.0	1.0	1.0
2007	1.2	1.0	1.2	0.7	1.0	0.7	0.9	1.0	1.0	0.9
2008	1.2	1.1	1.2	0.7	1.0	0.7	0.9	1.0	1.0	0.9

数据来源：联合国统计数据库。

附录3　发展中国家劳动生产率（2005 年不变价）

单位：美元/人

年　份	巴　西			智　利		
	第一产业	第二产业	第三产业	第一产业	第二产业	第三产业
1975				1834	18142	10193
1976				2114	19179	9457
1977				2249	20132	10059
1978				2129	20791	10090
1979				2372	22060	10854
1980				2342	22346	11261
1981	1558	12397	12013	2538	23585	11699
1982	1462	12406	11380	2678	29216	11193
1983	1569	10646	11084	2462	26760	9000
1984	1410	12736	11076	2547	24714	9000
1985	1504	12679	10868	1946	23248	9478
1986	1486	12557	11238	1961	22468	9732
1987	1734	12423	10839	2058	20995	10316
1988	1734	12069	10673	2221	19817	10396
1989	1808	11861	10556	2382	19473	10979
1990	1723	11087	9985	2593	20582	11027
1991				2631	20811	11818
1992	1412	11308	10332	2971	21669	12195
1993	1445	11767	10364	3194	21769	12164

续表

年　份	巴　西			智　利		
	第一产业	第二产业	第三产业	第一产业	第二产业	第三产业
1994				3502	23700	12397
1995	1651	13456	10152	3840	25464	13213
1996	1865	13739	10346	3817	25074	13456
1997	1855	13956	10420	4151	25655	14033
1998	1969	13432	10285	4204	27547	14118
1999	1972	13422	10133	4259	30220	13643
2000				4558	31602	14286
2001				5112	31110	14498
2002	2444	11748	9784	5446	31040	14781
2003	2541	12003	9643	5408	32118	14821
2004	2429	12195	9665	5919	32615	15114
2005	2423	11875	9704	6382	34561	15819
2006	2622	11876	9679	6259	32407	15329
2007	2863	11936	10033	6443	31735	15989
2008				6862	30982	16237

年　份	厄瓜多尔			墨西哥			乌拉圭		
	第一产业	第二产业	第三产业	第一产业	第二产业	第三产业	第一产业	第二产业	第三产业
1975				2295	26691	33209			
1976				2246	26521	33227			
1977				2325	25850	32854			
1978				2372	27529	33533			
1979				2225	29516	35003			
1980									
1981									
1982									
1983									
1984									
1985									

续表

年 份	厄瓜多尔			墨西哥			乌拉圭		
	第一产业	第二产业	第三产业	第一产业	第二产业	第三产业	第一产业	第二产业	第三产业
1986									
1987									
1988	9084	16449	9272	3047	22706	21095	16398	16405	5593
1989	8046	15362	8597				16964	15591	5792
1990	8112	12402	8630	4013	29048	27596	18682	15731	5843
1991	7237	12586	8047	2657	27654	21980	21903	16028	6044
1992	7990	12842	7717				23406	18594	6258
1993	7206	13332	8238	2512	28267	21411	25246	17745	6982
1994	7925	15531	8051				24569	18890	7115
1995	8675	15142	7515	2911	27895	19856	23253	18862	6789
1996	8750	15449	7842	3118	28103	19346			
1997	8798	14337	7821	2766	29123	19883			
1998	7723	14668	7695	3366	27100	19577	33244	24849	9998
1999	8074	11771	7159	3222	26964	20676	32747	23964	10300
2000	6748	11142	7278	3694	26391	21199	30615	23074	10045
2001	7143	10732	6851	3914	26509	21123	29014	21792	10225
2002	7147	12872	7370	3817	27024	20583	29263	20936	9374
2003	6939	13570	7445	4222	26935	20503	29961	21924	8905
2004	6382	14210	7142	4295	27138	20547	33675	25367	9335
2005	7578	14949	7393	4542	26850	21214	32378	22106	10662
2006	7750	14239	7570	4734	27299	21412			
2007				5190	27391	21661			
2008				5101	25837	22181			

年 份	委内瑞拉			中 国			印度尼西亚		
	第一产业	第二产业	第三产业	第一产业	第二产业	第三产业	第一产业	第二产业	第三产业
1975	3908	57191	13905						
1976	3784	56504	14771				443	5073	1628
1977	4182	55532	15394				533	5243	1801

续表

年 份	委内瑞拉			中 国			印度尼西亚		
	第一产业	第二产业	第三产业	第一产业	第二产业	第三产业	第一产业	第二产业	第三产业
1978	4580	53690	14935				528	5973	1699
1979	4765	53871	13879				529	4276	2480
1980	4824	49467	12660	293	1003	998	626	4771	1980
1981	4352	43444	11572	306	982	984			
1982	4418	40569	11280	330	996	1048	617	3838	2029
1983	4308	41431	10681	354	1048	1116			
1984	3991	40566	10905	403	1090	1136			
1985	4138	38841	11015	407	1186	1317	633	5133	2103
1986				419	1199	1422			
1987	4718	35044	11103	433	1297	1560			
1988	4937	34598	11067	435	1441	1723			
1989	4639	33054	9982	436	1541	1777	604	5844	2490
1990	4356	35364	9590	399	1368	1525	606	6078	2654
1991	4537	36703	9689	407	1532	1640	641	6378	2771
1992	4764	36907	9741	430	1790	1793	655	6956	2936
1993	5043	37205	9276	463	2046	1914	712	6737	2855
1994	3982	39691	8838	495	2353	1993	758	6058	2819
1995	3834	39458	8296	536	2601	2043	850	6933	2902
1996	3832	41303	7656	575	2805	2128	819	7288	2861
1997	4635	39585	7157	594	3024	2301	870	7170	2826
1998	4940	36565	6788	609	3267	2447	781	7145	2420
1999	4908	36023	6337	616	3582	2627	773	6623	2424
2000	4900	36323	6408	626	3999	2801	788	7009	2540
2001	5085	35779	5970	635	4323	3031	833	6630	2622
2002	4842	33392	5772	647	4905	3220	842	6842	2776
2003	4337	30913	5627	669	5493	3429	825	7430	2996
2004	4502	34402	6231	737	5728	3587	900	7527	2951
2005	5131	34328	7061	805	5911	3846	908	7552	3291
2006	5301	32248	8076	882	6288	4168	966	7842	3291
2007	5804	32032	7557	947	6791	4691	974	7758	3376
2008	5991	32569	7740	1025	7304	4981	1018	7858	3493

年 份	马来西亚			菲律宾			泰 国		
	第一产业	第二产业	第三产业	第一产业	第二产业	第三产业	第一产业	第二产业	第三产业
1975				898	6693	3677	732	3782	3864
1976				985	7156	3922	740	5110	4556
1977				1078	7606	3748	694	4773	4233
1978				939	6954	3507	726	5366	4386
1979				Inf	Inf	Inf	764	4597	4536
1980	3581	11102	6137	986	7489	3777	602	5254	4688
1981	3691	10198	6422	991	8201	3546	753	4874	4401
1982	4358	10971	5783	944	8015	3661	778	4602	4223
1983	4233	11037	6056	878	8081	3612	750	5092	4239
1984	4291	12761	6149	903	6873	3270	739	5290	4517
1985	4319	12555	6065	853	5669	2976	669	5346	5129
1986	4379	13408	5741	856	5825	2987	666	6360	4566
1987	4479	13973	5744	926	5572	3093	668	6294	4636
1988	4615	14880	5948	958	5509	3133	671	7150	5242
1989	5043	14346	6320	993	5753	3210	706	7689	5724
1990	5286	13886	6669	966	6006	3194	696	7560	6261
1991	5880	17373	7837	958	5363	3230	784	7611	5983
1992	6385	13573	7900	921	5154	3139	694	8148	6481
1993	6094	14009	8480	913	5272	3138	728	8119	6519
1994	Inf	Inf	Inf	932	5329	3104	770	8739	7033
1995	5949	17098	9627	934	5634	3115	850	8690	6967
1996	5838	17715	9360	959	5264	2998	932	8927	7184
1997	6452	17842	10084	1005	5482	3008	894	8877	6794
1998	5749	16921	9918	1018	5655	3037	893	8782	6116
1999	5751	17925	9920	1048	5580	3085	967	9257	5803
2000	5785	18810	9993	1157	6172	3129	1002	9119	6035
2001	6982	17732	9966	1125	5677	3075	1081	9233	5578
2002	7139	18755	10093	1141	5915	3082	1061	9174	5903
2003	7657	19488	10012	1174	5965	3189	1214	9964	5822

续表

年　份	马来西亚			菲律宾			泰　国		
	第一产业	第二产业	第三产业	第一产业	第二产业	第三产业	第一产业	第二产业	第三产业
2004	7770	22018	10213	1217	6075	3279	1220	10044	5770
2005	7875	22968	10857	1215	6268	3397	1172	10548	5977
2006	8103	23063	11550	1254	6668	3542	1246	10917	6243
2007	7927	24637	12099	1304	6882	3657	1243	11265	6362
2008	8638	24411	12787	1319	7322	3699	1241	12077	6267

年　份	埃　及		
	第一产业	第二产业	第三产业
1975	1317	3174	2614
1976			
1977	1371	4040	2928
1978	1526	4278	2991
1979	1579	4358	3379
1980	1549	4745	3366
1981	1670	4785	3986
1982	1762	5305	4191
1983	1534	5309	4077
1984	1558	5979	4101
1985			
1986			
1987			
1988			
1989	1370	5609	4761
1990	1613	6169	4714
1991	2125	5413	4604
1992	1705	6147	4965
1993	1889	6292	4665
1994	1881	6419	4698
1995	1993	6558	4839
1996	2202	6259	4824

续表

年 份	埃 及		
	第一产业	第二产业	第三产业
1997	2250	6735	4914
1998	2390	7001	4899
1999	2479	7007	4970
2000	2425	7435	4980
2001	2556	7545	4911
2002	2733	7961	4759
2003	2564	8442	5085
2004	2441	8506	5377
2005	2603	8159	5607
2006	2610	8044	5797
2007	2589	8091	5925

数据来源：联合国统计数据库。

附录4 发展中国家第三次产业相对劳动生产率（各国第二次产业劳动生产率＝1）

年 份	委内瑞拉	墨西哥	乌拉圭	厄瓜多尔	智 利	巴 西
1975	0.2	1.2			0.6	
1976	0.3	1.3			0.5	
1977	0.3	1.3			0.5	
1978	0.3	1.2			0.5	
1979	0.3	1.2			0.5	
1980	0.3				0.5	
1981	0.3				0.5	1.0
1982	0.3				0.4	0.9
1983	0.3				0.3	1.0
1984	0.3				0.4	0.9
1985	0.3				0.4	0.9
1986	*0.3*				0.4	0.9
1987	0.3				0.5	0.9

续表

年　份	委内瑞拉	墨西哥	乌拉圭	厄瓜多尔	智　利	巴　西
1988	0.3	0.9	0.3	0.6	0.5	0.9
1989	0.3	0.9	0.4	0.6	0.6	0.9
1990	0.3	0.9	0.4	0.7	0.5	0.9
1991	0.3	0.8	0.4	0.6	0.6	0.9
1992	0.3	0.8	0.3	0.6	0.6	0.9
1993	0.2	0.8	0.4	0.6	0.6	0.9
1994	0.2	0.7	0.4	0.5	0.5	0.9
1995	0.2	0.7	0.4	0.5	0.5	0.8
1996	0.2	0.7	0.4	0.5	0.5	0.8
1997	0.2	0.7	0.4	0.5	0.5	0.7
1998	0.2	0.7	0.4	0.5	0.5	0.8
1999	0.2	0.8	0.4	0.6	0.5	0.8
2000	0.2	0.8	0.4	0.7	0.5	0.8
2001	0.2	0.8	0.5	0.6	0.5	0.8
2002	0.2	0.8	0.4	0.6	0.5	0.8
2003	0.2	0.8	0.4	0.5	0.5	0.8
2004	0.2	0.8	0.4	0.5	0.5	0.8
2005	0.2	0.8	0.5	0.5	0.5	0.8
2006	0.3	0.8		0.5	0.5	0.8
2007	0.2	0.8			0.5	0.8
2008	0.2	0.9			0.5	

年　份	菲律宾	泰　国	埃　及	马来西亚	印度尼西亚	中　国
1975	0.5	1.0	0.8			
1976	0.5	0.9	0.8		0.3	
1977	0.5	0.9	0.7		0.3	
1978	0.5	0.8	0.7		0.3	
1979	0.5	1.0	0.8		0.6	
1980	0.5	0.9	0.7	0.6	0.4	1.0
1981	0.4	0.9	0.8	0.6	0.4	1.0

续表

年　份	菲律宾	泰　国	埃　及	马来西亚	印度尼西亚	中　国
1982	0.5	0.9	0.8	0.5	0.5	1.1
1983	0.4	0.8	0.8	0.5	*0.4*	1.1
1984	0.5	0.9	*0.7*	0.5	*0.4*	1.0
1985	0.5	1.0	*0.7*	0.5	0.4	1.1
1986	0.5	0.7	*0.7*	0.4	*0.4*	1.2
1987	0.6	0.7	*0.7*	0.4	*0.4*	1.2
1988	0.6	0.7	0.7	0.4	*0.4*	1.2
1989	0.6	0.7	0.8	0.4	0.4	1.2
1990	0.5	0.8	0.8	0.5	0.4	1.1
1991	0.6	0.8	0.9	0.5	0.4	1.1
1992	0.6	0.8	0.8	0.6	0.4	1.0
1993	0.6	0.8	0.7	0.6	0.4	0.9
1994	0.6	0.8	0.7	*0.6*	0.5	0.8
1995	0.6	0.8	0.7	0.6	0.4	0.8
1996	0.6	0.8	0.8	0.5	0.4	0.8
1997	0.5	0.8	0.7	0.6	0.4	0.8
1998	0.5	0.7	0.7	0.6	0.3	0.7
1999	0.6	0.6	0.7	0.6	0.4	0.7
2000	0.5	0.7	0.7	0.5	0.4	0.7
2001	0.5	0.6	0.7	0.6	0.4	0.7
2002	0.5	0.6	0.6	0.5	0.4	0.7
2003	0.5	0.6	0.6	0.5	0.4	0.6
2004	0.5	0.6	0.6	0.5	0.4	0.6
2005	0.5	0.6	0.7	0.5	0.4	0.7
2006	0.5	0.6	0.7	0.5	0.4	0.7
2007	0.5	0.6	0.7	0.5	0.4	0.7
2008	0.5	0.5		0.5	0.4	0.7

注：斜体为根据趋势补齐的数据。

数据来源：联合国统计数据库。

第四章 工业化的国际比较与中国劳动力 "工业化不足"

第一节 引言

基于老牌工业化国家一二百年的经济历史统计资料，我们发现：经历了工业化起飞、工业化成熟以及向更高级阶段演化的资本主义增长过程，都发生过一个持续近百年的劳动力集聚时期，这个时期最令人瞩目的统计特征是——工业（或第二次产业）的劳动力份额持续维持在30%～40%甚至50%的高位。为了分析方便，本章用一个术语将发达国家工业化过程中普遍经历的那段辉煌的劳动力集聚时期定义为——"工业化的峰"。这个持续近百年（某些发达国家至今仍在延续）的"工业化的峰"，历经了资本主义国家以重化工业、高技术工业为核心的各个重要发展时期。而且更加值得关注的是，资本主义工业化成熟时期以及向更高级阶段演化的很长一段历史时期，也正是"工业化的峰"最高涨的时期。于是，我们明晰了本章不同于以往诸多研究的观察点和视野：工业部门劳动力集聚的最大潜力，植根于重化工业及高技术工业发展的沃土。

经典二元经济理论揭示，经济发展意味着工业化。如果以持续近百年的发达国家"工业化的峰"为参照系，对发展中国家的"工业化"进行分析，那么我们的基本看法是：从历史和现状来看，发展中国家普遍存在"工业化不足"的问题。这种认识正是针对发展中国家经济服务化及其问题来进行分析的。

我们不采用通常为文献所青睐的增加值或总产值份额作为比较、分析的基准，而以劳动力份额作为分析、比对工业化状况的标准，是出于这样一种认识：在比较发达国家工业化与发展中国家所谓的"工业化"时，增加值份额的区分度较低——发展中国家有时会呈现较高的工业增加值份额。因此我们认为，如果想以最简练的方式阐述复杂的工业化的一些本质现象，把工业部门（或第二次产业）劳动力份额作为基本观察指标，是一个明智的选择。

当然，在进一步的分析中，把工业部门（或第二次产业）劳动力份额与增加值份额联系起来，可能会产生一些新的认识。本章这样做的一个收获是：类比于"列昂惕夫之谜"，我们把"劳动力份额与增加值份额之比"定义为单位产出的劳动力密集度，指出了发达国家普遍存在的工业部门高劳动密集度的特征（本章称其为生产过程的"列昂惕夫现象"）。所谓"列昂惕夫现象"，其实是资本主义劳动力集聚时期发生的一种普遍事实或规律，是与老牌资本主义国家"工业化的峰"相伴随的一种工业化规律。

基于这种认识，我们继续对发达国家和发展中国家工业过程的一些本质进行延伸性说明，即发达国家工业高就业得以持续的根本原因，在于这些国家存在着可以支撑高劳动力份额的规模报酬递增机制；而发展中国家工业部门这种报酬递增机制的缺失，导致了该部门高就业份额难以维持。发展中国家工业部门劳动力规模报酬递增机制的缺失，源于工业体系单一性及工业发展的偏见。

我们认为，"工业化的峰"和"列昂惕夫现象"是本章对传统产业结构变化理论的一个有意思的补充或诠释。与经典结构变化理论稍有不同的是，我们强调发展阶段中工业劳动力集聚的重要性。库兹涅茨（2005）强调产业结构变化过程中服务业就业的重要性，但是，对于发展中国家来说，劳动力"工业化"问题或许更具有启发意义。（也难怪，活跃于20世纪中期的研究者，对于发达国家呈现的劳动力"服务化"及福利国家的辉煌前景期望有加，因此对于产业结构服务化的关注也自然入情入理）

本章立足于库兹涅茨结构变化理论和罗斯托经济增长阶段理论的交叉

点，以此来观察发达国家和发展中国家的经济史实及规律。把两个理论做适当整合，进而支撑起工业化规律的一些分析，也是我们的兴趣之所在。这个交叉点的最大作用，就是凸显了"工业化的峰"这个事实。

本章安排如下：第二节是理论回顾；第三节是对发达国家工业化过程一些关键特征的揭示；第四节是发展中国家和发达国家工业化的对比分析；第五节是对中国工业化问题的进一步分析。

第二节 理论回顾及本文分析方法

库兹涅茨（2005）关于发达国家产业结构演进规律的分析，指出国民经济三次产业部门产出和就业持续交替的变化过程。但是我们认为，在运用库兹涅茨理论对经济增长现实进行再观察时，一个非常重要的理论环节是对演进次序的把握。

当然，这里所说的"演进次序"，不是一般意义上的三次产业之间平滑的演替，而是指在资本主义国家农业部门较高劳动力份额到较低劳动力份额过渡的时期中，工业（或第二次产业）发生的相应的劳动力份额变化。这个次序——虽然经常为工业化研究文献和发展研究文献所忽视，却恰恰蕴涵了工业化的一些本质的规律。

除了次序外，时间问题也值得关注。这里所谓的"时间"，是指工业化自身的演进阶段，即何时到达以何种技术为核心的工业阶段，以此增强工业化分析的历史感。为此，回顾一下罗斯托（1962）的经典研究。罗斯托把传统社会向现代社会的演化分为三个时期：起飞阶段、成熟阶段和高消费阶段，这三个阶段构成一个连续的时间维度。在这个连续的时间维度上，库兹涅茨结构变化规律发生作用。

我们把罗斯托的时间维度和库兹涅茨的演化次序做一个有趣的整合。（1）首先需要明晰罗斯托经济增长各阶段的技术特征。罗斯托经济增长理论的最大看点是其对于各个阶段工业技术特点的描绘，如：经济起飞阶段的经济重心，落在煤炭、炼铁、重型机械等重工业体系的形成上；经济成熟阶段的经济重心，落在化工、现代钢铁、电器机械、工作母机等重化工体系的形成及电气化上；而高消费阶段的重心是福利制度的建设。（2）罗斯托实际上是以动态的眼光来看待时间维度上工业部门的发展的，其中最关键的一点是：工业化的发展，本质上是一个工业体系由狭隘（或单一）向多样化（或复杂）的演进过程。在把握经济增长阶段理论时，这是尤其值得注意的一点。（3）罗斯托时间维度上工业部门的发展，与库兹涅茨的产业结构变化过程有实质性的关联和交叉。同样的，沿着罗斯托工业体系演进路径，（与工业部门就业份额、工业部门产出份额的起落变化相联系的）包括农业和服务业在内的整个产业体系也被纳入这样的连续时间路径中。

这样的整合很有意思，也正是在罗斯托和库兹涅茨理论的交叉点上，工业（或第二次产业）的作用被凸显出来。继续回顾罗斯托的重要论断：在起飞阶段到成熟阶段的进程中，劳动力份额的提高、大量熟练劳动力的培育以及工资水平的提高，共同构成了高消费阶段持续发展的基础（罗斯托，1962，pp. 70 - 84）。在这里强调一点：像罗斯托这样的老派发展经济学家，似乎倾向于认为日益多样化和复杂化的工业体系，有利于就业的创造。我们认为，这恰恰是工业化理论的精髓。表 4 - 1 列举了主要资本主义国家经济阶段期间的一个划分，这个划分成为本章一些论点的重要依据。

表 4 - 1　各国经济发展阶段

阶段 国家	起飞时期	成熟时期	高消费时期
英　国	1789～1802 年	1840～1860 年	—
法　国	1830～1860 年	1900～1920 年	—
美　国	1843～1860 年	1900～1920 年	—
德　国	1850～1873 年	1900～1920 年	—
瑞　典	1868～1890 年	1920～1940 年	—
日　本	1878～1900 年	1940～1959 年	—
加拿大	1896～1914 年	1940～1959 年	—

数据来源：罗斯托（1962），p. 6、p. 46。

进一步讲，发达国家工业化的历史统计资料显示，发达国家工业劳动力集聚的令人瞩目的成果，较多地发生在工业化成熟期及之后，而这段时期，资本主义国家历经了重化工、高加工度等工业阶段。也就是说，工业部门较高劳动力份额的持续，是内生于该部门演化过程中的现象。为了标定工业化过程中劳动力集聚现象，类似于袁富华（2012）关于生产率的分类，我们在这里把发达国家和发展中国家工业化路径也分为两类，即严格遵循演化顺序的发达国家工业化路径和成熟工业化环节缺失的发展中国家的工业化路径。从可持续增长角度看，发达国家对产业结构演化顺序的严格遵循，获得了稳定的工业化增长路径，在与欠发达国家的竞争中获得了越来越持久的控制权；然而，由于成熟工业化环节的缺失，发展中国家进入一个不稳定的增长路径，偏离严格演化次序的所谓"蛙跳""跳跃式"增长，实际上暗示了欠发达经济体内部的不稳定。我们的这种二分法，是根据发达国家和发展中国家经济增长历史归纳而来的，而非基于新古典的演绎方法。对于次序和时间的强调，突出了发达国家工业化的一个重要时期及其特点。"工业化的峰"的存在及其持续，本质上构成了发达与欠发达工业过程的核心区别。

在方法上，《新帕尔格雷夫经济学大辞典》对工业化的一个定义是：工业化是一个过程，这个过程的基本特征包括国民收入中制造业和第二产业所占比例提高；制造业和第二产业就业的劳动人口比例提高（伊特维尔等，1996）。为了突出本章的认识，我们首先强调工业化过程中产业或部门劳动力份额变化的重要性。这个指标受到重视的原因在于，当我们进行发达和不发达工业化过程的比较时，产业或部门劳动力份额具有很高的区分度。支撑起本章工业化观点的数据库基础有两个：一是 Mitchell（1998）国际历史统计数据库；二是联合国数据库 UNDATA。

第三节　发达国家"工业化的峰"的标定

一　"工业化的峰"的标定

以表 4 - 1 发达国家为例，运用 Mitchell（1998）国际历史统计数据库和

UNDATA，我们首先给出这些国家工业化过程中劳动力集聚景象的直观印象。我们之所以对长期增长过程中工业（或第二次产业）的劳动力份额这个指标加以特别的关注，是因为与其他指标比较起来，该指标可以对发达国家和发展中国家的一些本质差异进行识别。通过广泛的历史数据对比分析，我们发现，老牌工业化国家增长历程中最典型的特征，就是工业部门劳动力份额经历了一个持续百年的高水平时期，这个份额一般为30%甚至更高。因此，我们把30%的劳动力份额，作为观察和标定工业过程劳动力集聚状况的基准。表4-1所列国家第二次产业部门劳动力份额变动趋势如图4-1和图4-2所示。在两幅图中，30%的水平基准线以上的凸出部分，为各国第二次产业劳动力份额显著的集聚时期，即所谓"工业化的峰"。图中曲线的一个重要看点是：联系表4-1关于经济增长阶段的划分，7个发达国家第二次产业劳动力份额，基本与工业化成熟期相对应。其后，随着工业化进程的继续推进，该份额在30%及以上的高水平持续较长时期（除日本外，其他国家"工业化的峰"在七八十年甚至更长）。

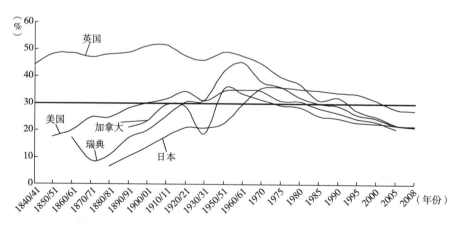

图4-1　1840～2008年5个发达国家第二次产业劳动力份额变动趋势

注：英国相应的年份为1841，1851，…，1961，1970，…，2008；加拿大为1891，1901，…，1961，1970，…，2008；其他国家为1850，1860，…，2008。

数据来源：Mitchell（1998），UNDATA。

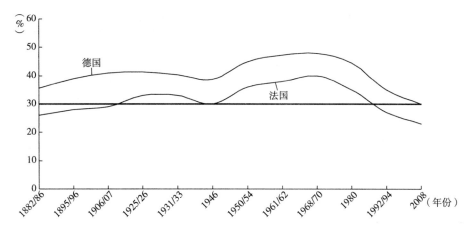

图 4 - 2　1882~2008 年法国和德国第二次产业劳动力份额变动趋势

注：法国相应的年份为：1886、1896、1906、1926、1931、1946、1954、1962、1968、1980、1994、2008；德国相应的年份为：1882、1895、1907、1925、1933、1946、1950、1961、1970、1980、1992、2008；其中，1946~1980 年为西德数据。

数据来源：Mitchell（1998），UNDATA。

二 "工业化的峰"与库兹涅茨产业结构演进规律的次序

进一步提炼图 4-1 和图 4-2 各国劳动力份额变动趋势的含义，两幅图中 30% 水平线以上的凸出部分，具体体现为表 4-2 的时间期间及相应阶段劳动力集聚状况。表 4-2 列示了 10 个发达国家的数据，分为两大块：第二次产业劳动力份额≥30% 区域；第二次产业劳动力份额最大值区域；其中，后者是前者的一个子区间。

（1）第二次产业劳动力份额≥30% 区域：包括三栏——i. 期间界定，即份额≥30% 发生的起始和终止时间的估计；ii. 持续期，即与期间相对应的时间段；iii. 持续期里第一次产业劳动力份额的变化，这个指标是为下文将要述及的库兹涅茨结构变动次序的讨论而设。

（2）第二次产业劳动力份额最大值区域：包括两栏——iv. 第二次产业劳动力份额最大值的发生期间，这是"第二次产业劳动力份额≥30% 的期间"的子区间；v. 第二次产业劳动力份额最大值发生期间对应的第一次产业劳动力份额变化。

表4-2 发达资本主义国家工业化进程中劳动力集聚峰值期间的识别

国　　家	i. 第二次产业劳动力份额 ≥ 30% 的期间：年～年	ii. 第二次产业劳动力份额 ≥ 30% 的持续期	iii. 第二次产业劳动力份额 ≥ 30% 的期间所对应的第一次产业劳动力份额变化（%）	iv. 第二次产业劳动力份额最大值的发生期间：年～年	v. 第二次产业劳动力份额最大值发生期间对应的第一次产业劳动力份额变化（%）
法　国	1906～1990	84 年	43～6	1962～1975（约40%）	20～10
德　国	(1882) ～ (2008)*	至少 126 年	47～2	1950～1970（约50%）	19～7
意大利	1931 ～ (2008)	至少 77 年	47～4	1961～1980（约40%）	29～14
荷　兰	1909～1980	71 年	31～5	1950～1970（约40%）	19～7
瑞　典	1920～1990	70 年	41～3	1940～1970（约40%）	25～8
瑞　士	(1890) ～1990	至少 100 年	42～3	1900～1960（约50%）	35～11
英　国	(1841) ～1990	至少 150 年	22～2	1851～1961（约50%）	22～4
加拿大	1911～1980	70 年	37～5	1951～1961（约35%）	19～12
美　国	1900～1980	80 年	38～4	1950～1970（约35%）	12～5
日　本	1960～2000	40 年	33～5	1970～1985（约35%）	17～9

注：*中（.）表示该年之前或之后劳动力份额 ≥30% 的情景也曾发生过：如 (1882) ～ (2008) 表示德国劳动力份额 ≥30% 在 1882 年及之后发生过并一直持续到 2008 年，但是 2008 年之后却无明显的低于 30% 的迹象。

数据来源：Michell（1998），UNDATA。

（3）"工业化的峰"：老牌资本主义国家在其工业化过程中，第二次产业劳动力份额 ≥30% 都经历了较长的持续期，如：法国约 90 年；英国、德国、瑞士至少100年；其他国家也有70~80年的持续期。日本是一个例外，只有40年的持续时间。

（4）次序：发达国家"工业化的峰"的较长时间持续，暗含着库兹涅茨产业结构变动规律的严格次序。对于这个次序的说明，可以结合表4-2"iii. 第二次产业劳动力份额≥30%的期间所对应的第一次产业劳动力份额变化"及"v. 第二次产业劳动力份额最大值发生期间对应的第一次产业劳动力份额变化"来说明。首先要明确的一点是，发达国家"工业化的峰"，伴随着第一次产业部门劳动力份额的巨大下降，典型如德国和意大利，在"工业化的峰"开启时，农业部门存在大量劳动力（该部门劳动力份额接近50%）。在经济城乡一体化的整个进程中，发达国家持续百年的工业部门高就业份额，实际上充当了不断地促进农业劳动力"工业化"和现代化的作用。同时，工业部门的扩张，也带动了服务业的发展和就业的扩大。

三　"工业化的峰"与罗斯托增长阶段理论

把"工业化的峰"置于罗斯托增长阶段理论上观察，有利于澄清关于工业部门发展与就业关系的一些模糊认识。静态的比较优势理论和要素禀赋理论的流行，容易让人产生这样的工业化观念：轻工业是吸收劳动力的主要领域。实际上，这个立足于纯粹演绎基础上的观念，与工业化历史不相符合。

罗斯托的经济增长理论，强调了核心工业化技术及其演化的重要性，暗含了一个重要的"时间"因素，即特定发展阶段与特定核心工业化体系相对应。动态和工业化体系多样性，是理解老派发展经济学家思想的关键。按照罗斯托的增长阶段理论，库兹涅茨产业结构演进过程中劳动力份额的变化，可以与特定工业化时期相互对应起来。而正是这种对应，揭示了这样一个事实：持续百年的发达国家工业部门（或第二次产业）高就业份额，发生在资本主义工业体系的重工化、重化工化以致向尖端化演进的整个时期。尤其引人注目的是，发达国家"iv. 第二次产业劳动力份额最大值的发生期间"经历了20世纪50年代、20世纪60年代、20世纪

70 年代和 20 世纪 80 年代，而这些年代正是发达国家工业朝高技术迈进的时期。

实际上，也正是因为立足于重工化、重化工化以致向尖端化演进的工业体系，发达国家才实现了持续的第二次产业高就业。高就业、高技术、高收入似乎成为发达资本主义工业部门的典型特征。

第四节　对比分析：发达国家与发展中国家工业化的本质差异

一　与发达国家"工业化的峰"的比较

如果以第二次产业就业份额 30% 作为基准线，可以把工业化明显划分为两个世界：一个是发达国家世界，其典型特征是极高的产业劳动生产率（袁富华，2012）和持续百年的工业部门劳动力集聚；另一个是发展中国家世界，其典型特征是相对低下的产业劳动生产率和较低的工业部门劳动力集聚潜力。

图 4-3 至图 4-5 是 10 个发展中国家的第二次产业劳动力份额变动趋势，包括 5 个美洲国家和 5 个亚洲国家，它们也是一些经常为文献所关注的国家——要么作为发展教训的典型，要么作为当代开放经济和要素禀赋理论推广"成功"的典型。但是，无论怎样说，如果拿发达国家"工业化的峰"这把闪亮的标尺来重新审视发展中国家的工业化经历，那么，我们甚至可以下这样的判断：无论从历史来看，还是从现状来看，发展中国家从来都没有出现过真正的工业化。

那么，未来呢？在发展中国家行列中，拉美国家无疑是表现最好的，20世纪 90 年代以来，这些国家纷纷实现了产业结构的服务化。现阶段出现的增长乏力等诸多问题，无疑与这种结构关联密切。在亚洲的 5 个国家中，除了马来西亚表现出较高的劳动生产率和较好的工业发展趋势外，其他国家的工业潜力皆令人担忧。

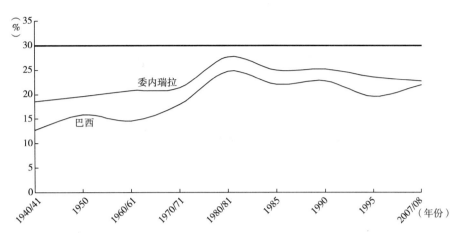

图 4 – 3　1940～2008 年巴西和委内瑞拉第二次产业劳动力份额变动趋势

注：1941、1950、1961、1971、1980、1985、1990、1995、2008 为委内瑞拉数据序列；1940、1950、1960、1970、1981、1985、1990、1995、2007 为巴西数据序列。

数据来源：Mitchell（1998），UNDATA。

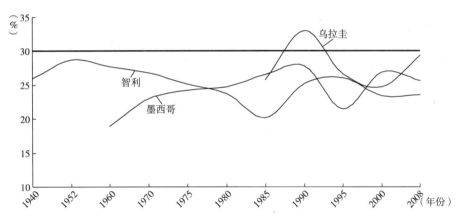

图 4 – 4　1940～2008 年智利、墨西哥和乌拉圭第二次产业劳动力份额变动趋势

数据来源：Mitchell（1998），UNDATA。

二　"列昂惕夫现象"：对工业化过程的本质的再探讨

在考察美国商品贸易时，Leontief（1953、1960）观察到美国出口商品的资本/劳动比率低于进口商品的资本/劳动比率，因此与美国生产和出口资本密集型产品的一般性理论认识相反，即所谓"列昂惕夫之谜"。本章认

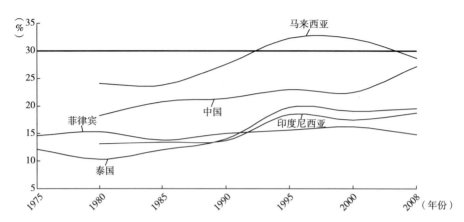

图 4 - 5　1975～2008 年亚洲 5 国第二次产业劳动力份额变动趋势

数据来源：Mitchell（1998），UNDATA。

为，所谓"列昂惕夫之谜"，不过是工业部门高劳动力集聚在出口上的一个反映。历史上，由于"工业化的峰"广泛存在于发达资本主义国家，因此"列昂惕夫之谜"不只是美国一个发达国家的现象。下面我们把"列昂惕夫之谜"推广到发达国家工业（或第二次产业）生产过程中，并把这个推广的结果叫作"列昂惕夫现象"。

定义：

工业（或第二次产业）劳动密集度 = 工业（或第二次产业）

劳动力份额 ÷ 工业（或第二次产业）增加值份额

把这个定义应用于各国各个历史时期，我们会得到类似于"列昂惕夫之谜"的东西——"列昂惕夫现象"。图 4 - 6 和图 4 - 7 分别显示了 1840～2008 年 8 个老牌工业化发达国家的第二次产业劳动力密集度，以及 1940～2008 年 9 个发展中国家第二次产业劳动力密集度。有趣的结果是：

（1）发达国家第二次产业劳动力密集度普遍位于 [0.9，1.5] 区间；发展中国家第二次产业劳动密集度普遍位于 [0.4，0.7] 区间；

（2）因此，无论在历史上还是在现阶段，发达国家第二次产业确实拥有比发展中国家更高的劳动力密集度；

（3）发达国家第二次产业劳动力密集度最高的时期，与"工业化的峰"

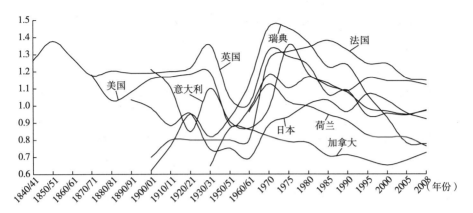

图 4 - 6　1840 ~ 2008 年发达国家第二次产业劳动密集度

注：法国缺失数据，为根据趋势补足。

数据来源：Mitchell（1998），UNDATA。

图 4 - 7　1940 ~ 2008 年拉美和亚洲国家第二次产业劳动密集度

数据来源：Mitchell（1998），UNDATA。

所经历的时期，基本吻合。

三　"列昂惕夫现象"产生的原因

需要进一步追问的是：为什么发达国家会有持续这么长时间的"列昂惕夫现象"？这里给出一个简洁的经济学解释：劳动力规模报酬递增。

回顾前几部分关于发达国家"工业化的峰"的分析，给人印象深刻的是，伴随着资本主义工业化进程的推进，第二次产业劳动力份额不是很快下降了，而是发生了持续百年的高位演进。正是"工业化的峰"的存在，导致了发达国家工业部门高劳动密集度这种特殊现象。实际上，这种现象的持续，揭示了发达国家工业部门劳动力规模报酬递增现象的持续存在。否则，市场规律不可能允许劳动力报酬递减的现象长期存在。

反观发展中国家的经济，工业的劳动力密集度（或第二次产业）相对于发达国家较低的劳动力密度，表明这些国家的工业发展对劳动力报酬递增的潜力评价较低，即发展中国家的工业不具有像发达国家那样的劳动力报酬递增机制。

第五节　对工业化和发展理论的重新审视：中国的实际

我们继续追问：为什么发展中国家第二产业缺乏像发达国家那样的劳动力报酬递增机制，从而阻碍了本部门就业作用的发挥？对这个问题的回答，涉及发展中国家的现实，甚至工业发展的理论依据。因此，在这里有必要指出一些广泛存在的偏见。

传统发展理论似乎更加重视工业体系建立、发展和完善的动态过程。虽然主导产业问题在传统理论中受到关注，但是主导产业发展而导致的多样化工业体系的建设更加受到关注。实际上，我们认为，动态的、多样化的工业体系，恰恰位于工业化理论的核心。这种认识有些类似于生物进化理论的表述，如 Mokyr（2005）：没有创新就没有多样性，没有多样性就没有选择；缺乏这两个环节，经济过程就没有良性的进化。

以中国为例，迫于人口和就业的巨大压力，中国工业化政策由20世纪70年代的（进口替代的）重工业化走到了另一个极端：劳动力要素禀赋利用的工业化。其实，我们认为，不论是进口替代的片面重工业策略，还是出口导向的劳动力比较优势策略，其根本弊端就是对单一工业体系的追求。这种追求从一开始就偏离了工业体系良性发展的动态、多样化需要。

就拿中国现在的工业体系来说，我们原来为追求就业而采取的工业化模式，实际上并没有达到预期目的。而且，随着工业本身重化趋势的内在演进，工业部门排斥就业的现象也开始显现。单一的工业化体系——对中国来说就是片面的劳动力比较优势工业的发展——缺乏持续演进动力的病症，实际上在中国也开始显现，更不用说什么持续的报酬递增及工业持续的发展了。

最近的一项研究（中国经济增长与宏观稳定课题组，2010）指出了中国现阶段经济增长中存在的这样一种问题：城市化和土地要素价格重估，导致了中国经济增长创新激励的缺失。当然，我们更乐意反过来看待这个问题，长期以来中国片面追求劳动力资源禀赋的工业化模式，导致了两个危险的逆向淘汰：（1）淘汰工业体系的多样性。无论是用发达国家的工业增长历史跟中国比，还是用发达国家的工业现状跟中国比，可以说，中国当前的工业体系很少见到那种令人瞩目的就业潜力。对劳动密集型工业发展的片面追求，导致了报酬递增工业体系发展机会丧失。（2）淘汰创新。片面强调劳动力资源禀赋的工业化模式，增加了创新的风险和成本。这两个淘汰结合在一起，使中国失去了工业规模报酬递增的机会和应有的潜力开发。

参考文献

[1] 伊特维尔等：《新帕尔格雷夫经济学大辞典（第二卷：E－J)》，经济科学出版社，1996。

[2] 库兹涅茨：《各国的经济增长》，常勋等译，商务印书馆，2005。

[3] 罗斯托：《经济成长的阶段》，国际关系研究所编译室译，商务印书馆，1962。

[4] 袁富华：《结构变迁过程中的资源错配》，工作论文，2012。

[5] 中国经济增长与宏观稳定课题组：《资本化扩张与赶超型经济的技术进步》，《经济研究》2010 年第 5 期。

[6] Mokyr, J., "Is There a Theory of Economic History?" In Kurt Dopfer, *The Evolutionary Foundations of Economics*, Cambridge University Press, 2005, pp. 195 – 218.

[7] Mitchell, B. R., *International Historical Statistics* (4th ed): 1750 – 1993, New York : Stockton Press, 1998.

［8］Leontief, W., Reviewed Domestic Production and Foreign Trade; The American Capital Position Re-Examined, Proceedings of the American Philosophical Society, Vol. 97, No. 4 (Sep. 28, 1953), pp. 332 – 349.

［9］Leontief, W., Factor Proportions and the Structure of American Trade: Further Theoretical and Empirical Analysis, The Review of Economics and Statistics, Vol. 38, No. 4 (Nov., 1956), pp. 386 – 407.

附录 1：发达国家劳动力份额

单位:%

法国：就业比重				瑞典：就业比重			
年　份	A	I	S	年　份	A	I	S
1856	52	27	21	1860	65	17	18
1866	50	28	22	1870	70	9	21
1886	47	26	27	1880	66	11	23
1896	45	28	27	1890	72	17	11
1901	41	29	29	1900	53	20	27
1906	43	29	28	1910	46	25	28
1911	41	33	26	1920	41	30	28
1921	42	29	29	1930	36	31	32
1926	38	33	29	1940	25	38	38
1931	36	33	31	1950	21	42	37
1936	36	31	34	1960	14	45	41
1946	36	30	34	1970	8	38	54
1954	27	36	37	1975	6	36	57
1962	20	38	42	1980	6	32	62
1968	16	40	44	1985	5	30	65
1975	10	38	52	1990	3	29	68
1980	8	35	56	1995	3	26	71
1985	7	32	61	2000	2	25	73
1990	6	30	65	2005	2	22	76
1994	5	27	69	2008	2	22	76
2004	4	24	72				
2008	3	23	74				

单位:%

德国:就业比重				意大利:就业比重				荷兰:就业比重			
年　份	A	I	S	年　份	A	I	S	年　份	A	I	S
1882	47	35	18	1871	61	23	16	1849	46	20	33
1895	40	39	21	1881	51	25	23	1859	40	22	38
1907	37	41	22	1901	59	24	17	1889	36	26	39
1925	30	41	28	1911	55	27	18	1899	34	27	39
1933	29	40	31	1921	56	25	19	1909	31	28	41
1939	26	42	32	1931	47	31	22	1920	24	36	41
1946	29	39	32	1936	48	28	24	1930	21	37	42
1950	19	45	36	1951	42	32	26	1947	19	37	44
1961	13	47	39	1961	29	40	31	1960	11	42	47
1970	7	48	45	1971	16	42	41	1970	7	39	54
1980	6	44	50	1980	14	37	49	1975	6	35	59
1992	3	35	62	1985	11	33	56	1980	5	31	64
2001	3	33	65	1990	9	32	59	1985	5	28	67
2004	2	31	67	1995	7	33	60	1990	5	26	70
2008	2	30	68	2000	5	32	63	1995	4	23	74
				2005	4	31	65	2000	3	21	76
				2008	4	30	66	2005	3	20	77
								2008	3	18	79

单位:%

美国:就业比重				英国:就业比重			
年　份	A	I	S	年　份	A	I	S
1850	64	18	19	1841	22	44	33
1860	59	20	21	1851	22	48	30
1870	50	25	25	1861	19	49	32
1880	50	25	25	1871	15	47	38
1890	43	28	29	1881	13	48	39
1900	38	30	32	1891	11	49	41
1910	32	32	37	1901	9	51	40
1920	27	34	38	1911	9	52	40

续表

| 美国：就业比重 | | | | 英国：就业比重 | | | |
年　份	A	I	S	年　份	A	I	S
1930	22	31	47	1921	7	48	45
1940	18	33	50	1931	6	46	48
1950	12	35	53	1951	5	49	46
1960	6	35	58	1961	4	47	49
1970	5	35	61	1970	3	45	52
1975	4	31	65	1975	3	40	57
1980	4	31	66	1980	3	37	60
1985	3	28	69	1985	3	31	66
1990	3	26	71	1990	2	32	66
1995	3	24	73	1995	2	27	71
2000	3	23	74	2000	2	25	73
2005	2	21	78	2005	1	22	76
2008	1	20	79	2008	1	21	77

单位：%

| 加拿大：就业比重 | | | | 日本：就业比重 | | | |
年　份	A	I	S	年　份	A	I	S
1891	48	21	31	1872	85	5	10
1901	43	23	34	1880	82	7	11
1911	37	29	33	1890	76	10	13
1921	35	29	36	1900	70	14	16
1931	31	19	50	1910	63	18	19
1941	27	29	43	1920	54	21	25
1951	19	36	45	1930	49	21	30
1961	12	34	54	1940	45	27	28
1970	7	31	61	1947	53	23	24
1975	6	29	65	1950	48	23	29
1980	5	29	66	1960	33	30	38
1985	5	25	69	1970	17	36	47
1990	4	25	71	1975	13	36	51

续表

加拿大：就业比重				日本：就业比重			
年　份	A	I	S	年　份	A	I	S
1995	4	23	73	1980	10	35	54
2000	3	23	74	1985	9	35	56
2005	3	22	75	1990	7	34	59
2008	2	22	76	1995	6	34	61
				2000	5	31	64
				2005	4	28	68
				2008	4	27	68

附录 2：发达国家 GDP 份额

单位：%

德　国			意大利			荷　兰		
年　份	A	I	年　份	A	I	年　份	A	I
1882	36	33	1871	58	19	1849		
1895	31	38	1881	53	20	1859		
1907	26	42	1901	50	20	1889		
1925	16	48	1911	44	24	1899		
1933	20	41	1921	43	29	1909		
1939	16	50	1931	30	28	1920		
1946			1936	29	31	1930		
1950	10	51	1951	30	37	1947	13	37
1961	5	53	1961	13	41	1960	8	44
1970	3	48	1970	2	31	1970	2	35
1980	2	42	1980	2	31	1975	2	34
1992	1	59	1985	2	29	1980	2	32
2001	1	52	1990	2	29	1985	2	30
2004	1	52	1995	2	29	1990	2	28
2008	1	51	2000	2	28	1995	2	27
			2005	2	27	2000	2	25
			2008	2	26	2005	2	24
						2008	2	24

单位：%

法　国			瑞　典			英　国		
年　份	A	I	年　份	A	I	年　份	A	I
1856	40	37	1860	37	20	1841	22	35
1866	39	36	1870	38	21	1851	21	35
1886	36	36	1880	36	21	1861	18	38
1896	34	39	1890	32	23	1871	15	40
1901	34	41	1900	26	32	1881	11	40
1906	33	40	1910	23	33	1891	9	41
1911	32	41	1920	19	32	1901	7	43
1921			1930	13	38	1911		
1926			1940	11	42	1921	6	39
1931			1950	13	45	1931	4	34
1936	22	36	1960	7	40	1951	5	47
1946	18	36	1970	2	26	1961	4	47
1954	13	48	1975	2	25	1970	1	34
1962	8	48	1980	2	24	1975	1	31
1970	4	32	1985	2	24	1980	1	30
1975	3	29	1990	2	23	1985	1	29
1980	3	26	1995	1	24	1990	1	30
1985	3	23	2000	1	26	1995	1	29
1990	3	22	2005	1	28	2000	1	26
1994	2	21	2008	1	28	2005	1	23
2004	2	21				2008	1	22
2008	2	20						

单位：%

加拿大			美　国			日　本		
年　份	A	I	年　份	A	I	年　份	A	I
1891			1850			1872		
1901			1860			1880		
1911			1870	21	21	1890	38	10

续表

加拿大			美　国			日　本		
年　份	A	I	年　份	A	I	年　份	A	I
1921			1880	16	24	1900	34	14
1931	11.4	29	1890	17	26	1910	30	20
1941	13	37	1900	17	26	1920	23	22
1951	12	41	1910	18	27	1930	19	28
1961	6	39	1920	12	29	1940	20	40
1970	3	38	1930	9	26	1947	33	29
1975	3	37	1940	8	37	1950	23	30
1980	2	36	1950	6	39	1960	12	43
1985	2	36	1960	4	36	1970	5	40
1990	2	34	1970	1	29	1975	5	38
1995	2	34	1975	1	28	1980	3	35
2000	2	35	1980	1	26	1985	3	34
2005	2	32	1985	1	25	1990	2	35
2008	2	30	1990	1	25	1995	2	31
			1995	1	25	2000	2	30
			2000	1	24	2005	1	29
			2005	1	22	2008	1	30
			2008	1	21			

附录3：发达国家第二次产业劳动密集度：产业劳动力份额÷产业GDP份额

年　份	德　国	年　份	意大利	年　份	荷　兰	年　份	加拿大
1882	1.1	1871	1.2	1849		1891	
1895	1.0	1881	1.3	1859		1901	
1907	1.0	1901	1.2	1889		1911	
1925	0.9	1911	1.1	1899		1921	
1933	1.0	1921	0.8	1909		1931	0.6
1939	0.8	1931	1.1	1920		1941	0.8

续表

年 份	德 国	年 份	意大利	年 份	荷 兰	年 份	加拿大
1946		1936	0.9	1930		1951	0.9
1950	0.9	1951	0.9	1947	1.0	1961	0.9
1961	0.9	1961	1.0	1960	1.0	1970	0.8
1970	1.0	1971	1.4	1970	1.1	1975	0.8
1980	1.1	1980	1.2	1975	1.0	1980	0.8
1992	0.6	1985	1.1	1980	1.0	1985	0.7
2001	0.6	1990	1.1	1985	0.9	1990	0.7
2004	0.6	1995	1.2	1990	0.9	1995	0.7
2008	0.6	2000	1.1	1995	0.8	2000	0.7
		2005	1.1	2000	0.8	2005	0.7
		2008	1.1	2005	0.8	2008	0.7
				2008	0.8		

年 份	法 国	年 份	瑞 典	年 份	英 国	年 份	美 国	年 份	日 本
1856	0.7	1860	0.9	1841	1.3	1850		1872	
1866	0.8	1870	0.4	1851	1.4	1860		1880	
1886	0.7	1880	0.5	1861	1.3	1870	1.2	1890	1.0
1896	0.7	1890	0.7	1871	1.2	1880	1.0	1900	1.0
1901	0.7	1900	0.6	1881	1.2	1890	1.1	1910	0.9
1906	0.7	1910	0.8	1891	1.2	1900	1.2	1920	1.0
1911	0.8	1920	1.0	1901	1.2	1910	1.2	1930	0.7
1921		1930	0.8	1911		1920	1.2	1940	0.7
1926		1940	0.9	1921	1.2	1930	1.2	1947	0.8
1931		1950	0.9	1931	1.4	1940	0.9	1950	0.8
1936	0.8	1960	1.1	1951	1.0	1950	0.9	1960	0.7
1946	0.8	1970	1.5	1961	1.0	1960	1.0	1970	0.9
1954	0.8	1975	1.5	1970	1.3	1970	1.2	1975	0.9
1962	0.8	1980	1.4	1975	1.3	1975	1.1	1980	1.0
1968	1.3	1985	1.2	1980	1.2	1980	1.2	1985	1.0
1975	1.3	1990	1.2	1985	1.1	1985	1.1	1990	1.0
1980	1.3	1995	1.1	1990	1.1	1990	1.1	1995	1.1

续表

年　份	法　国	年　份	瑞　典	年　份	英　国	年　份	美　国	年　份	日　本
1985	1.4	2000	0.9	1995	0.9	1995	1.0	2000	1.0
1990	1.3	2005	0.8	2000	1.0	2000	1.0	2005	1.0
1994	1.2	2008	0.8	2005	0.9	2005	0.9	2008	0.9
2004	1.2			2008	1.0	2008	1.0		
2008	1.1								

附录4：发展中国家产业劳动力份额、GDP份额、劳动密集度

巴西：

就业年份	第一次产业	第二次产业	第三次产业	GDP年份	第一次产业	第二次产业	第三次产业	劳动密集度（第二次产业）
1940	51	13	30	1940	18	26		0.5
1950	44	16	36	1950	9	33		0.5
1960	32	15	47	1960	8	37		0.4
1970	21	18	58	1970	7	39		0.5
1981	29	25	46	1981	5	34	61	0.7
1985	29	22	49	1985	5	33	62	0.7
1990	23	23	54	1990	5	30	65	0.8
1995	26	20	54	1995	5	31	64	0.6
2002	21	21	58	2002	6	29	65	0.7
2007	18	22	60	2007	6	29	66	0.8

智利：

就业年份	第一次产业	第二次产业	第三次产业	GDP年份	第一次产业	第二次产业	第三次产业	劳动密集度（第二次产业）
1940	36	26	38	1940	12	42		0.6
1952	30	29	41	1952	11	41		0.7
1960	28	28	44	1960	9	44		0.6
1970	21	27	52	1970	7	46		0.6
1975	22	25	53	1975	4	44	52	0.6

续表

就业 年份	第一次 产业	第二次 产业	第三次 产业	GDP 年份	第一次 产业	第二次 产业	第三次 产业	劳动密集度 （第二次产业）
1980	16	24	60	1980	3	43	54	0.6
1985	20	20	60	1985	4	44	53	0.5
1990	19	25	55	1990	4	44	52	0.6
1995	16	26	58	1995	4	44	52	0.6
2000	14	23	62	2000	4	44	52	0.5
2008	12	24	65	2008	4	39	56	0.6

墨西哥：

就业 年份	第一次 产业	第二次 产业	第三次 产业	GDP 年份	第一次 产业	第二次 产业	第三次 产业	劳动密集度 （第二次产业）
1930	64	13	23	1930	22	20		0.7
1940	61	12	27	1940	19	23		0.5
1960	54	19	27	1960	15	25		0.8
1970	39	23	38	1970	11	29		0.8
1975	41	24	35	1975	5	34	61	0.7
1979	40	25	35	1979	4	36	60	0.7
1988	24	27	50	1988	4	35	61	0.8
1990	23	28	50	1990	4	36	60	0.8
1995	24	21	55	1995	4	34	62	0.6
2000	18	27	55	2000	3	36	60	0.7
2008	13	26	61	2008	3	32	65	0.8

乌拉圭：

就业 年份	第一次 产业	第二次 产业	第三次 产业	GDP 年份	第一次 产业	第二次 产业	第三次 产业	劳动密集度 （第二次产业）
1963	18	30	51	1963	12	29		1.0
1975	16	26	57	1975	11	33		0.8
1985	15	26	60	1985	12	32		0.8
1990	5	33	62	1990	10	53	37	0.6

就业 年份	第一次 产业	第二次 产业	第三次 产业	GDP 年份	第一次 产业	第二次 产业	第三次 产业	劳动密集度 （第二次产业）
1995	5	27	69	1995	10	47	43	0.6
2000	4	25	71	2000	9	41	51	0.6
2005	5	29	66	2005	10	43	47	0.7

委内瑞拉：

就业 年份	第一次 产业	第二次 产业	第三次 产业	GDP 年份	第一次 产业	第二次 产业	第三次 产业	劳动密集度 （第二次产业）
1941	51	19	30	1941	18	37		0.5
1950	44	20	36	1950	9	46		0.4
1961	32	21	47	1961	8	45		0.5
1971	21	21	58	1971	7	39		0.5
1975	20	25	55	1975	3	63	34	0.4
1980	15	28	57	1980	3	63	34	0.4
1985	16	25	59	1985	4	58	39	0.4
1990	13	25	61	1990	4	58	38	0.4
1995	14	24	63	1995	3	62	35	0.4
2000	11	23	67	2000	4	63	33	0.4
2008	8	23	68	2008	4	56	40	0.4

中国：

就业 年份	第一次 产业	第二次 产业	第三次 产业	GDP 年份	第一次 产业	第二次 产业	第三次 产业	劳动密集度 （第二次产业）
1980	69	18	13	1980	39	35	25	0.5
1985	62	21	17	1985	35	34	31	0.6
1990	60	21	19	1990	29	36	35	0.6
1995	52	23	25	1995	20	43	37	0.5
2000	50	23	28	2000	16	45	39	0.5
2008	40	27	33	2008	10	49	41	0.6

印度尼西亚：

就业 年份	第一次 产业	第二次 产业	第三次 产业	GDP 年份	第一次 产业	第二次 产业	第三次 产业	劳动密集度 （第二次产业）
1976	66	9	25	1976	25	39	36	0.2
1980	56	13	30	1980	22	40	38	0.3
1985	55	13	32	1985	20	40	39	0.3
1990	56	14	30	1990	17	42	41	0.3
1995	44	18	38	1995	14	47	40	0.4
2000	45	17	37	2000	14	48	38	0.4
2008	40	19	41	2008	12	45	43	0.4

马来西亚：

就业 年份	第一次 产业	第二次 产业	第三次 产业	GDP 年份	第一次 产业	第二次 产业	第三次 产业	劳动密集度 （第二次产业）
1957	59	13	29	1957	40	18		0.7
1970	50	14	36	1970	29	28		0.5
1980	37	24	39	1980	21	42	37	0.6
1985	30	24	46	1985	19	42	39	0.6
1990	26	28	46	1990	17	46	37	0.6
1995	20	32	48	1995	11	49	41	0.7
2000	18	32	49	2000	9	50	41	0.6
2008	14	29	57	2008	8	45	47	0.6

菲律宾：

就业 年份	第一次 产业	第二次 产业	第三次 产业	GDP 年份	第一次 产业	第二次 产业	第三次 产业	劳动密集度 （第二次产业）
1975	54	15	31	1975	19	37	44	0.4
1980	52	15	33	1980	18	40	43	0.4
1985	50	14	37	1985	18	34	47	0.4
1990	45	15	40	1990	17	35	49	0.4
1995	44	16	40	1995	16	35	49	0.5
2000	37	16	47	2000	15	35	51	0.5
2008	35	15	50	2008	14	32	54	0.5

泰国:

就业 年份	第一次 产业	第二次 产业	第三次 产业	GDP 年份	第一次 产业	第二次 产业	第三次 产业	劳动密集度 (第二次产业)
1975	67	12	21	1975	28	26	46	0.5
1980	71	10	19	1980	23	29	48	0.4
1985	68	12	20	1985	22	31	48	0.4
1990	64	14	22	1990	15	37	48	0.4
1995	52	20	28	1995	11	42	48	0.5
2000	49	19	32	2000	12	42	47	0.5
2008	42	20	38	2008	10	45	45	0.4

第五章　中国工业行业规模经济的缺失

第一节　引言

改革开放 30 多年来，工业部门作为开放程度最高、市场力量分布最广的部门，其增长对于中国总体经济规模扩张和经济效率的提升发挥着核心作用。长期以来，中国工业部门一直沿着劳动力资源禀赋这条路径成长，低成本是其获得国际竞争力的主要动力。时至今日，这种依靠低成本获得竞争力的工业化模式，正面临技术进步乏力以及不可持续的压力，而存在于该部门的过度竞争问题，也为不少文献所诟病。

关于工业部门单个行业市场状况的分析，存在于不少文献当中，但针对该部门整体市场状况的系统性分析依然较少：包括垄断、竞争在工业行业的分布状况，以及与行业市场结构密切相关的规模报酬或规模经济状况。鉴于用于综合分析市场竞争程度的工具比较少，因此对这两个问题的解读仍处于探索当中。就中国工业部门而言，上述问题具有较大的现实意义。一些文献已经注意到近年来工业部门内部的规模报酬（典型如企业或行业自身的"干中学"效应）递减现象，同时，中国城市化进程以怎样的方式提升工业素质，也需要给出系统性说明。

20 世纪 90 年代以来出现的一系列文献，如 Hall（1988、1990）和 Roeger（1995）将加成率——产品价格与边际成本比率——引入 Solow 增长核算方程中，综合了产业组织理论和经济增长的信息，从而可以进行较之于单个经济指标经济含义更加丰富的分析。本章的论述即是基于这一系列研究成果而展开的，现将主要结论列示如下：第一，运用 Hall – Roeger 加成率估算方法，我们给出了全社会 36 个工业行业和 29 个省市 17 个工业行业市场竞争程度的数值"地图"，这些数值直观展示了工业行业市场结构的"光谱"。第二，数值"地图"显示，20 世纪 90 年代末期以来，较强的市场控制力只存在于少数工业行业中，这些行业的市场垄断力量，随机分布在省际各个工业行业中。第三，Hall – Roeger 加成率与行业内部规模报酬密切相关，中国工业行业加成率的普遍低下，意味着行业规模经济的弱化，也就是说，行业"学习效应"或专业化效应对行业增长的作用较弱。第四，我们的估算结果对于评价行业 Solow 核算方程及城市化外部效应的作用也具有积极意义。

本章安排如下：第二节是文献综述；第三节是对 Hall – Roeger 加成率估算方法的归纳表述，对生产函数框架下市场结构的作用方式进行了展示；第四节是本文的数据应用说明和实证结果的汇报，对这些结果的进一步分析放在了第五节；第六节是一个简短的结论。

第二节　文献综述

立足于生产函数框架考察市场结构，始于 Hall（1988、1990）的思路，他把加成率纳入 Solow 残差或生产率项中，赋予增长方程以市场结构的内涵，从技术上对生产率项进行了改进。Hall 的方法对增长核算方程的两个关键假设——完全竞争和规模报酬不变进行了修正，其核心理念是，若加成率为 1，即产品价格等于边际成本，那么增长核算是无偏的，否则，若加成率不为 1，则市场存在不完全性，相应的生产率（或技术进步项）的估算就需要用加成率进行矫正。Caballero and Lyons（1989、1990）对 Hall 的方法进行了扩展，通过纳入制造业部门加总变量，对规模经济的内部性和外部性进行了区分。Hall 的方法的修正和完善，来自 Roeger（1995）的工作，通过对偶方法的应用，Roeger 发展出一个可直接运用变量名义值估计加成率的框架，这个框架又被 Martins etc.（1996）的文献进一步完善。基于带有加成率的增长核算也形成了一系列文献，实证分析方面的工作如，Kaskareli（1993）对英国制造业加成率与通胀的关系进行了考察，认为预期的和非预期的通货膨胀会给制造业加成带来负面影响。Das and Pant（2006）对印度产业政策的效应进行了分析，发现 1989～2003 年新公司的成长并没有使制造业行业市场竞争程度增强，认为中等规模公司发展滞后，是这一问题存在的原因。Fedderkea, et al.（2006）针对南非的制造业行业显著的规模经济进行了分析，认为较高的集中度是加成率提高的原因，而产业内的竞争会削弱加成率。目前，国内运用增长方程研究工业规模经济问题的文献不多见，而运用单项指标对特定行业或部门集中度进行甄别的文献很多。如，杨蕙馨（2001）对市场集中度、规模与效率的关系进行了较为系统的分析；陈刚、金通、倪焱（2005）对我国工业行业过度竞争的机理进行了分析；孙巍、武治国、李立明（2008）对我国制造业部门高集中度产业和低集中度产业与产业技术特征之间的关系进行了探讨，认为平均规模对高集中度产业的市场集中度有着显著的正影响，而对低集中度产业的市场集中度有着显著的负影响。在借鉴国内外研究思路的基础上，本章尝试着就工业行业市场结构及相应问题进行分析，以期获得一些有意义的分析结果。

第三节　Hall - Roeger 加成率估算方程

Hall（1988、1990）把加成率引入 Solow 增长核算方程，为间接估算加成率提供了一条便捷路径。Hall 的方法经过 Roeger（1995）和 Martins etc.（1996）进一步的完善和发展，目前逐渐成为被广泛认同的评价加成率和产业组织结构的方法。

依照 Hall 的记法：x 为生产的边际成本（MC）；w，r 为名义工资率和资本租赁价格；N，K 为劳动投入和资本存量；Q 为实际增加值产出；θ 为技术进步率。若以 Δ 表示水平值的变化，则 ΔN，ΔK，ΔQ 分别表示劳动投入、资本存量和实际产出的增量，则：

$$x = \frac{w\Delta N + r\Delta K}{\Delta Q - \theta Q} \tag{1}$$

或者，

$$\frac{\Delta Q}{Q} = \frac{wN}{xQ}\frac{\Delta N}{N} + \frac{rK}{xQ}\frac{\Delta K}{K} + \theta 9 \tag{2}$$

进一步，不变规模报酬和完全竞争下的 Solow 核算方程为：

$$\frac{\Delta Q}{Q} = \frac{wN}{xQ}\frac{\Delta N}{N} + \left(1 - \frac{wN}{xQ}\right)\frac{\Delta K}{K} + \theta \tag{3}$$

记，p 为产品价格，加成率 $u = \frac{p}{x}$，要素份额 $\alpha = \frac{wN}{pQ}$，由（3）式得：

$$\frac{\Delta Q}{Q} = (u\alpha) \cdot \frac{\Delta N}{N} + (1 - u\alpha)\frac{\Delta K}{K} + \theta \tag{4}$$

该式可以变形为：

$$SR \equiv \frac{\Delta Q}{Q} - \alpha \cdot \frac{\Delta N}{N} - (1 - \alpha) \cdot \frac{\Delta K}{K} = (u - 1)\,\alpha \cdot \left(\frac{\Delta N}{N} - \frac{\Delta K}{K}\right) + \theta \tag{5}$$

其中，SR 为 Solow 残差记号。当 $u = 1$ 时，SR 与资本/劳动比率项 $\left(\frac{\Delta N}{N} - \frac{\Delta K}{K}\right)$ 无关，返回到完全竞争和不变规模报酬情景，且等于技术进步速度 θ。但是，由于不完全竞争的存在，Solow 方程所估计的 θ 可能是有偏的。鉴于这种认识，Hall 的方法试图经由（4）式估算加成率 u，并对 Solow 方程的生产率项做如下假定：

$$\theta_t = \theta + \upsilon_t \tag{6}$$

即将不完全竞争情境下的生产率项表示为常数项与随机扰动 υ_t 的和。于是，加成率估算的 Hall 的方法可以写为：

$$\frac{\Delta Q_t}{Q_t} - \frac{\Delta K_t}{K_t} = (u\alpha_t) \cdot \left(\frac{\Delta N_t}{N_t} - \frac{\Delta K_t}{K_t}\right) + \theta + \upsilon_t \tag{7}$$

从形式上来看，（7）式非常简洁，左边是产出/资本增长率，右边是以加成率、劳动力份额乘积加权的劳动/资本增长率，以及生产率残差项。但是，根据 Hall 的解释，不完全竞争下劳动/资本增长率与 v_t 相关，因此（7）式不能直接运用最小二乘法进行估计。

为了克服 Hall 的方法的缺点，Roeger（1995）提出了双生产率（dual productivity），即基于价格的 Solow 残差方法。记 Lerner 指数：

$$B = \frac{p-x}{p} = 1 - \frac{1}{u}，\text{ 或 } u = \frac{1}{1-B} \tag{8}$$

重写（5）式，有：

$$SR \equiv \frac{\Delta Q}{Q} - \alpha \cdot \frac{\Delta N}{N} - (1-\alpha) \cdot \frac{\Delta K}{K} = B \cdot \left(\frac{\Delta Q}{Q} - \frac{\Delta K}{K} \right) + (1-B) \cdot \theta \tag{9}$$

在这个等式中，$B=0$ 相当于（5）式 $u=1$ 的情景。对偶于（9）式的表述，是一个基于价格的 Solow 残差：

$$SRP \equiv \alpha \cdot \frac{\Delta w}{w} + (1-\alpha) \cdot \frac{\Delta r}{r} - \frac{\Delta p}{p} = -B \cdot \left(\frac{\Delta p}{p} - \frac{\Delta r}{r} \right) + (1-B) \cdot \theta \tag{10}$$

合并（9）式、（10）式可以得到 Roeger 加成率估算方程：

$$\begin{cases} \Delta y_t = B \cdot \Delta x_t + \varepsilon_t \\ \Delta y = \left(\frac{\Delta Q}{Q} + \frac{\Delta p}{p} \right) - \alpha \cdot \left(\frac{\Delta N}{N} + \frac{\Delta w}{w} \right) - (1-\alpha) \cdot \left(\frac{\Delta K}{K} + \frac{\Delta r}{r} \right) \\ \Delta x = \left(\frac{\Delta Q}{Q} + \frac{\Delta p}{p} \right) - \left(\frac{\Delta K}{K} + \frac{\Delta r}{r} \right) \end{cases} \tag{11}$$

上式估算加成率的方法的方便之处在于，它不但克服了 Hall 的方法中劳动/资本增长率与残差项的相关性，而且由于方程中变量序列都取名义值（下文实证分析中还有详细的说明），因此数据处理起来也相对便利。

第四节　数据与实证

一　数据说明

我们继续对（11）式的 $\Delta y \Delta x$ 进行分析。第一步：需要明晰 $\alpha\beta$ 的含义。

根据前文叙述，劳动要素份额 $\alpha = \dfrac{wN}{pQ}$，相应的，我们可以把资本报酬份额

表示为 $\beta = \dfrac{rK}{pQ}$。第二步：Lerner 指数 $B = \dfrac{p-x}{p} = 1 - \dfrac{1}{u}$ 的解释。根据前文定义

$u = \dfrac{p}{x}$，当价格 p 等于边际成本 x（$p = x$），$u = 1$，市场完全竞争；否则当价

格 p 大于边际成本 x（$u > 1$），市场存在垄断因素，且 $u > 1$ 或 B（$= \dfrac{p-x}{p} >$

0）数值越大，市场垄断力量就越强。第三步：Bu 可以经由 $\Delta y \Delta x$ 直接计

算，即以总产出、增加值、中间产出及要素报酬的名义值估算 Bu。需要注

意的是，（11）式中的增加值 Q 是指实际值。正是基于这种表示方法，

$\Delta y \Delta x$ 两个方程中括号内的项便可以理解为名义增长率，即名义增加值增长

率（$\dfrac{\Delta Q}{Q} + \dfrac{\Delta p}{p}$）；名义劳动报酬增长率 $\left(\dfrac{\Delta N}{N} + \dfrac{\Delta w}{w} \right)$；名义资本报酬增长

率 $\left(\dfrac{\Delta K}{K} + \dfrac{\Delta r}{r} \right)$。

应用（11）式对加成率进行估计时，可以利用国外一些研究（如 Mar-tins et al.，1996）成果获得发达国家资本存量及资本租金的估算数据，因此

能够对 $\left(\dfrac{\Delta K}{K} + \dfrac{\Delta r}{r} \right)$ 进行直接估计。相对而言，在加成率的估计方面，中国工

业行业数据信息量明显不足，名义劳动报酬增长率 $\left(\dfrac{\Delta N}{N} + \dfrac{\Delta w}{w} \right)$ 或名义资本报

酬增长率 $\left(\dfrac{\Delta K}{K} + \dfrac{\Delta r}{r} \right)$ 只能通过间接方式进行估算。

中国经济的市场化进程在 20 世纪 90 年代中期以后开始加速，包括国内

经济市场化和对国际一体化的融入。其间，作为对外联系最为密切的部门，

工业行业开始迅速扩张规模，工业部门劳动生产率及整体经济效率持续提

高，因此，把加成率估计的样本期取在 90 年代中期以后，具有较为现实的

经济意义。分析与（11）式有关的中国全社会工业行业数据，可以获得完

整数据序列的样本期是 1993~2007 年，包括工业行业名义增加值序列、行

业职工工资序列。经由行业职工工资序列，我们可以对行业劳动工资总额

$(w \cdot N)$ 进行匡算，在此基础上估算名义劳动报酬增长率 $\left(\dfrac{\Delta N}{N} + \dfrac{\Delta w}{w}\right)$ 及劳动

要素份额 $\alpha = \dfrac{wN}{pQ}$。因此，在名义劳动报酬序列可以获得的情况下，名义资

本报酬及其增长率 $\left(\dfrac{\Delta K}{K} + \dfrac{\Delta r}{r}\right)$ 可以通过（12）式匡算：

$$名义资本报酬 = 名义增加值 - 名义劳动报酬 \qquad (12)$$

（12）式可用于估算全社会工业行业的加成率状况，《中国工业经济统计年鉴》和《中国经济贸易年鉴2005》提供了与（12）式有关的原始数据。但是，如果将各省市工业行业的市场结构纳入分析视野，这个式子却不适用，因为不易获得各个省市比较全面的工业行业劳动报酬数据。一个替代的方法是，我们可以通过对各省市工业行业资本报酬进行匡算，推算劳动报酬份额及相应增长率：

$$名义资本报酬 = 折旧 + 毛利润$$
$$（产品销售收入 - 产品销售成本 - 产品销售费用） \qquad (13)$$

《中国工业经济统计年鉴》提供了1999～2007年各省市工业25个行业比较完整的变量数据序列，包括2001～2007年完整的工业行业名义增加值、折旧、产品销售收入（成本、费用）或销售利润序列。名义劳动报酬份额及其增长率可以通过下式估算：

$$名义劳动报酬 = 名义增加值 - 名义资本报酬 \qquad (14)$$

二　全社会工业行业加成率估算

对于全社会工业行业加成率的估计，我们选取的样本期是1993～2007年，虑及统计口径问题，本章把1998～2007年全社会工业行业的市场结构作为重点进行分析，因此，实际上是对规模及以上工业行业的竞争状况给出评估。

　　根据前文步骤，我们首先给出全社会工业各行业 1998～2007 年劳动报酬份额的估计，直观列示于图 5－1 中。图 5 显示了 36 个工业行业劳动报酬份额（α）分布，及其 10 年里的变化趋势。灰色的平行四边形区域，是名义劳动报酬份额（α）分布最为集中之所在，大致为区间（0.15，0.35）。但是，从动态角度看，α 的均值表现出显著的下降趋势，由 1998 年的 0.30 下降到 2007 年的 0.16，灰色区域发生向下倾斜。

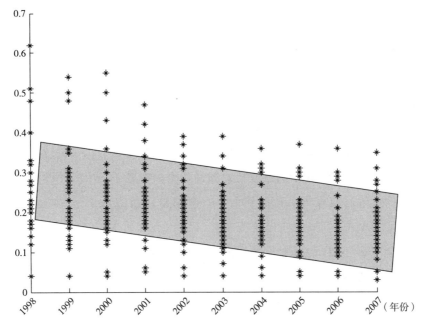

图 5－1　1998～2007 年全社会工业行业劳动报酬份额（α）
数据来源：历年《中国工业经济统计年鉴》，《中国经济贸易年鉴 2005》。

　　从名义劳动报酬份额（α）开始，联系工业行业名义增加值，运用（11）式可以获得工业行业加成率的估计，具体结果如下（见表 5－1，细节列于本章附录 1）。

　　首先，总体来看，模型估算结果与直观印象基本吻合。在所观察的 36 个工业行业中，比较显著的垄断力量存在于采掘业或政府垄断行业中。

　　从采掘业看，石油和天然气开采业在所考察的 36 个工业行业中具有最大的加成率数值 2.38，即具有最高的市场垄断力量，与石油和天然气资源的国家垄断密切相关。黑色金属矿采选业、有色金属矿采选业、煤炭采选业、非金属矿采选业的加成率数值分别为 1.47、1.32、1.28、1.22，也显示了较为显著的市场垄断力，这种垄断力的存在，与资源开采行业较高的成本壁垒有关。与电力蒸汽热水的生产供应业、自来水的生产供应业相比，煤气生产和供应业表现出了更加显著的市场垄断力量（加成率2.33）。而在政府力量广泛存在的电力蒸汽热水（加成率1.05，接近1）和自来水生产供应两行业（加成率1.05，接近1），其市场行为却表现出完全竞争的状况，之所以会出现这种情况有两种可能性：一是政府垄断部门的生产供应存在定价偏低的问题，从而导致价格趋近边际成本的倾向；二是政府垄断部门存在生产供应成本偏高的问题，从而导致边际成本趋近价格的倾向。

其次，制造业的市场结构给人的印象较深刻，除了少数制造业外，绝大多数制造业行业表现出了程度较弱的垄断力或完全竞争的市场结构。

表 5-1 所展示的 28 个制造业行业的加成率，构成了一个由各种市场竞争程度所构成的行业市场结构的谱系。一个稍嫌武断的划分是，如果我们把 $(u-1) \geqslant 0.3$——较强的市场垄断和 $(u-1) < 0.3$——较弱的市场垄断（或完全竞争），作为行业市场垄断程度的度量，那么，可以对 28 个制造业行业市场结构做一个大致的划分。首先考察具有较强市场垄断程度的行业。表现出 $(u-1) \geqslant 0.3$ 的制造业行业有 4 个：木材加工及竹、藤、棕、草制品业，印刷业、记录媒介的复制，黑色金属冶炼及压延加工业，有色金属冶炼及压延加工业，对应的 u 值分别为 2.00、1.43、1.37、1.3；这几个行业要么是资源密集使用的工业行业，如黑色金属和有色金属冶炼及压延加工业，要么是具有专有技术的工业行业，如木材加工及竹、藤、棕、草制品业。

与这 4 个行业比较起来，其他 24 个制造业行业的加成率估算值稍低。可以把这 24 个行业进一步分为两类：一类是完全竞争行业（$u \approx 1$）；一类是带有一定程度垄断力的行业（u 值稍大的行业）。完全竞争行业（$u \approx 1$）包括：橡胶制品业，文教体育用品制造业，金属制品业，皮革、毛皮、羽绒及其制品业，家具制造业，服装及其他纤维制品制造业，电子及通信设备制造业7个制造业行业。剩下的17个制造业行业，它们的加成率分布于1.05~1.19的区间里。

表 5 – 1　1998~2007 年全社会工业行业加成率（u）

序号	指　　标	勒纳指数 B	t–检验值	adj-R^2	$D.W.$	加成率 u
1	煤炭采选业	0.22	3.59	0.57	1.41	1.28
2	石油和天然气开采业	0.58	8.99	0.90	1.99	2.38
3	黑色金属矿采选业	0.32	5.06	0.73	1.57	1.47
4	有色金属矿采选业	0.24	7.87	0.87	2.36	1.32
5	非金属矿采选业	0.18	7.83	0.81	2.09	1.22
6	食品加工业	0.13	3.22	0.84	1.68	1.15
7	食品制造业	0.12	31.47	0.98	1.78	1.14
8	饮料制造业	0.15	11.44	0.96	2.27	1.18
9	烟草加工业	0.05	3.21	0.54	2.31	1.05
10	纺织业	0.11	5.17	0.74	1.55	1.12
11	服装及其他纤维制品制造业	– 0.05 *	– 1.88	0.54	2.23	0.95
12	皮革、毛皮、羽绒及其制品业	– 0.04	– 2.77	0.50	1.56	0.96
13	木材加工及竹、藤、棕、草制品业	0.50	8.78	0.80	1.59	2.00
14	家具制造业	– 0.04 **	– 1.13	0.64	1.49	0.96
15	造纸及纸制品业	0.11	14.78	0.97	1.93	1.12
16	印刷业、记录媒介的复制	0.30	12.44	0.98	1.89	1.43
17	文教体育用品制造业	– 0.02 **	– 1.09	0.02	2.20	0.98
18	石油加工及炼焦业	0.13	2.43	0.69	1.90	1.15
19	化学原料及化学制品制造业	0.16	4.61	0.74	1.84	1.19
20	医药制造业	0.10	6.24	0.82	2.04	1.11
21	化学纤维制造业	0.08 **	1.37	0.09	1.95	1.09
22	橡胶制品业	0.00	– 0.13	0.29	1.64	1.00

续表

序号	指　标	勒纳指数 B	t - 检验值	adj-R^2	D. W.	加成率 u
23	塑料制品业	0.06	4.75	0.66	1.93	1.06
24	非金属矿物制品业	0.13	6.87	0.84	2.13	1.15
25	黑色金属冶炼及压延加工业	0.27	11.75	0.94	1.24	1.37
26	有色金属冶炼及压延加工业	0.23	15.25	0.93	1.58	1.30
27	金属制品业	- 0.03	- 2.40	0.73	2.27	0.97
28	普通机械制造业	0.12	4.90	0.72	1.47	1.14
29	专用设备制造业	0.11	19.22	0.99	1.47	1.12
30	交通运输设备制造业	0.09	5.48	0.79	1.87	1.10
31	电气机械及器材制造业	0.07	6.06	0.90	2.15	1.08
32	电子及通信设备制造业	- 0.06	3.45	0.56	2.06	0.94
33	仪器仪表及文化、办公用机械制造业	0.11	3.82	0.95	1.94	1.12
34	电力、蒸汽、热水的生产和供应业	0.05	3.19	0.73	1.80	1.05
35	煤气生产和供应业	0.57	108.02	0.99	2.55	2.33
36	自来水的生产和供应业	0.04	2.76	0.90	2.27	1.04

注：* 表示在 10% 的水平上显著；** 表示不显著；其他在 5% 的水平上显著。

三　省际工业行业加成率

我们使用《中国工业经济统计年鉴》数据来观察省际工业行业加成率，针对有关问题的比较完整的时间序列较短，只有 2001 ~ 2007 年这段时期。同时，年鉴提供了具有连续数据的 25 个工业行业，包括 20 个制造业行业。经过试算，表 5 - 2 汇报了 28 个省市 17 个行业加成率估计，第一栏为工业行业名称及其序号，与表 5 - 1 一致。

有必要对估算数据做一个补充说明。表 5 - 2 及续表中变量的所有回归结果，有 3/4 显著，不显著的那些回归结果几乎在各个省份都有表现，但是在西部地区省份出现较多。估计结果不显著的原因，可能与模型原始变量数值（如增加值）相对较小，误差相对较大有关。此外，一些在统计上显著但数值明显较低的 u——如 0.6、0.5，也不具有现实意义，这些数值的出现，也可能与数据误差有关，但由于数量较少，舍弃类似数据不会对判断产生实质性影响。

　　总的来看，表5－2及续表给予我们这样的印象：省际各个制造业行业的市场结构倾向于程度较弱的垄断力或完全竞争，而具有明显垄断力的市场只是零星分布在少数行业中。这一现象与表5－1全社会工业行业加成率的估算结果类似：（1）省际制造业行业较强的垄断力。沿用前文关于市场垄断力的划分（回顾 $u-1$ 的划分），除了极个别行业——如金属制品业外，数值较大的加成率（$u \geqslant 1.3$）随机分布在各省市的各类制造业行业，但这种随机分布的市场垄断力不是普遍现象。（2）较弱的市场控制力或完全竞争，是省际制造业行业的普遍特征。从加成率的数值分布看，制造业行业的这种竞争性市场特征与区域工业化程度没有必然的联系，即无论是东部地区的省份，还是中西部地区的省份，较低的行业加成率的分布都是广泛的。

表5－2　2001~2007年28个省市17个工业行业加成率（u）

省　　市	6. 食品加工	7. 食品制造	10. 纺织	15. 造纸及纸制品	19. 化学原料及化学制品制造	20. 医药制造	21. 化学纤维制造	24. 非金属矿物制品
北　京	NaN	1.1	1.2	1.5	1.3	0.8	0.5	NaN
天　津	0.7	0.9	1.0	0.9	NaN	NaN	NaN	0.8
河　北	1.2	1.1	1.0	0.9	1.1	1.5	1.5	1.1
山　西	1.2	1.0	1.4	NaN	NaN	0.9	NaN	0.9
内蒙古	1.3	1.1	1.3	0.6	NaN	1.2	0.8	1.2
辽　宁	1.2	0.8	1.1	0.9	NaN	1.2	1.4	0.9
吉　林	NaN	NaN	0.9	NaN	1.6	0.9	1.2	NaN
黑龙江	NaN	0.9	1.0	1.2	NaN	NaN	0.9	1.0
上　海	NaN	0.9	1.0	0.8	0.6	0.8	0.9	0.9
江　苏	1.1	1.1	1.0	0.9	1.1	0.9	NaN	1.1
浙　江	1.2	NaN	1.3	0.9	1.2	1.1	0.9	1.1
安　徽	1.0	NaN	1.1	1.2	0.9	0.9	NaN	0.9

续表

省 市	6. 食品加工	7. 食品制造	10. 纺织	15. 造纸及纸制品	19. 化学原料及化学制品制造	20. 医药制造	21. 化学纤维制造	24. 非金属矿物制品
福 建	1.2	NaN	NaN	1.1	NaN	1.1	NaN	1.1
江 西	1.0	1.2	1.0	NaN	0.8	1.0	NaN	1.1
山 东	NaN	1.1	1.0	1.0	1.2	0.8	NaN	1.1
河 南	1.1	1.1	NaN	1.1	0.9	1.0	NaN	1.0
湖 北	NaN	1.1	1.0	1.2	1.2	1.2	NaN	0.9
湖 南	1.5	1.1	1.1	0.8	NaN	1.2	NaN	NaN
广 东	1.2	0.9	1.2	1.1	1.1	1.3	NaN	1.3
广 西	0.8	1.1	1.2	NaN	1.1	1.0	NaN	NaN
四 川	NaN	1.1	1.0	1.0	NaN	1.0	NaN	0.9
贵 州	NaN	0.8	0.9	NaN	NaN	NaN	0.7	NaN
云 南	NaN	NaN	NaN	0.9	NaN	1.0	1.0	1.2
陕 西	NaN	1.1	1.1	NaN	NaN	0.9	NaN	0.7
甘 肃	NaN	NaN	1.1	0.9	0.8	NaN	NaN	1.3
青 海	2.4	NaN	NaN	NaN	NaN	NaN	NaN	0.9
宁 夏	NaN	NaN	0.9	NaN	NaN	NaN	NaN	0.7
新 疆	NaN	3.1	1.3	0.9	1.1	NaN	NaN	1.2
$Adj\text{-}R^2$, DW	0.68, 2.07	0.62, 2.29	0.79, 2.28	0.41, 2.11	0.42, 2.32	0.21, 2.26	0.40, 2.34	0.89, 1.76

省 市	25. 黑色金属冶炼及压延加工	26. 有色金属冶炼及压延加工	27. 金属制品	28. 普通机械制造	29. 专用设备制造	30. 交通运输设备制造	31. 电气机械及器材制造	32. 电子及通信设备制造	33. 仪器仪表及文化、办公用机械制造
北 京	0.7	NaN	1.2	1.2	0.6	1.2	1.3	1.1	1.3
天 津	0.6	0.7	0.9	0.6	0.5	NaN	—	1.4	0.8
河 北	0.9	0.6	1.1	1.1	1.0	1.1	1.0	0.9	NaN
山 西	0.9	1.0	NaN	1.0	0.7	—	0.5	NaN	3.2
内蒙古	1.6	1.2	NaN	1.0	1.2	1.2	0.9	NaN	NaN

118

续表

省　市	25. 黑色金属冶炼及压延加工	26. 有色金属冶炼及压延加工	27. 金属制品	28. 普通机械制造	29. 专用设备制造	30. 交通运输设备制造	31. 电气机械及器材制造	32. 电子及通信设备制造	33. 仪器仪表及文化、办公用机械制造
辽　宁	NaN	NaN	0.9	1.0	1.0	0.9	0.8	1.0	0.9
吉　林	1.3	NaN	1.0	0.8	0.8	0.8	0.5	NaN	NaN
黑龙江	1.1	NaN	0.8	NaN	2.1	1.1	0.8	0.9	NaN
上　海	1.2	NaN	0.9	1.0	0.9	0.3	0.9	0.9	0.6
江　苏	1.1	1.0	1.0	1.1	1.0	1.1	1.1	1.1	0.9
浙　江	0.8	1.1	1.0	0.9	1.0	1.0	1.0	1.2	1.0
安　徽	0.9	1.3	0.9	1.0	0.9	1.0	1.0	1.0	0.9
福　建	1.0	NaN	1.0	0.9	0.7	1.0	0.8	1.1	1.1
江　西	0.7	0.7	0.8	1.1	1.1	1.0	1.0	0.8	NaN
山　东	1.1	NaN	0.9	1.0	1.0	1.0	0.9	1.0	1.0
河　南	0.9	1.1	1.1	1.0	1.0	0.9	1.0	0.9	NaN
湖　北	1.6	NaN	1.0	0.9	1.1	0.8	0.9	1.1	NaN
湖　南	0.9	0.9	1.2	1.1	1.6	1.3	1.0	NaN	0.5
广　东	0.9	1.3	1.1	1.0	1.1	0.6	1.0	1.0	0.9
广　西	NaN	0.9	0.9	0.7	0.8	0.8	1.0	NaN	1.6
四　川	0.8	NaN	NaN	1.0	1.0	0.9	0.9	1.1	0.8
贵　州	0.9	1.1	0.8	1.2	NaN	NaN	1.3	0.4	NaN
云　南	NaN	NaN	NaN	1.1	0.9	0.8	1.2	1.2	NaN
陕　西	NaN	NaN	0.6	1.0	0.8	0.9	1.1	0.6	NaN
甘　肃	0.5	1.3	NaN	0.9	1.0	NaN	0.8	1.3	1.7
青　海	0.8	NaN	NaN	1.4	NaN	0.7	1.8	NaN	NaN
宁　夏	NaN	NaN	0.7	1.2	NaN	NaN	0.9	NaN	NaN
新　疆	NaN	0.6	1.1	0.9	NaN	0.5	1.2	NaN	NaN
$Adj\text{-}R^2$, DW	0.58, 2.33	0.42, 2.23	0.38, 2.15	0.48, 2.10	0.24, 2.31	0.44, 2.19	0.45, 2.04	0.38, 2.28	0.20, 2.16

注：NaN 为不显著；—为 u 小于 0。

第五节 市场结构与规模经济：进一步分析

在展开具体分析之前，我们有必要对市场结构与规模经济的关系进行一下梳理。规模经济分为内部规模经济和外部规模经济两类，Junius（1997）在这两类规模经济之中纳入时间因素，因此每类规模经济又有静态和动态之分。就内部规模经济而言，按照 Junius 的思路，静态内部规模经济存在于特定时点上产出扩张所导致的成本降低，主要源于不可分性或专业化分工；动态内部规模经济存在于累积性产出扩张所导致的成本降低，这个过程即通常所谓的"学习效应"。一般认为，内部规模经济往往与生产向单个企业的集中相伴，存在于不完全竞争的市场结构之中，且导致程度不同的市场控制力。沿着这种思路分析，前文 Hall – Roeger 模型所涉及的加成率估计，实际上是对产业内部规模经济状况的一个评价。

让我们再回到本章的模型和实证结论，看看估算数据所包含的一些有意思的经济意义。计量结果显示，无论是在全社会还是在省际层面，工业行业中弱市场垄断力（垄断竞争）或完全竞争，成为 20 世纪 90 年代末期以来中国工业部门广泛存在的现象，即代表市场控制力的加成率普遍较低。换句话说，90 年代末期以来，中国工业行业经历了一次内部规模经济弱化的时期。从动态角度来讲，中国工业行业由累积性产出扩张所导致的规模报酬效应较弱，或者说内部规模报酬赖以增长的"学习效应"在这段时期较小。本章的这个统计结论，与现有文献的一些分析有相似之处。如张平、刘霞辉、王宏淼（2011）认为，在 90 年代中后期，外资的技术外溢和"干中学"使中国制造业逐步具备全球竞争优势，确立了中国作为"全球加工厂"的地位。但是，随着中国技术进步水平和国际之间的差距不断缩小，"干中学"的效应出现递减，而城市化和资本项目的不断开放又启动了资源和要素价格的重估，中国经济增长模式发生了新的变化。同时，依赖于劳动力资源禀赋的中国工业化模式，在专业化分工获益方面也有很大的局限性。但是，由于规模经济路径本身具有锁定效应，工业增长动力的重塑不能单纯依靠市场力量。

联系加成率计量结果，Hall – Roeger 模型本身所包含的意义也很有趣。当加成率接近 1，勒纳指数近似于 0，此时模型恢复到 Solow 残差的本来面目。有鉴于此，在中国工业单个行业层面看，经典 Solow 核算方法基本可用，误差不是很多。但是，或许下面的经济意义更值得关注。内部规模经济弱化的事实，自然使人们联想到具有政策意义的外部规模经济问题。就理论而言，外部规模经济产生于企业或产业外部技术或知识的溢出效应，典型如经济活动的空间集聚、人力资本积累或研发的外部性。也正是从这种意义上来说，外部规模经济具有较强的政策含义。与之相关的一个有趣的理论问题是，外部性与完全竞争相容——按照赫尔普曼和克鲁格曼（1993）的说法，这是一种公司或产业水平上的规模报酬不变，而社会的递增报酬以外部经济形式出现的情况。因此，本章计量结果所显示的工业行业弱市场控制的状况，为外部性问题的深入研究也提供了一些依据。

第六节　结论

Hall – Roeger 方法在估算行业市场结构方面的简洁性，给人印象深刻。本章即是这种方法在中国工业行业加成率估算方面的一个尝试性应用，包括全社会工业行业的加成率估算和省际工业行业的加成率估算。计量过程的实施，基本上达到了运用数值直观标定市场结构的目的，从而提供了工业行业市场结构的一个比较完整的"地图"。计量分析所得到的结果比较简洁，即无论从全社会工业化行业来看，还是从省际工业行业来看，具有较强市场垄断力量的行业只有极少数，较低程度的市场控制力或完全竞争，是 20 世纪 90 年代以来中国工业行业的普遍特征。这种统计结论包含了一些有意思的经济意义。首先，就像一些研究所揭示的那样，本章关于工业行业加成率普遍低下的事实，意味着近年来工业部门出现了弱化的内部规模经济，换句话说，中国工业似乎正经历着学习效应或专业化效应递减的问题。一个值得探讨的具有理论和政策意义的思路是，通过发挥外部规模经济效应，弥补内部规模经济弱化的问题，而中国正在经历的城市化过程，无疑为工业部门外部规模经济的发挥，提供了历史机遇。

参考文献

［1］陈刚、金通、倪焱：《过度竞争的本质与我国过度竞争的阶段性分析》，《杭州科技》2005 年第 1 期。

［2］赫尔普曼、克鲁格曼：《市场结构和对外贸易》，尹翔硕译，上海三联书店，1993。

［3］孙巍、武治国、李立明：《产业技术特征与市场结构分化》，《东北师大学报》（哲学社会科学版）2008 年第 3 期。

［4］杨蕙馨：《集中度、规模与效率》，《文史哲》2001 年第 1 期。

［5］张平、刘霞辉、王宏淼：《中国经济增长前沿 II》，中国社会科学出版社，2011。

［6］Caballero, R. J. and Lyons, R. K., "The Role of External Economies in U. S. Manufacturing," *NBER Working Papers* 3033, 1989.

［7］Caballero, R. J. and Lyons, R. K., "Internal Versus External Economies in European Industry," *European Economic Review*, Elsevier, Vol. 34 (4) (1990), pp. 805 – 826.

［8］Das, Sandwip K. and Manoj Pant, "Measuring Market Imperfection in the Manufacturing Sector: Theory and Evidence from India," J. Int. Trade & Economic Development, Vol. 15, No. 1 (2006), pp. 63 – 79.

［9］Fedderkea, J., Kularatneb, C. and M. Mariotti, "Mark up Pricing in South African Industry," *Journal of African Economies*, Vol. 16, No. 1 (2006), pp. 28 – 69.

［10］Hall, R. E., "The Relation between Price and Marginal Cost in U. S. Industry," *Journal of Political Economy*, Vol. 96, No. 5 (1988), pp. 921 – 947.

［11］Hall, R. E., "The Invariance Properties of Solow's Productivity Residual," in P. Diamond (ed.), *Growth, Productivity, Unemployment*, MIT Press, Cambridge MA, 1990.

［12］Junius, K., "Economies of Scale: A Survey of Empirical Literature," Kiel Institute of World Economics Working Paper Series 813, 1997.

［13］Kaskareli, I. A., "Inflation and the Mark-Up in UK Manufacturing Industry," Oxford Bulletin of Economics and Statistics, Vol. 55, No. 4 (1993), pp. 391 – 407.

［14］Martins, J. O., Scarpetta S. and Pilat, D., "Mark-Up Ratios in Manufacturing Industries, Estimates for 14 OECD Countries," OECD Economics Department Working Paper, No. 162 (1996).

［15］Roeger, W., "Can Imperfect Competition Explain the Difference between Primal and Dual Productivity Measures? Estimates for US manufacturing," *Journal of Political Economy*, Vol. 103, No. 2 (1995), pp. 316 – 330.

附录 1：Hall – Roeger 方法：1998~2007 年

序号	指标	B	t-检验值	常数项C	t-检验值	ar(1)	t-检验值	ma(1)	t-检验值	ma(2)	t-检验值	adj-R^2	DW
1	煤炭采选业	0.22	3.59	-0.89	-0.90							0.57	1.41
2	石油和天然气开采业	0.58	8.99	-0.11	-0.44							0.90	1.99
3	黑色金属矿采选业	0.32	5.06	-0.30	-0.41							0.73	1.57
4	有色金属矿采选业	0.24	7.87	0.16	1.02							0.87	2.36
5	非金属矿采选业	0.18	7.83	0.16	2.00			-0.96	-14.52	-0.49	-1.13	0.81	2.09
6	食品加工业	0.13	3.22	0.06	1.80	0.68	2.78	0.49	176.35	0.95	37.73	0.84	1.68
7	食品制造业	0.12	31.47	0.04	4.00							0.98	1.78
8	饮料制造业	0.15	11.44	-0.02	-4.12	-0.97	-3.73			-0.97	-9.32	0.96	2.27
9	烟草加工业	0.05	3.21	0.01	0.16	-0.82	-2.82					0.54	2.31
10	纺织业	0.11	5.17			0.29	0.77					0.74	1.55
11	服装及其他纤维制品制造业	-0.05	-1.88	-0.12	-4.75			-0.99	-1314.27			0.54	2.23
12	皮革、毛皮、羽绒及其制品业	-0.04	-2.77	-0.10	-4.18	-0.64	-1.74					0.50	1.56

续表

序号	指标	B	t-检验值	常数项 C	t-检验值	ar(1)	t-检验值	ma(1)	t-检验值	ma(2)	t-检验值	adj-R²	DW
13	木材加工及竹、藤、棕、草制品业	0.50	8.78	2.29	1.31			0.91	4.64			0.80	1.59
14	家具制造业	-0.04	-1.13	-0.41	11.60					-0.98	-1901.44	0.64	1.49
15	造纸及纸制品业	0.11	14.78	0.04	3.43							0.97	1.93
16	印刷业、记录媒介的复制	0.30	12.44	0.11	2.81	-0.61	-7.08			-0.98	-6942.04	0.98	1.89
17	文教体育用品制造业	-0.02	-1.09	-0.22	-3.21							0.02	2.20
18	石油加工及炼焦业	0.13	2.43	-0.09	-0.61	-0.82	-4.70	0.91	6.12	0.72	2.68	0.69	1.90
19	化学原料及化学制品制造业	0.16	4.61	0.04	0.45			0.01	0.03			0.74	1.84
20	医药制造业	0.10	6.24	0.02	0.58			0.07	1.26	0.96	46.03	0.82	2.04
21	化学纤维制造业	0.08	1.37	-0.37	-1.65							0.09	1.95

续表

序号	指标	B	t-检验值	常数项C	t-检验值	ar(1)	t-检验值	ma(1)	t-检验值	ma(2)	t-检验值	$adj-R^2$	DW
22	橡胶制品业	0.00	-0.13	-0.34	-6.23					-0.92	-15.87	0.29	1.64
23	塑料制品业	0.06	4.75	-0.05	-1.30					0.85	7.16	0.66	1.93
24	非金属矿物制品业	0.13	6.87	0.12	2.07							0.84	2.13
25	黑色金属冶炼及压延加工业	0.27	11.75	0.33	2.46			0.99	3029.34			0.94	1.24
26	有色金属冶炼及压延加工业	0.23	15.25	0.26	2.89			0.99	14.47			0.93	1.58
27	金属制品业	-0.03	-2.40	-0.13	-2.36			0.99	23.52			0.73	2.27
28	普通机械制造业	0.12	4.90	0.06	0.77							0.72	1.47
29	专用设备制造业	0.11	19.22	0.02	0.26			0.57	3.36	2.59	2.18	0.99	1.47
30	交通运输设备制造业	0.09	5.48	-0.03	-0.64							0.79	1.87
31	电气机械及器材制造业	0.07	6.06	-0.11	-3.23	-2.60	-2.37					0.90	2.15

续表

序号	指标	B	t‑检验值	常数项 C	t‑检验值	ar（1）	t‑检验值	ma（1）	t‑检验值	ma（2）	t‑检验值	adj‑R^2	DW
32	电子及通信设备制造业	-0.06	3.45	-0.12	-8.66	-0.87	-3.86					0.56	2.06
33	仪器仪表及文化、办公用机械制造业	0.11	3.82	-0.02	-0.43	0.18	1.00	-0.99	-1833.75			0.95	1.94
34	电力、蒸汽、热水的生产和供应业	0.05	3.19	-0.03	-1.81	-0.64	-4.33	0.99	3399.28			0.73	1.80
35	煤气生产和供应业	0.57	108.02	2.31	1.33	-0.53	-9.01	0.99	558.24			0.99	2.55
36	自来水的生产和供应业	0.04	2.76	-0.17	-6.34	-0.25	-0.55	-2.43	-2.24			0.90	2.27

第六章 区域增长效率的差异
——一个统计案例*

第一节 区域劳动生产率差异和
关联的描述性分析

作为国家或区域经济发展绩效的最重要的衡量指标，劳动生产率问题一直受到研究者和政策制定者的重视——"生产率不是一切，但长期中它几乎就是一切"（Krugman，1990），因此，理解区域劳动生产率的差异和关联状况，是理解一国经济发展现状和发展趋势的重要基础。近年来，中国城市化过程的提速及城市化集聚效应的增强，一方面，推动了经济总量的扩大和生产率的提高；另一方面，劳动生产率水平的区域不平衡问题也值得关注。于是一个自然而然的问题出现了：如何解读中国区域劳动生产率差异与关联状况，以及问题背后的增长内涵是什么？针对这样一个问题，本章提供了一个与现有文献稍有不同的视角，在局部线性空间模型的框架下进行尝试性分析。

我们先从中国劳动生产率的区域分布的简单描述开始，以获得对劳动生产率关联与差异的一个直观印象。图 6-1（a）、（b）提供了 2007 年中国286 个城市劳动生产率空间分布和空间差异的点状地图，总体印象是：从图

＊ 本文发表于《经济学（季刊）》2011 年第 2 期，原文题目为《劳动生产率：关联与差异——基于 GWR 模型的分析》（社科基金资助论文，10BJY004）。

6-1（a）看，中国城市劳动生产率呈现较为显著的空间分布不均匀特征，如图中深色块状点（代表较高水平的劳动生产率）所示，高劳动生产率城市广泛集聚于我国东部地区，低劳动生产率城市分布于西部和中部地区；为了进一步明晰这种印象，图 6-1（b）提供了 286 个城市劳动生产率空间差异性的一个检验——局部空间关联检验（LISA），如深色圈状点（代表劳动生产率局部空间集聚和关联显著）所示，中国劳动生产率空间分布主要表现为东部和西部的集聚，并由东西两个方向朝中部辐射，广大中部地区城市劳动生产率的空间关联则不甚显著。

对于劳动生产率空间分布的差异性和集聚性，我们可以运用一些简单的统计数据进一步说明：（1）劳动生产率差异①。如果以地区生产总值与年末从业人数表示劳动生产率，从数据表现来看，2007 年，东部地区 114 个城市的劳动生产率平均为 27.0 万元/人，变异系数为 0.34；中部地区 110 个城市的劳动生产率平均为 19.8 万元/人，变异系数为 0.41；西部地区 62 个城市的劳动生产率平均为 17.7 万元/人，变异系数为 0.34。东部地区城市劳动生产率分别比中、西部地区城市高 36% 和 53%，中部地区城市劳动生产率比西部地区高 12%，东部与中西部劳动生产率差异显著，但中部和西部城市劳动生产率差别不大。因此，中国城市劳动生产率的空间差异主要表现在东部地区与中西部地区之间。（2）劳动生产率集聚和空间模式。对于区域劳动生产率差异状况，我们也可以提供东、中、西部劳动生产率方差与相应均值的对比，即标准差系数或变异系数进行观察。简单的统计分析表明，2007 年，东部地区 114 个城市的劳动生产率变异系数为 0.34；中部地区 110 个城市的劳动生产率变异系数为 0.41；西部地区 62 个城市的劳动生产率变异系数为 0.34。因此，可以认为，尽管东部区域城市劳动生产率处在一种相对较高的水平，而西部地区劳动生产率处在一种相对较低的水平，与中部地区城市相比，东部和西部城市劳动生产率呈现较为"均

---

① 对于我国东部、中部和西部所包括省份的划分，我们采用的是中经网统计数据库的方法，具体参见本章第四节。所用数据为市辖区数据。

匀"的分布。东、中、西部城市劳动生产率的这种空间模式，实际上与图6-1（b）提供的局部空间关联检验（LISA）所产生的统计结果相似，由此，我们认为，中国城市劳动生产率的空间模式可以大致概括为：区域劳动生产率在东部和西部表现出了比较显著的集聚特征，即两个区域的城市劳动生产率分别表现出各自的区域性或集聚性，但是中部地区城市劳动生产率的分布没有表现出类似的匀质性。（3）集聚与发展潜力。区域经济聚集性和空间相关性之所以受到越来越多的关注，原因是，作为区域经济发展相互促进的集聚和空间相关，有利于挖掘区域内经济一体化和均衡发展的潜力，且对周边具有正的扩散效应，亦有利于周边区域的发展。

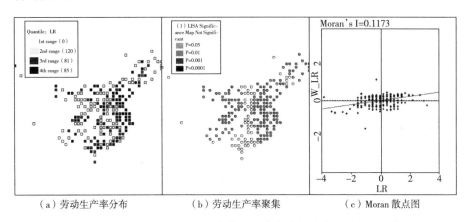

（a）劳动生产率分布　　　　（b）劳动生产率聚集　　　　（c）Moran 散点图

图 6-1　2007 年中国 286 个城市劳动生产率空间分布和空间差异状况

注：图 6-1（a）、（b）中数据来源于 2008 年《中国城市统计年鉴》；图中 286 个城市为地级以上市；LR 为对数化劳动生产率；LISA Significance Map 是局部空间关联性的 Moran 检验地图。图 6-1（c）中 W_LR 为空间相关因子，即空间矩阵 W 加权的城市劳动生产率：W_LR；Moran's I 可以看作 W_LR 与 LR 的线性回归系数，即图中斜线的斜率。

　　立足于空间计量模型来对区域集聚和关联进行表述，是一件有趣的事情。尤其是对于长期受到关注的中国区域发展不均衡问题，这种方法论更有其实践价值。从上述我们对区域劳动生产率空间模式的归纳看，较为显著的东、西部区域城市劳动生产率集聚与关联，与相对"离散"（outliers）的中部区域劳动生产率分布，共同构成了中国劳动生产率的空间模式。如果我们以"全局相关"（global spatial autocorrelation）这个空间统计中常用的指标，来衡量所有 286 个城市劳动生产率的区域相关性，那么，由于空间集聚或空间异质性的存在，这个"全局相关"指标或 Moran's I 指数值可能不高，因为 Moran's I 指数是具有集聚性或离散性的各个区域"局部相关"（local spatial autocorrelation）指数或 LISA 指数（local Moran statistics）的空间加总。对于这一点，我们提供了 2007 年 286 个城市劳动生产率的 Moran's I 检验 [见图 6 - 1 （c）]，该值为 0. 11，说明存在全局正相关但是空间正相关程度较小（ -1≤Moran's I≤1）。结合这种认识及前文关于 286 个城市劳动生产率区域分布和差异的分析，我们拟引入局部空间线性模型，对中国城市劳动生产率增长的空间关联及影响因素展开尝试性分析。本章安排如下：第二节是文献综述及我们的一个评述；第三节是对适合于劳动生产率空间异质性分析的局部线性空间模型（locally linear spatial models）即地理加权回归模型（Geographically Weighted Regression，GWR）的引入；第四节是模型运用和实证分析；第五节是本章的结论。

第二节　文献综述

鉴于中国城市劳动生产率的显著的空间集聚状况，本章研究立足于局部空间经济计量框架，在此基础上对城市劳动生产率增长的一些重要影响因素进行探索。我们的研究充分借鉴了国内外现有研究的成果，并试图将一种比较新颖的分析视角引入进来。

从国内文献看，近年来将前沿性研究技术纳入中国劳动生产率分析的文献已经出现，尽管数量不多，但是预示了劳动生产率分析的方法论趋势。许垚（2005）运用横截面分析法和时间序列分析法，对中国三次产业劳动生产率的趋同状况进行了考察，认为 1990 ~ 2002 年三次产业劳动生产率表现出了趋同现象。陈良文等（2008）根据北京市 2004 年经济普查数据，对北京市劳动生产分布进行了考察，研究认为，市内各地区的劳动生产率差异非常显著，其差异程度不亚于各市间、各省间的差异水平。高巍（2009）运用指数分析方法，对 1978 ~ 2005 年中国劳动生产率的影响因素进行了分解，认为劳动生产率在增长过程中，就业结构变动对劳动生产率的促进效应越来越小，因此经济增长越来越依靠行业自身劳动生产率的提高。基于Kaldor - Verdoorn 规律，辛永容、陈圻（2009）对我国制造业劳动生产率的规模效应进行了分析，认为我国制造业劳动生产率在 1995～2006 年存在规模递增效应，但地区间劳动力流动对生产率增长的贡献较小。高帆、石磊（2009）采用指数方法，实证研究了 1978～2006 年我国内地 31 个省市劳动生产率的收敛性问题，结果显示，劳动生产率增长率表现出东部领先背景下的有限收敛，劳动生产率绝对值则表现出东部占优条件下的相对发散，这种格局在 1993 年之后有相对增强态势。刘修岩（2009）基于中国 2003～2006 年的城市面板数据，通过就业密度、城市相对多样化水平和相对专业化水平等集聚经济因素对城市非农劳动生产率的影响进行了实证分析，认为在控制住其他影响因素后，城市就业密度和相对专业化水平对其非农劳动生产率存在着显著的正向影响。

近年来，国外关于劳动生产率的研究文献，出现了与空间关联和空间集聚理论方法日益融合的趋势，并成为前沿性研究方向之一。运用非参数估计方法，Temel et al.（1999）对 1975～1990 年土耳其省际劳动生产率的空间模式进行了分析，认为劳动生产率的空间分布的极化趋势显著。在空间自相关模型的框架下，Pons - Novell and Viladecans - Marsal（1999）对欧盟地区 1984～1992 年的增长模式进行了检验，认为区域劳动生产率的增长与制造业产出增长正相关，且区域间劳动生产率增长的外部性显著。Kamarianakis and Gallo（2004）认为，经济过程可以表征为经济活动空间关联和区域集聚的过程，基于欧盟 1975～2000 年 15 国 295 个地区的数据和空间相关检验工具，他们对这些地区的劳动生产率差异状况进行了考察，并对区域劳动生产率分布的中心——外围空间模式进行了识别。运用西班牙 48 个区域 1980～1996 年的数据，在空间误差模型的框架下，Dall'erba（2005）对劳动生产率的部门收敛问题进行了分析，认为农业部门和工业部门间劳动生产率收敛趋势不显著。运用欧盟 8 国 1970～1999 年数据和空间自相关模型，Bouvet（2007）对公共基础设施建设状况与劳动生产率的关系进行了解释，认为欧盟区域间公共基础设施资源的差异是区域劳动生产率差异的原因。

将劳动生产率纳入空间计量模型之中，为考察劳动生产率空间模式提供了便利。在考察中国劳动生产率状况时，本章之所以倾向于这种方法，不仅是出于区域经济发展不平衡这个阶段性的现实考虑，而且也是为了分析劳动生产率空间关联分析的便利。我们不仅试图对中国劳动生产率的区域差异进行考察，尽力提炼出区域劳动生产率分布的空间模式，而且对区域生产率的一些主要影响因素及其空间变化感兴趣，为此，我们尝试性地将一个可能更适用于中国现阶段劳动生产率分析的局部线性空间模型纳入进来，对本章开头提出的问题展开分析。

第三节　模型和数据

本章第一节对中国城市劳动生产率空间分布的差异性进行了分析，为了深化区域劳动生产率增长问题分析，本节将引入地理加权回归模型，以便对城市间劳动生产率增长因素的差异展开更加契合实际和深入的分析。

空间计量经济学的产生和发展，是为了对传统统计和计量中忽视变量间空间相依关系而可能导致的估计偏差进行修正，正如 Cliff and Ord（1981）所指出的那样，这种偏差可能造成统计推断的失效及相应计量结论的错误。但是，当把空间关联引入模型时，如何选择空间加权矩阵成为这一思路的重要环节，迄今为止，对于如何选择合适的权重矩阵仍无定规可循，这也是空间经济学备受关注的前沿问题（Bavaud，1998）。对于空间权重的设定，常见方法有三个（Aldstadt and Getis，2006）：一是建立在距离递减函数上的空间结构关系，即空间权重以预设的理论公式的形式外生于模型系统；二是空间结构的地理表示，即建立地理单元的邻接矩阵；三是利用数据集合本身，通过优化算法构造空间权重矩阵。对于 GWR 模型，一些研究使用了 0 - 1 邻接权重，但是，正如 Charlton et al.（2006）指出的那样，这种离散的权重设置往往带来模型回归系数的大幅波动，为此，GWR

模型通常采用连续性的距离函数表示权重，以减轻离散权重设定所引致的问题。正是基于这种考虑，指数权重和高斯函数权重成为 GWR 模型计量的常用方法。在具体操作中，计量程序通常给出不同权重下模型估计效果的对比，正如 Stakhovych et al.（2008）在最近的一项研究中所建议的那样，辅之以计量分析的其他信息（典型如判定系数、标准差等）有利于权重的选取。假定所考察样本空间总体由一个个点状局部区域构成，这些点分布于 $x-y$ 二元坐标平面上。沿用通常的技术方法，记：

x——纬度轴向；y——经度轴向。

Z_{xi}——区域 i 对应的纬度坐标值；Z_{yi}——区域 i 对应的经度坐标值；$i=1$，2，$\cdots$，n。

则，相邻局部区域 $i-(Z_{xi}，Z_{yi})$ 与区域 $j-(Z_{xj}，Z_{yj})$ 的距离为：

$$d_i = \sqrt{(Z_{xi}-Z_{xj})^2 + (Z_{yi}-Z_{yj})^2} \tag{1}$$

记：y 为 $n \times 1$ 维被解释变量向量，x 为 $n \times k$ 维解释变量向量，ε_i 为 $n \times 1$ 维正态分布向量，W_i 为基于空间距离，即关于区域 i 与其他所有区域距离的 $n \times n$ 维对角矩阵，则区域 i 参数估计的 GWR 模型可以表示为：

$$W_i^{1/2} y = W_i^{1/2} x \beta_i + \varepsilon_i \tag{2}$$

其中，β_i 为区域 i 的 $n \times 1$ 维参数向量，$i=1$，2，$\cdots$，n；空间权重函数定义为：

指数衰减权重——$W_i^2 = \exp(-d_i/\theta)$，$\theta$ 为衰减参数；

或者，高斯衰减权重——$W_i^2 = \varphi(d_i/\rho\theta)$，$\varphi$ 为标准正态密度函数，ρ 为距离向量 d_i 的标准差。

实际上，将 GWR 模型运用于解释变量的参数估计，目的是对区域参数异质性进行揭示，这一点不同于传统统计方法的参数估计，对于这一点，我们稍微展开一些说明。若将典型传统回归模型记为：

$$y = \beta_0 + \beta_1 x + \varepsilon \tag{3}$$

其中，y、x 分别为被解释变量向量和解释变量向量矩阵，β_0、β_1 为待估参数，ε 为残差向量。则，方程（3）关于总体样本的参数估计为常数，因此也有人称这种方法为"整体概念构图"（whole map）式的估计。与传统方法的重要区别是，方程（2）将变量和参数放在了关联模式多变的情景下考虑，即：

$$y(Z_{xi}, Z_{xj}) = \beta_0(Z_{xi}, Z_{xj}) + \beta_1(Z_{xi}, Z_{xj})x + \varepsilon(Z_{xi}, Z_{xj}) \tag{4}$$

因此，潜在的区域变量参数差异通过空间距离给予了识别。基于 Matlab 空间计量软件包或其他分析工具，我们可以对不同区域的参数给出估计，并对空间差异性进行观察。

就像本章第一节所做的那样，对于中国城市生产率的空间模式进行提炼虽然有趣，但是分析空间分布差异背景下劳动生产率的关联要素或许更为重要。当试图把 GWR 引入区域劳动生产率分析时，我们实际上已经关注到劳动生产率因素分解的一些最新进展。在经典柯布－道格拉斯生产函数的框架下，Ciccone and Hall（1996）、Ciccone（2002）等把经济密度（单位面积土地上承载的经济活动量）纳入考察视野，以期对劳动生产率增长的要素进行更加契合现实的解读。本章沿用 Ciccone and Hall、Ciccone 对于劳动生产率影响因素的分析思路，除了将城市单位面积的地区生产总值和资本要素加以考虑外，还将城市财政支出这个可能的影响因素作为解释变量一并考察。计量采用我国 286 个城市 2007 年的截面数据，原始数据来源于 2007 年《中国城市统计年鉴》；模型中空间权重矩阵的建立，是基于各个城市的经纬度坐标；模型计量程序依托于 Matlab 7 的空间计量软件包。

第四节　区域劳动生产率差异和关联的实证分析

一　变量说明

记：

被解释变量——LR：对数形式的劳动生产率，劳动生产率水平数据以元/人·年衡量，指标统计口径是：城市地区生产总值、年末从业人数；

解释变量——GDP/area：对数形式的经济密度，经济密度水平数据以万元/平方公里衡量，指标统计口径是：城市地区生产总值（GDP）、行政区域土地面积（area）；

Fiscal——对数形式的人均财政支出，人均财政支出水平数据以元/人衡量，指标统计口径是：地方财政一般预算支出，年末从业人数；

K——对数形式的城市人均投资，人均投资水平数据以元/人衡量，指标统计口径是：城市全社会固定资产投资总额，年末从业人数。

观察样本——我们使用了《中国城市统计年鉴》提供的 287 个城市 2007 年的统计数据，由于东莞市劳动生产率相对于其他城市显著为高，因此计算时去除了这个异常值。我们的观察样本集合实际上包含了 286 个城市的上述 4 个变量，以及各个城市相应的地理经度 Z_{yi} 和纬度 Z_{xi}，数据样本点共计 1716 个。

二　GWR 模型参数估计结果

基于 Matlab 7 的空间计量软件包，我们提供了指数衰减权重：$W_i{}^2 = \exp(-d_i/\theta)$，和高斯衰减权重：$W_i{}^2 = \varphi(d_i/\rho\theta)$ 之上的模型估计结果。具体计算分为两个步骤：首先，运用优化算法寻找带宽（bindwidth）参数 θ，即前文所指的空间矩阵衰减参数；其次运用最优带宽参数 θ 和广义最小二乘方法对解释变量参数进行估计。对于模型整体拟合状况及建立于两种空间权重矩阵之上的变量参数的估计情景，我们列示于表 6 - 1 和图 6 - 2。

表 6 - 1 报告了基于高斯衰减权重和指数衰减权重矩阵的 GWR 模型拟合优度的对比，并提供了最优带宽参数 θ 估计数据。基于高斯衰减权重模型调整后的相关系数 $\overline{R}^2 = 0.8157$，基于指数衰减权重模型调整后的相关系数 $\overline{R}^2 = 0.8315$，差别不大。进一步的比较可以结合图 6 - 2 进行，图 6 - 2 报告了两种权重形式下模型解释变量系数和常数项估计结果的对比，其中，记号 "Gaussian" 表示基于高斯衰减权重的解释变量参数估计；记号 "Exponential"表示基于指数衰减权重的解释变量参数估计；横坐标代表 286 个城市或空间样本，纵坐标代表参数值。从图 6-2 中两种空间权重矩阵对解释变量参数的作用效果看，差别也不大，因此，我们信任模型的参数估计。有趣的地方在于，基于空间权重矩阵的 GWR 模型对参数的空间差异进行了识别，这一点直观反映在了图 6-2 中参数的空间变动趋势情景当中。由于两种空间权重矩阵对于参数估计的作用效果大致相同，因此在下面的观察中，我们以指数衰减权重计算的模型结果进行分析（所对应的相关系数 $\overline{R}^2 = 0.8315$ 稍高一些）。

表 6-1　基于两种空间权重矩阵的 GWR 模型整体拟合状况的比较

GWR 模型估计：高斯衰减权重	GWR 模型估计：指数衰减权重
被解释变量：LR	被解释变量：LR
$R^2 = 0.8176$	$R^2 = 0.8333$
$\overline{R}^2 = 0.8157$	$\overline{R}^2 = 0.8315$
带宽参数 $\theta = 0.7909$	带宽参数 $\theta = 4.4721$
观察点数，变量个数：286，4	观察点数，变量个数：286，4

三　GWR 模型参数的经济分析

1. 基于指数权重的 GWR 模型参数比较

通过引入 0-1 哑变量，即以 0，1 对 286 个城市所属地域进行区分，我们把图 6-2 中基于指数权重（Exponential）的参数图线进行区域分割，重新绘制如图 6-3 所示，与图 6-3 数据相连通的统计描述见表 6-2。详细测算数据参见本章附录 1：参数估计数据表。在图 6-3 中：

第一行是东部地区 114 个城市 GDP/area、Fiscal、K 的参数分布，按所属省域的排列顺序为：（1）北京/天津/河北；（2）辽宁；（3）上海/江苏/浙江；（4）福建；（5）山东；（6）广东/广西/海南。

第二行是中部地区 110 个城市 GDP/area、Fiscal、K 的参数分布，按所属省域的排列顺序为：（1）山西/内蒙古；（2）吉林/黑龙江；（3）安徽；

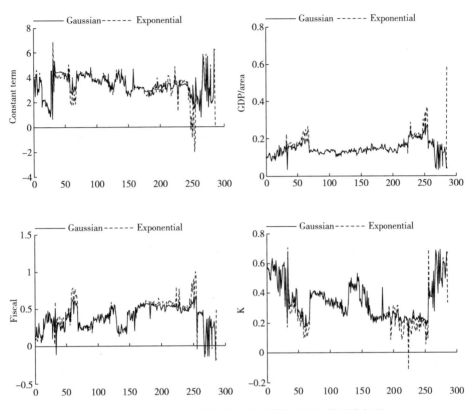

图 6 - 2　基于两种空间权重矩阵计算的 GWR 模型常数项
和 3 个解释变量系数的对比：GWR 模型对于参数空间差异和空间集聚的识别

（4）江西；（5）河南/湖北/湖南。

第三行是西部地区 62 个城市 GDP/area、Fiscal、K 的参数分布，按所属省域的排列顺序为：重庆/四川/贵州/云南/西藏/陕西/甘肃/青海/宁夏/新疆。

2. 经济活动的区域间差异分析

图 6 - 3 和表 6 - 2 给予我们的总体印象是鲜明的：

（1）总体来看：无论是东部地区，还是中部和西部地区，除个别城市外，经济密度 GDP/area、城市财政支出 Fiscal、城市固定资产投资 K 所对应的参数，在绝大多数城市都表现为显著的正值，即根据 GWR 模型的特征，在考虑城市劳动生产率（LR）空间关联的条件下，现阶段中国城市经济密度的提高、财政能力的增强以及城市固定资产投资规模的扩大，对于劳动生产率增长具有显著的促进效应。

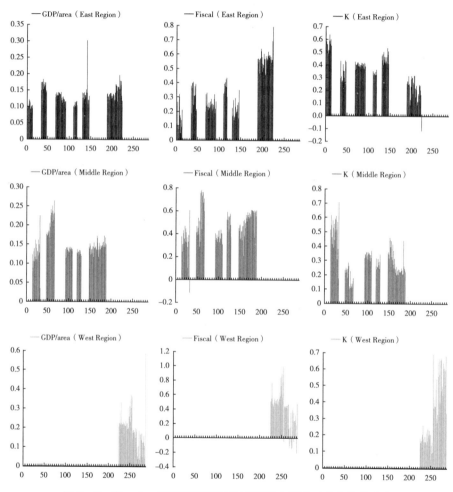

图 6 - 3　东、中、西部城市劳动生产率影响因素对应参数的分布

表 6 - 2　东、中、西部地区城市 GDP/area、Fiscal、K 对应参数的统计描述

		GDP/area	Fiscal	K
东部地区 114 个城市	均值：μ	0.135	0.353	0.352
	标准差：σ	0.028	0.169	0.133
	变异系数：σ/μ	0.210	0.480	0.380

续表

		GDP/area	Fiscal	K
中部地区 110 个城市	均值：μ	0.149	0.461	0.312
	标准差：σ	0.035	0.146	0.125
	变异系数：σ/μ	0.240	0.320	0.400
西部地区 62 个城市	均值：μ	0.195	0.421	0.341
	标准差：σ	0.093	0.271	0.194
	变异系数：σ/μ	0.480	0.640	0.570

（2）从经济密度（GDP/area）对于劳动生产率（LR）的影响看：东部地区 114 个城市经济密度（GDP/area）的系数为 0.135，中部地区 110 个城市经济密度（GDP/area）的系数为 0.149，西部地区 62 个城市经济密度（GDP/area）的系数为 0.195，由于在 GWR 模型中，我们运用的是对数形式的变量数据，因此这些参数可以看作是城市劳动生产率增长对于三个解释变量的弹性，即现阶段东部地区 114 个城市经济密度（GDP/area）的 1% 的增长，将带动劳动生产率增长 0.135 个百分点，中部、西部地区城市的劳动生产率/经济密度弹性可以做类似的解释。一个有意思的事实是，如果我们依照东部地区向西部地区的方向观察，经济密度（GDP/area）对于劳动生产率的影响是递增的，即 0.135→0.149→0.195，这个数据描述符合中国区域经济活动强度的现实。根据众所周知的事实，作为改革开放以来较早发展起来的区域经济体聚集地，东部地区集中了全国密度最高的财力和人力资源，但是，相对于东部地区来说，中、西部地区的财力、人力资源密度相对较低，因此，经济密度的边际增加之于经济效率的边际影响也相对较大，这符合经济的边际规律。

（3）从城市财政支出（Fiscal）对于劳动生产率（LR）的影响看：东部地区 114 个城市财政支出（Fiscal）的系数为 0.353，中部地区 110 个城市财政支出（Fiscal）的系数为 0.461，西部地区 62 个城市财政支出（Fiscal）的系数为 0.421。类似于经济密度（GDP/area）对于劳动生产率（LR）的解释，由东部至中部和西部，城市财政支出的增加对于劳动生产率的提高具有正的拉动效应，且与东部比较起来，中西部地区具有显著较大的效应，这一点也与现阶段区域发展差异密切相关。作为经济后发区域，与东部比较起来，中部和西部城市在经济、社会基础设施建设方面相对滞后，作为经济社会基础设施建设的主要投资来源——政府支出的增加，经济发展和经济效率的提高边际效应相对较大，这方面与不同区域经济密度增加的效应类似。

（4）从城市固定资产投资（K）对于劳动生产率（LR）的影响看：东部、中部和西部固定资产投资（K）的系数分别为 0.352、0.312 和 0.341，差别不是特别显著，这种情况表明，新增投资之于劳动生产率提高的效应，在东部和中西部地区之间类似。

（5）区域间收敛迹象——隐现于统计数据中的趋势：从上述分析中可以看出，在我们所考察的主要影响因素中，经济密度（GDP/area）和财政支出（Fiscal）对于劳动生产率的影响呈现由东向西递增的趋势。我们认为，这意味着在区域关联的背景下，我国中部和西部地区劳动生产率出现了追赶东部的趋势。这是一个令人感到欣慰的现实观察，同时，也为正在不断推进的国家区域开发战略提供了一幅乐观的图景。正如本章开头描述的那样，由于东部和中、西部劳动生产率水平现存的显著差距，对于追赶时间问题尽管不易做出预期，但是，21 世纪以来国家频频出台的区域开发战略，以及区域产业转移和经济联系的日益加强，无疑增强了我们对数据所描绘的区域收敛的信心。

（6）从区域内差异看：正如本章第一节所揭示的劳动生产率空间分布模式那样，在现阶段，中国区域劳动生产率显著表现出东部、西部区域集聚，并朝中部地区扩散和影响的趋势。即使在经济发展显著集聚和关联的东部地区和西部地区，劳动生产率影响因素的效果也存在显著差别，正如图 6 - 3 和表 6 - 2 变异系数（σ/μ）所揭示的那样。

第五节　结论

在 GWR 框架内，本章对城市劳动生产率的主要影响因素进行了考察。

总体来看，我国城市劳动生产率由东至西呈现递减趋势，而区域劳动生产率在东部和西部表现出了比较显著的集聚特征，即两个区域的城市劳动生产率分别表现出各自的区域匀质性，但是中部地区城市间劳动生产率的分布没有表现出类似的匀质性。东、中、西部城市劳动生产率的因素分析显示，现阶段经济密度较低的中部和西部地区城市，经济密度的增加对劳动生产率的增长具有比东部地区城市大的促进作用，区域间城市财政支出之于劳动生产率的作用，也表现出类似的关联。基于这种认识，对于中国区域劳动生产率的均衡化趋势，我们的认识如下。

一 中西部增长极的打造与空间关联的增强

始于 1978 年的改革开放政策，促进了我国经济从空间均衡发展向空间非均衡发展的转变（雍海宾，2009）。改革开放以来东部地区经济的率先发展，是在我国国民收入水平较低状态下的明智选择，国家经济发展的这种地理干预政策，一方面促进了经济资源向东部区域的集聚，从而提升了东部地区经济和城市化的发展潜力，另一方面也为先富地区带动后富地区实现动态空间均衡奠定了基础。前文实证分析显示的中西部地区相对较低的经济密度，在一定程度上归因于国家发展政策的倾斜，因此，重塑东、中西部地区的空间均衡，需要国家区域发展政策引领。核心是坚持中西部地区产业集聚与空间集聚的一体化，打造新的增长极，并实现与东部地区经济的对接。中西部经济增长极的建设方面，根据各地的发展优势，建立区域中心—副中心的集聚和辐射经济圈层，关键是建立和完善知识吸收、交流机制，承接东部发达区域技术向内地的辐射；建立和完善中小企业发展支持机制，承接东部发达地区的产业转移；对于中西部基础较好的原材料和能源工业，应给予创新的政策支持。

二 支持有利于空间关联的基础设施建设

空间经济关联既包括生产要素流动性关联，也包括产业间投入产出关联（马骥，2008）。空间经济关联及由此产生的空间集聚或扩散，不仅取决于需求因素，而且取决于交易成本，包括由于空间距离而产生的运输成本以及信息获取成本。空间经济学表现出对于交易成本（尤其是运输成本）的极大兴趣，其原因在于运输成本将改变空间集聚中心，并进而影响空间关联程度。本章实证分析将东、中西部城市财政支出之于劳动生产率的影响，置于空间关联的框架内考察，得出具有显著正效应，因此，若从财政支出视角来看，增强空间关联对于劳动生产率的提高具有拉动作用。基于这一认识，我们认为，无论是中西部地区还是东部地区，交通运输网络的完善，以及信息化设施的建设，对于区域联系的增强以及劳动生产率的提高均有裨益。实际上，鉴于中西部相对落后的运输、信息化设施，在这方面有所强调更显得有必要。

三　城市化与中部崛起和西部开发

城市化过程本质上作为人口集聚、经济资源集聚的过程而存在。城市发展主要源于集聚效果，即自我增值的优势，优势不仅仅被锁定在固定的一些城市，其效应会被扩大并辐射至经济联系紧密的城市，尤其是地理上接近的城市（陈建军、黄洁，2008）。因此，城市化对于区域间经济关联的增强具有显著的促进作用，相应的规模报酬递增不仅提高了城市劳动生产率，而且对地区差距也将产生持久影响（范剑勇，2006）。作为打造区域增长极和区域基础设施建设的载体，中西部地区的城市化在资源集聚和效率促进方面具有重要作用，尤其是对于人口密度和经济密度较低的西部而言更是如此。基于现阶段城市化状况及经济规模和效率的追赶要求，中部崛起和西部开发需要依托区域内大城市逐次展开，并以此带动周边中小城市的发展。

参考文献

［1］陈建军、黄洁：《集聚视角下中国的产业、城市和区域——国内空间经济学最新进展综述》，《浙江大学学报》（人文社会科学版）2008 年第 4 期。

［2］陈良文、杨开忠、沈体雁、王伟：《经济集聚密度与劳动生产率差异——基于北京

市微观数据的实证研究》,《经济学》(季刊) 2008 年第 1 期。

[3] 范剑勇:《产业集聚与地区间劳动生产率差异》,《经济研究》2006 年第 11 期。

[4] 高帆、石磊:《中国各省份劳动生产率增长的收敛性:1978~2006 年》,《管理世界》2009 年第 1 期。

[5] 高巍:《指数方法在我国劳动生产率增长中的应用》,《市场论坛》2009 年第 12 期。

[6] 刘修岩:《集聚经济与劳动生产率——基于中国城市面板数据的实证研究》,《数量经济技术经济研究》2009 年第 7 期。

[7] 马骥:《论经济空间集聚的内生力量——一种空间经济学的诠释》,《西南民族大学学报》(人文社会科学版) 2008 年第 12 期。

[8] 辛永容、陈圻:《我国制造业劳动生产率增长源泉研究——基于规模递增效应与劳动力结构转变的分析》,《商业经济与管理》2009 年第 7 期。

[9] 许垚:《中国区域劳动生产率存在趋同吗?——一个基于产业劳动生产率的实证研究》,《南开经济研究》2005 年第 1 期。

[10] 雍海宾:《中国经济的空间集聚和外溢及一体化发展》,《开发研究》2009 年第 6 期。

[11] Aldstadt, J. and A. Getis, "Using AMOEBA to Create a Spatial Weights Matrix and Identify Spatial Clusters," *Geographical Analysis*, 2006, 38, pp. 327 – 343.

[12] Anselin, L., "Local Indicators of Spatial Association – LISA," *Geographical Analysis*, 1995, 27, pp. 93 – 115.

[13] Bavaud, F., "Models for Spatial Weights: A Systematic Look," *Geographical Analysis*, 1998, 30, pp. 153 – 171.

[14] Bouvet, F., "Labor Productivity, Infrastructure Endowment, and Regional Spillovers in the European Union," In European Union Studies Association (EUSA), Biennial Conference, May 17 – 19, 2007, p. 27, Montreal, Canada.

[15] Charlton, M., S. Fotheringham and C. Brunsdon, "Geographically Weighted Regression," ESRC National Centre for Research Methods, NCRM Methods Review Papers, 2006, NCRM/006.

[16] Ciccone, A., "Agglomeration Effects in Europe," *European Economic Review*, 2002, 46 (2): pp. 213 – 227.

[17] Ciccone, A. and R. Hall, "Productivity and the Density of Economic Activity," *Ameri-

can Economic Review, 1996, 86 (1): pp. 54 –70.

[18] Cliff, A. D. and J. K. Ord, "Spatial Processes: Models and Applications," Pion, London, 1981.

[19] Dall´erba S., "Productivity Convergence and Spatial Dependence among Spanish Regions," *Journal of Geographical Systems*, 2005, 7 (2): pp. 207 –227.

[20] Kamarianakis, Y. and J. Le Gallo, "Exploratory Spatial Data Analysis and Spatial Econometric Modeling for the Study of Regional Productivity Differentials in European Union From 1975 to 2000," 7th AGILE Conference on Geographic Information Science, 29 April – 1 May 2004, Heraklion, Greece. Parallel Session 4. 3 – Environmental Modelling, pp. 425 –434.

[21] Krugman, Paul, R., *The Age of Diminished Expectations*, Cambridge: MIT Press, 1990.

[22] LeSage, J. P., "Spatial Econometrics," www. spatial-econometrics. com, 1998.

[23] Pons – Novell, J. and E . Viladecans – Marsal, "Kaldor's Law and Spatial Dependence: Evidence From the European Regions," *Regional Studies*, 1999, 33 (5): pp. 443 –451.

[24] Stakhovych, S. and T. H. A. Bijmolt, "Specification of Spatial Models: A Simulation Study on Weights Matrices," *Papers in Regional Science*, 2008, 88 (2): pp. 389 – 408.

[25] Temel, T., A. Tansel and P. Albersen, "Convergence and Spatial Patterns in Labor Productivity: Non-parametric Estimations for Turkey," *Journal of Regional Analysis and Policy*, 1999, 29 (1): pp. 3 – 19.

附录 1: 参数估计数据表

注:

(1) σ 为样本估计方差；表内数字为各变量系数；

(2) * 代表在 10% 的水平上显著，** 代表不显著，其他为在 5% 的水平上显著；

(3) 被解释变量：LR——劳动生产率；

解释变量：GDP/area——经济密度，Fiscal——财政支出，K——全社会固定资产投资；

（4）POLYID——点状地图识别变量；

Name——城市名称。

POLYID	Name	σ	常数项	GDP/area	Fiscal	K
1	北　京　市	0.0048	3.6129	0.0905	0.1077*	0.6048
2	天　津　市	0.0054	3.9518	0.0983	0.0977*	0.5802
3	石　家　庄　市	0.0049	2.4708	0.0997	0.2644	0.5602
4	唐　山　市	0.0054	4.3772	0.1056	0.0746**	0.5600
5	秦　皇　岛　市	0.0050	4.5973	0.1203	0.0958*	0.5146
6	邯　郸　市	0.0057	2.6392	0.1163	0.3190	0.4880
7	邢　台　市	0.0055	2.5975	0.1106	0.2982	0.5134
8	保　定　市	0.0050	3.1002	0.0913	0.1703	0.5934
9	张　家　口　市	0.0031	2.8538	0.0797	0.1537	0.6355
10	承　德　市	0.0043	4.3638	0.0979	0.0466**	0.5899
11	沧　州　市	0.0059	3.7214	0.1020	0.1380	0.5625
12	廊　坊　市	0.0049	3.8282	0.0933	0.0931*	0.5976
13	衡　水　市	0.0060	3.1448	0.1029	0.2101	0.5480
14	太　原　市	0.0042	1.7119	0.1225	0.3736	0.5165
15	大　同　市	0.0027	2.1750	0.0867	0.2389	0.6150
16	阳　泉　市	0.0045	2.1773	0.1056	0.3053	0.5461
17	长　治　市	0.0051	2.2326	0.1303	0.3980	0.4610
18	晋　城　市	0.0051	2.2838	0.1381	0.4264	0.4123
19	朔　州　市	0.0030	1.7262	0.1045	0.3123	0.5792
20	晋　中　市	0.0043	1.8424	0.1170	0.3551	0.5247
21	运　城　市	0.0047	2.0445	0.1602	0.4644	0.3868
22	忻　州　市	0.0038	1.8373	0.1088	0.3269	0.5545
23	临　汾　市	0.0045	1.7094	0.1493	0.4436	0.4403
24	吕·梁　市	0.0039	1.3153	0.1390	0.4105	0.5089
25	呼和浩特市	0.0021	1.4723	0.1087	0.3216	0.5902
26	包　头　市	0.0019	0.9752	0.1306	0.3636	0.5839

POLYID	Name	σ	常数项	GDP/area	Fiscal	K
27	乌 海 市	0.0037	1.5110	0.1296	0.2797	0.6114
28	赤 峰 市	0.0039	4.5909	0.1189	0.0970 **	0.5143
29	通 辽 市	0.0058	4.4439	0.1607	0.3239	0.3060
30	鄂尔多斯市	0.0029	0.8242	0.1488	0.3861	0.5669
31	呼伦贝尔市	0.0016	6.8727	0.1276	0.0280 **	0.3770
32	巴彦淖尔市	0.0101	2.8553	0.2246	0.6034	0.1736
33	乌兰察布市	0.0038	5.1342	0.0350 **	− 0.1172 **	0.7043
34	沈 阳 市	0.0050	3.9886	0.1729	0.3771	0.2915
35	大 连 市	0.0045	4.5292	0.1478	0.1833	0.4286
36	鞍 山 市	0.0047	3.9504	0.1731	0.3638	0.3062
37	抚 顺 市	0.0052	4.1202	0.1731	0.3963	0.2637
38	本 溪 市	0.0048	3.9845	0.1755	0.3938	0.2759
39	丹 东 市	0.0037	3.9166	0.1823	0.4046	0.2685
40	锦 州 市	0.0050	4.2000	0.1517	0.2420	0.4031
41	营 口 市	0.0049	4.0337	0.1661	0.3084	0.3514
42	阜 新 市	0.0052	4.0890	0.1597	0.3048	0.3531
43	辽 阳 市	0.0049	3.9652	0.1733	0.3738	0.2961
44	盘 锦 市	0.0050	4.0310	0.1640	0.3115	0.3499
45	铁 岭 市	0.0056	4.1896	0.1713	0.3887	0.2654
46	朝 阳 市	0.0049	4.3160	0.1422	0.2023	0.4334
47	葫芦岛市	0.0051	4.2854	0.1477	0.2142	0.4225
48	长 春 市	0.0072	4.3396	0.1748	0.4088	0.2349
49	吉 林 市	0.0074	4.0029	0.1809	0.4657	0.2115
50	四 平 市	0.0065	4.3984	0.1707	0.3858	0.2512
51	辽 源 市	0.0064	4.3040	0.1735	0.4124	0.2349
52	通 化 市	0.0044	4.0968	0.1782	0.4481	0.2182
53	白 山 市	0.0046	3.6715	0.1849	0.5352	0.1765
54	松 原 市	0.0094	4.4232	0.1834	0.3907	0.2410
55	白 城 市	0.0072	5.0720	0.1671	0.2855	0.2846
56	哈尔滨市	0.0103	3.5513	0.2048	0.5105	0.2025

续表

POLYID	Name	σ	常数项	GDP/area	Fiscal	K
57	齐齐哈尔市	0.0079	4.7854	0.1942	0.3280	0.2620
58	鸡西市	0.0066	2.1157	0.2240	0.7550	0.1040 **
59	鹤岗市	0.0065	1.7558	0.2406	0.7659	0.1210 *
60	双鸭山市	0.0060	1.8249	0.2312	0.7795	0.1061 **
61	大庆市	0.0097	4.0047	0.2084	0.4383	0.2260
62	伊春市	0.0075	1.8972	0.2498	0.7271	0.1395
63	佳木斯市	0.0067	1.8463	0.2374	0.7606	0.1187 *
64	七台河市	0.0066	2.0090	0.2282	0.7605	0.1075 *
65	牡丹江市	0.0075	2.6563	0.2117	0.6694	0.1371
66	黑河市	0.0044	1.9000	0.2647	0.7018	0.1584
67	绥化市	0.0100	2.8626	0.2311	0.5955	0.1777
68	上海市	0.0048	4.5494	0.1277	0.1973	0.4234
69	南京市	0.0071	3.9775	0.1370	0.3198	0.3594
70	无锡市	0.0059	4.3388	0.1312	0.2394	0.4023
71	徐州市	0.0070	3.7309	0.1416	0.3290	0.3704
72	常州市	0.0062	4.2977	0.1338	0.2466	0.3979
73	苏州市	0.0058	4.3821	0.1301	0.2311	0.4067
74	南通市	0.0053	4.4757	0.1331	0.2067	0.4181
75	连云港市	0.0066	4.2808	0.1432	0.2311	0.4180
76	淮安市	0.0068	4.2103	0.1417	0.2592	0.3899
77	盐城市	0.0060	4.4093	0.1403	0.2205	0.4075
78	扬州市	0.0066	4.2077	0.1373	0.2265	0.3869
79	镇江市	0.0065	4.2037	0.1365	0.2669	0.3866
80	泰州市	0.0062	4.3125	0.1370	0.2420	0.3987
81	宿迁市	0.0072	4.0314	0.1427	0.2847	0.3825
82	杭州市	0.0061	4.3336	0.1251	0.2497	0.3979
83	宁波市	0.0047	4.6470	0.1184	0.2039	0.4158
84	温州市	0.0056	4.5208	0.1103	0.2525	0.3898
85	嘉兴市	0.0053	4.4639	0.1271	0.2181	0.4131
86	湖州市	0.0061	4.3219	0.1289	0.2459	0.3996

POLYID	Name	σ	常数项	GDP/area	Fiscal	K
87	绍 兴 市	0.0057	4.4506	0.1232	0.2295	0.4068
88	金 华 市	0.0064	4.2090	0.1200	0.2847	0.3814
89	衢 州 市	0.0067	4.0433	0.1204	0.3179	0.3664
90	舟 山 市	0.0038	4.8687	0.1112	0.1874	0.4164
91	台 州 市	0.0050	4.6451	0.1142	0.2181	0.4065
92	丽 水 市	0.0060	4.3600	0.1148	0.2682	0.3866
93	合 肥 市	0.0068	3.6695	0.1361	0.4014	0.3152
94	芜 湖 市	0.0070	3.8874	0.1135	0.3443	0.3477
95	蚌 埠 市	0.0070	3.7603	0.1411	0.3607	0.3400
96	淮 南 市	0.0070	3.6716	0.1404	0.3874	0.3248
97	马鞍山市	0.0070	3.9637	0.1349	0.3249	0.3576
98	淮 北 市	0.0070	3.6401	0.1415	0.3516	0.3584
99	铜 陵 市	0.0069	3.7910	0.1326	0.3697	0.3345
100	安 庆 市	0.0069	3.5914	0.1306	0.4244	0.3053
101	黄 山 市	0.0069	3.8333	0.1274	0.3594	0.3432
102	滁 州 市	0.0071	3.9565	0.1384	0.3232	0.3574
103	阜 阳 市	0.0066	3.4381	0.1412	0.4340	0.3039
104	宿 州 市	0.0070	3.6890	0.1420	0.3559	0.3500
105	巢 湖 市	0.0069	3.8275	0.1359	0.3587	0.3390
106	六 安 市	0.0067	3.5455	0.1377	0.4346	0.2960
107	亳 州 市	0.0067	3.3853	0.1407	0.4028	0.3363
108	池 州 市	0.0069	3.6850	0.1315	0.3985	0.3192
109	宣 城 市	0.0070	4.0355	0.1363	0.3062	0.3667
110	福 州 市	0.0062	4.3477	0.1000	0.3235	0.3498
111	厦 门 市	0.0068	3.9934	0.1042	0.3932	0.3190
112	莆 田 市	0.0064	4.3426	0.0985	0.3385	0.3388
113	三 明 市	0.0072	3.7023	0.1125	0.4016	0.3298
114	泉 州 市	0.0066	4.1440	0.1011	0.3762	0.3224
115	漳 州 市	0.0071	3.6260	0.1121	0.4221	0.3209
116	南 平 市	0.0073	3.8571	0.1135	0.3688	0.3433

续表

POLYID	Name	σ	常数项	GDP/area	Fiscal	K
117	龙 岩 市	0.0073	3.4535	0.1159	0.4361	0.3206
118	宁 德 市	0.0061	4.3915	0.1029	0.3021	0.3627
119	南 昌 市	0.0068	3.1447	0.1276	0.5214	0.2624
120	景 德 镇 市	0.0070	3.5994	0.1253	0.4178	0.3140
121	萍 乡 市	0.0060	2.7082	0.1366	0.5883	0.2380
122	九 江 市	0.0066	3.2539	0.1299	0.5154	0.2560
123	新 余 市	0.0066	2.9374	0.1303	0.5504	0.2542
124	鹰 潭 市	0.0071	3.5137	0.1213	0.4328	0.3115
125	赣 州 市	0.0069	2.6168	0.1338	0.5458	0.2871
126	吉 安 市	0.0067	2.8586	0.1303	0.5545	0.2670
127	宜 春 市	0.0063	2.829	0.1333	0.5725	0.2428
128	抚 州 市	0.0071	3.3119	0.1233	0.4747	0.2913
129	上 饶 市	0.0071	3.7906	0.1195	0.3732	0.3405
130	济 南 市	0.0071	3.6955	0.1246	0.2260	0.4741
131	青 岛 市	0.0056	4.5988	0.1418	0.1665	0.4391
132	淄 博 市	0.0068	4.0815	0.1261	0.1771	0.4832
133	枣 庄 市	0.0073	3.8632	0.1400	0.2813	0.4017
134	东 营 市	0.0063	4.2767	0.1220	0.1393	0.5022
135	烟 台 市	0.0047	4.6961	0.1423	0.1546	0.4420
136	潍 坊 市	0.0063	4.3832	0.1337	0.1642	0.4644
137	济 宁 市	0.0070	3.5566	0.1335	0.2939	0.4212
138	泰 安 市	0.0072	3.7340	0.1276	0.2335	0.4624
139	威 海 市	0.0038	4.6615	0.1518	0.1864	0.4121
140	日 照 市	0.0063	4.4045	0.1421	0.1970	0.4283
141	莱 芜 市	0.0071	3.9238	0.3020	0.2156	0.4603
142	临 沂 市	0.0070	4.0922	0.1411	0.2444	0.4139
143	德 州 市	0.0065	3.4062	0.1082	0.1993	0.5320
144	聊 城 市	0.0067	3.2785	0.1193	0.2626	0.4810
145	滨 州 市	0.0066	4.1181	0.1197	0.1510	0.5068
146	菏 泽 市	0.0066	3.1768	0.1320	0.3485	0.4069

续表

POLYID	Name	σ	常数项	GDP/area	Fiscal	K
147	郑 州 市	0.0056	2.7593	0.1422	0.4483	0.3497
148	开 封 市	0.0060	2.9392	0.1381	0.4217	0.3598
149	洛 阳 市	0.0051	2.5247	0.1515	0.4706	0.3451
150	平 顶 山 市	0.0055	2.9051	0.1465	0.4767	0.3099
151	安 阳 市	0.0057	2.6650	0.1227	0.3475	0.4574
152	鹤 壁 市	0.0057	2.6338	0.1256	0.3638	0.4441
153	新 乡 市	0.0056	2.5912	0.1358	0.4168	0.3955
154	焦 作 市	0.0054	2.4780	0.1375	0.4248	0.3972
155	濮 阳 市	0.0062	2.9637	0.1264	0.3399	0.4361
156	许 昌 市	0.0056	2.8816	0.1442	0.4634	0.3247
157	漯 河 市	0.0058	3.0649	0.1433	0.4678	0.3056
158	三 门 峡 市	0.0047	4.6867	0.1156	0.2059	0.4126
159	南 阳 市	0.0053	2.9780	0.1545	0.5107	0.2693
160	商 丘 市	0.0067	3.3283	0.1381	0.3757	0.3663
161	信 阳 市	0.0058	3.1976	0.1413	0.5208	0.2478
162	周 口 市	0.0061	3.1697	0.1415	0.4475	0.3153
163	驻 马 店 市	0.0058	3.1381	0.1443	0.4909	0.2786
164	武 汉 市	0.0059	3.1446	0.1380	0.5644	0.2180
165	黄 石 市	0.0063	3.2376	0.1340	0.5331	0.2393
166	十 堰 市	0.0050	3.0382	0.1718	0.5072	0.2572
167	宜 昌 市	0.0049	3.2152	0.1657	0.5589	0.2013
168	襄 樊 市	0.0052	3.0510	0.1526	0.5883	0.1976
169	鄂 州 市	0.0062	3.2066	0.1353	0.5442	0.2316
170	荆 门 市	0.0052	3.1365	0.1156	0.5681	0.2055
171	孝 感 市	0.0057	3.1852	0.1438	0.5319	0.2391
172	荆 州 市	0.0052	3.0878	0.1540	0.5827	0.1983
173	黄 冈 市	0.0062	3.2265	0.1356	0.5391	0.2340
174	咸 宁 市	0.0060	3.1033	0.1362	0.5694	0.2185
175	随 州 市	0.0055	3.1454	0.1469	0.5523	0.2232
176	长 沙 市	0.0054	2.6993	0.1453	0.6074	0.2170

POLYID	Name	σ	常数项	GDP/area	Fiscal	K
177	株 洲 市	0.0056	2.6707	0.1409	0.6032	0.2258
178	湘 潭 市	0.0055	2.5914	0.1456	0.6064	0.2277
179	衡 阳 市	0.0056	2.4576	0.1471	0.6006	0.2447
180	邵 阳 市	0.0052	2.5931	0.1535	0.5968	0.2319
181	岳 阳 市	0.0055	2.9415	0.1424	0.5996	0.2032
182	常 德 市	0.0049	2.9600	0.1570	0.5863	0.2054
183	张 家 界 市	0.0057	2.3670	0.1722	0.3651	0.4384
184	益 阳 市	0.0052	2.7960	0.1474	0.6053	0.2088
185	郴 州 市	0.0062	2.4271	0.1427	0.5881	0.2615
186	永 州 市	0.0055	2.4819	0.1521	0.5949	0.2451
187	怀 化 市	0.0048	2.9401	0.1667	0.5534	0.2313
188	娄 底 市	0.0052	2.6370	0.1499	0.6037	0.2235
189	广 州 市	0.0070	2.7872	0.1370	0.5672	0.2542
190	韶 关 市	0.0077	2.5156	0.1396	0.5689	0.2737
191	深 圳 市	0.0068	2.8561	0.1320	0.5459	0.2700
192	珠 海 市	0.0068	2.9568	0.1300	0.5633	0.2457
193	汕 头 市	0.0069	3.2378	0.1198	0.4663	0.3128
194	佛 山 市	0.0070	2.8060	0.1371	0.5688	0.2511
195	江 门 市	0.0068	2.9261	0.1359	0.5721	0.2388
196	湛 江 市	0.0067	3.9788	0.1410	0.6393	0.0848 *
197	茂 名 市	0.0066	3.6800	0.1410	0.6207	0.1274
198	肇 庆 市	0.0068	2.8939	0.1402	0.5809	0.2312
199	惠 州 市	0.0068	2.7782	0.1318	0.5350	0.2861
200	梅 州 市	0.0072	3.0675	0.1234	0.4776	0.3142
201	汕 尾 市	0.0068	2.9566	0.1265	0.5068	0.2985
202	河 源 市	0.0071	2.7189	0.1317	0.5276	0.2972
203	阳 江 市	0.0067	3.3611	0.1370	0.6043	0.1722
204	清 远 市	0.0067	2.6612	0.1386	0.5707	0.2603
205	中 山 市	0.0068	2.9141	0.1343	0.5652	0.2468
206	潮 州 市	0.0070	3.3105	0.1183	0.4559	0.3160

POLYID	Name	σ	常数项	GDP/area	Fiscal	K
207	揭　阳　市	0.0071	3.1986	0.1206	0.4672	0.3147
208	云　浮　市	0.0067	3.0057	0.1418	0.5870	0.2151
209	南　宁　市	0.0061	3.7520	0.1673	0.5720	0.1471
210	柳　州　市	0.0058	3.1120	0.1674	0.5568	0.2160
211	桂　林　市	0.0056	2.7794	0.1626	0.5674	0.2380
212	梧　州　市	0.0065	3.0738	0.1481	0.5880	0.2044
213	北　海　市	0.0064	4.1141	0.1151	0.6185	0.0848 **
214	防城港市	0.0059	4.0546	0.1604	0.5935	0.1061
215	钦　州　市	0.0061	3.9818	0.1594	0.5930	0.1137
216	贵　港　市	0.0061	3.4547	0.1587	0.5782	0.1733
217	玉　林　市	0.0064	3.5269	0.1518	0.5938	0.1577
218	百　色　市	0.0065	2.4973	0.1960	0.5652	0.2434
219	贺　州　市	0.0062	2.7523	0.1525	0.5828	0.2337
220	河　池　市	0.0057	2.9235	0.1785	0.5415	0.2379
221	来　宾　市	0.0060	3.2527	0.1651	0.5625	0.2004
222	崇　左　市	0.0057	3.5758	0.1774	0.5628	0.1642
223	海　口　市	0.0060	4.3608	0.1325	0.6918	0.0098 **
224	三　亚　市	0.0038	4.8893	0.1171	0.7904	− 0.1160 *
225	重　庆　市	0.0044	3.6832	0.2061	0.5088	0.1783
226	成　都　市	0.0043	3.7317	0.2251	0.5107	0.1615
227	自　贡　市	0.0042	3.4941	0.2213	0.5473	0.1516
228	攀枝花市	0.0033	1.2745	0.2868	0.7641	0.1619
229	泸　州　市	0.0044	3.3236	0.2132	0.5578	0.1618
230	德　阳　市	0.0045	3.8046	0.2217	0.4772	0.1870
231	绵　阳　市	0.0047	3.7697	0.3294	0.4639	0.2032
232	广　元　市	0.0049	3.4489	0.2110	0.4418	0.2555
233	遂　宁　市	0.0044	3.7572	0.2176	0.4916	0.1806
234	内　江　市	0.0044	3.5434	0.2184	0.5383	0.1570
235	乐　山　市	0.0041	3.5123	0.2289	0.5517	0.1419
236	南　充　市	0.0045	3.7556	0.2149	0.4799	0.1928

POLYID	Name	σ	常数项	GDP/area	Fiscal	K
237	眉 山 市	0.0043	3.6880	0.2244	0.5186	0.1586
238	宜 宾 市	0.0042	3.6110	0.2229	0.5314	0.1547
239	广 安 市	0.0043	3.7782	0.2105	0.4821	0.1915
240	达 州 市	0.0044	3.6658	0.2060	0.4696	0.2153
241	雅 安 市	0.0038	3.6163	0.2312	0.5400	0.1421
242	巴 中 市	0.0046	3.5234	0.2104	0.4589	0.2345
243	资 阳 市	0.0044	3.7007	0.2228	0.5140	0.1625
244	贵 阳 市	0.0049	2.7025	0.1926	0.5545	0.2329
245	六 盘 水 市	0.0046	2.2117	0.2219	0.6282	0.1927
246	遵 义 市	0.0047	3.1717	0.1921	0.5360	0.2075
247	安 顺 市	0.0049	2.4819	0.2008	0.5772	0.2270
248	昆 明 市	0.0035	− 0.2102 **	0.3031	0.8353	0.1789
249	曲 靖 市	0.0043	0.8696 **	0.2593	0.7249	0.2050
250	玉 溪 市	0.0034	− 0.8701 **	0.3137	0.8673	0.2036
251	保 山 市	0.0016	0.3257 **	0.3451	0.8958	0.0573 **
252	昭 通 市	0.0041	3.4111	0.2298	0.5654	0.1381
253	丽 江 市	0.0024	1.4101	0.3018	0.7764	0.0886 *
254	普 洱 市	0.0018	− 2.0437 **	0.3673	1.0024	0.1609
255	临 沧 市	0.0017	− 0.9572 **	0.3624	0.9706	0.0956 **
256	拉 萨 市	0.0001	3.8694	0.1383	− 0.0460 **	0.6884
257	西 安 市	0.0049	2.3281	0.1841	0.4473	0.3634
258	铜 川 市	0.0048	1.8486	0.1736	0.4442	0.4135
259	宝 鸡 市	0.0052	2.4386	0.1874	0.4177	0.3778
260	咸 阳 市	0.0049	2.2150	0.1814	0.4473	0.3746
261	渭 南 市	0.0047	2.1496	0.1758	0.4580	0.3743
262	延 安 市	0.0046	1.3296	0.1635	0.4288	0.4775
263	汉 中 市	0.0048	2.9153	0.1958	0.4538	0.3002
264	榆 林 市	0.0033	0.9365	0.1477	0.4040	0.5421
265	安 康 市	0.0048	3.0653	0.1910	0.4711	0.2751
266	商 洛 市	0.0048	2.5451	0.1777	0.4724	0.3266

续表

POLYID	Name	σ	常数项	GDP/area	Fiscal	K
267	兰 州 市	0.0071	3.8881	0.0995	0.1258 *	0.5568
268	嘉 峪 关 市	0.0031	5.8576	0.0519	− 0.1300 **	0.6494
269	金 昌 市	0.0071	5.3759	0.0327 **	− 0.0988 **	0.6632
270	白 银 市	0.0069	3.4808	0.1032	0.1493	0.5691
271	天 水 市	0.0058	2.9015	0.1795	0.3587	0.3940
272	武 威 市	0.0075	4.9864	0.0414 **	− 0.0565 **	0.6541
273	张 掖 市	0.0065	5.8363	0.0323 **	− 0.1463 **	0.6696
274	平 凉 市	0.0057	2.0586	0.1663	0.3642	0.4691
275	酒 泉 市	0.0034	5.7453	0.0495	− 0.1307 **	0.6602
276	庆 阳 市	0.0052	1.5624	0.1662	0.3964	0.4840
277	定 西 市	0.0066	3.1278	0.1373	0.2426	0.4994
278	陇 南 市	0.0058	2.4963	0.1698	0.3512	0.4408
279	西 宁 市	0.0067	5.0125	0.0468	− 0.0425 **	0.6372
280	银 川 市	0.0052	2.0604	0.1214	0.2409	0.6018
281	石 嘴 山 市	0.0046	1.8433	0.1228	0.2508	0.6115
282	吴 忠 市	0.0052	2.0076	0.1255	0.2537	0.5929
283	固 原 市	0.0059	2.1193	0.1538	0.3252	0.5048
284	中 卫 市	0.0063	2.8138	0.1069	0.1814	0.5964
285	乌鲁木齐市	0.0000	6.2853	0.0388	− 0.2026 **	0.6798
286	克拉玛依市	0.0000	0.0857	0.5855	0.4790	0.3336

附录 2：局部 Moran 指数及其显著性

注：I_ LR——相应各市的局部 Moran 指数；CL_ LR——相应各市在空间关联中所属的类；PVAL_ LR——显著水平。

城 市	I_ LR	CL_ LR	PVAL_ LR	城 市	I_ LR	CL_ LR	PVAL_ LR
北 京 市	− 0.09	3	0.00	聊 城 市	0.20	1	0.00
天 津 市	0.14	1	0.00	滨 州 市	0.26	1	0.00
石家庄市	0.05	0	0.14	菏 泽 市	− 0.01	3	0.00
唐 山 市	0.46	1	0.00	郑 州 市	0.03	0	0.08

城　市	I_ LR	CL_ LR	PVAL_ LR	城　市	I_ LR	CL_ LR	PVAL_ LR
秦皇岛市	0.12	1	0.00	开 封 市	-0.01	3	0.01
邯 郸 市	0.08	1	0.02	洛 阳 市	0.01	0	0.32
邢 台 市	0.08	1	0.02	平顶山市	-0.03	0	0.06
保 定 市	0.04	1	0.00	安 阳 市	-0.04	3	0.02
张家口市	-0.12	3	0.01	鹤 壁 市	-0.07	3	0.02
承 德 市	0.03	1	0.01	新 乡 市	-0.04	3	0.02
沧 州 市	0.31	1	0.00	焦 作 市	0.05	0	0.09
廊 坊 市	0.36	1	0.00	濮 阳 市	-0.10	3	0.00
衡 水 市	0.16	1	0.00	许 昌 市	0.06	0	0.09
太 原 市	0.05	0	0.12	漯 河 市	-0.01	3	0.00
大 同 市	-0.03	0	0.44	三门峡市	0.06	1	0.00
阳 泉 市	-0.12	0	0.08	南 阳 市	-0.01	0	0.06
长 治 市	-0.06	0	0.12	商 丘 市	-0.02	3	0.00
晋 城 市	-0.04	0	0.11	信 阳 市	-0.08	3	0.00
朔 州 市	-0.03	0	0.18	周 口 市	-0.07	3	0.00
晋 中 市	-0.01	0	0.43	驻马店市	-0.05	3	0.01
运 城 市	0.01	0	0.10	武 汉 市	-0.01	3	0.00
忻 州 市	-0.03	0	0.39	黄 石 市	-0.15	3	0.00
临 汾 市	0.02	0	0.23	十 堰 市	0.11	2	0.04
吕 梁 市	0.04	0	0.06	宜 昌 市	-0.03	0	0.07
呼和浩特市	-0.16	0	0.10	襄 樊 市	-0.01	0	0.30
包 头 市	-0.24	0	0.07	鄂 州 市	-0.15	3	0.00
乌 海 市	0.12	2	0.00	荆 门 市	-0.04	0	0.09
赤 峰 市	-0.07	3	0.02	孝 感 市	-0.23	3	0.00
通 辽 市	0.05	0	0.25	荆 州 市	-0.02	0	0.28
鄂尔多斯市	-0.83	4	0.01	黄 冈 市	-0.20	3	0.00
呼伦贝尔市	0.04	0	0.41	咸 宁 市	-0.13	3	0.00
巴彦淖尔市	-0.22	4	0.00	随 州 市	0.04	1	0.02
乌兰察布市	-0.22	4	0.02	长 沙 市	0.05	0	0.08
沈 阳 市	0.38	1	0.00	株 洲 市	0.03	1	0.05

城　市	I_ LR	CL_ LR	PVAL_ LR	城　市	I_ LR	CL_ LR	PVAL_ LR
大　连　市	0.48	1	0.00	湘　潭　市	− 0.03	0	0.06
鞍　山　市	0.46	1	0.01	衡　阳　市	0.00	0	0.46
抚　顺　市	0.00	0	0.45	邵　阳　市	− 0.01	0	0.49
本　溪　市	− 0.01	0	0.09	岳　阳　市	0.04	1	0.01
丹　东　市	0.19	1	0.00	常　德　市	− 0.05	0	0.07
锦　州　市	0.04	1	0.02	张家界市	0.02	2	0.00
营　口　市	0.44	1	0.00	益　阳　市	− 0.01	0	0.20
阜　新　市	− 0.51	3	0.00	郴　州　市	0.03	0	0.20
辽　阳　市	0.22	1	0.00	永　州　市	0.01	0	0.25
盘　锦　市	− 0.47	3	0.00	怀　化　市	0.08	2	0.02
铁　岭　市	0.00	0	0.43	娄　底　市	− 0.01	0	0.30
朝　阳　市	− 0.20	3	0.02	广　州　市	0.01	0	0.40
葫芦岛市	− 0.07	3	0.02	韶　关　市	− 0.02	0	0.39
长　春　市	− 0.11	4	0.05	深　圳　市	0.04	0	0.35
吉　林　市	− 0.28	4	0.02	珠　海　市	− 0.03	0	0.31
四　平　市	− 0.03	0	0.25	汕　头　市	0.12	1	0.02
辽　源　市	− 0.08	0	0.05	佛　山　市	− 0.02	0	0.45
通　化　市	0.01	0	0.39	江　门　市	0.01	0	0.42
白　山　市	0.19	2	0.03	湛　江　市	0.01	0	0.33
松　原　市	− 0.23	4	0.01	茂　名　市	− 0.02	0	0.44
白　城　市	0.28	2	0.03	肇　庆　市	0.00	0	0.43
哈尔滨市	0.20	2	0.00	惠　州　市	− 0.04	0	0.29
齐齐哈尔市	0.51	2	0.01	梅　州　市	− 0.08	3	0.00
鸡　西　市	1.02	2	0.01	汕　尾　市	0.02	0	0.16
鹤　岗　市	2.08	2	0.00	河　源　市	− 0.18	3	0.01
双鸭山市	2.21	2	0.00	阳　江　市	− 0.02	0	0.35
大　庆　市	− 0.57	4	0.00	清　远　市	0.00	0	0.38
伊　春　市	1.69	2	0.00	中　山　市	0.00	0	0.45
佳木斯市	1.10	2	0.00	潮　州　市	0.26	1	0.00
七台河市	1.68	2	0.00	揭　阳　市	0.23	1	0.00

城　市	I_ LR	CL_ LR	PVAL_ LR	城　市	I_ LR	CL_ LR	PVAL_ LR
牡丹江市	0.27	2	0.01	云 浮 市	0.01	0	0.45
黑 河 市	2.13	2	0.00	南 宁 市	-0.02	0	0.38
绥 化 市	0.17	2	0.01	柳 州 市	-0.01	0	0.23
上 海 市	0.42	1	0.00	桂 林 市	-0.04	0	0.09
南 京 市	0.25	1	0.00	梧 州 市	-0.01	0	0.34
无 锡 市	0.77	1	0.00	北 海 市	0.02	0	0.32
徐 州 市	0.13	1	0.00	防城港市	0.00	0	0.41
常 州 市	0.66	1	0.00	钦 州 市	-0.01	0	0.48
苏 州 市	0.57	1	0.00	贵 港 市	-0.02	0	0.32
南 通 市	0.50	1	0.00	玉 林 市	0.00	0	0.31
连云港市	-0.02	3	0.00	百 色 市	0.01	0	0.12
淮 安 市	0.04	1	0.00	贺 州 市	-0.08	0	0.16
盐 城 市	0.20	1	0.00	河 池 市	0.04	0	0.09
扬 州 市	0.36	1	0.00	来 宾 市	-0.01	0	0.25
镇 江 市	0.36	1	0.00	崇 左 市	0.01	0	0.38
泰 州 市	0.44	1	0.00	海 口 市	-0.14	0	0.14
宿 迁 市	0.15	1	0.00	三 亚 市	0.03	0	0.08
杭 州 市	0.19	1	0.00	重 庆 市	0.11	2	0.00
宁 波 市	0.40	1	0.00	成 都 市	-0.08	4	0.00
温 州 市	0.05	1	0.00	自 贡 市	0.12	2	0.00
嘉 兴 市	0.06	1	0.00	攀枝花市	0.03	2	0.00
湖 州 市	0.28	1	0.00	泸 州 市	0.21	2	0.00
绍 兴 市	0.23	1	0.00	德 阳 市	-0.44	4	0.00
金 华 市	0.41	1	0.00	绵 阳 市	0.03	2	0.00
衢 州 市	0.34	1	0.00	广 元 市	0.23	2	0.00
舟 山 市	0.48	1	0.00	遂 宁 市	0.15	2	0.00
台 州 市	0.39	1	0.00	内 江 市	0.21	2	0.00
丽 水 市	0.25	1	0.00	乐 山 市	0.28	2	0.00
合 肥 市	0.12	1	0.00	南 充 市	0.02	2	0.00
芜 湖 市	0.09	1	0.00	眉 山 市	-0.33	4	0.00

城　市	I_ LR	CL_ LR	PVAL_ LR	城　市	I_ LR	CL_ LR	PVAL_ LR
蚌 埠 市	0.03	1	0.00	宜 宾 市	0.20	2	0.00
淮 南 市	-0.26	3	0.00	广 安 市	-0.32	4	0.00
马鞍山市	0.30	1	0.00	达 州 市	0.02	2	0.00
淮 北 市	-0.22	3	0.00	雅 安 市	0.04	2	0.00
铜 陵 市	0.09	1	0.00	巴 中 市	0.31	2	0.00
安 庆 市	0.09	1	0.00	资 阳 市	-0.24	4	0.00
黄 山 市	0.11	1	0.00	贵 阳 市	0.22	2	0.05
滁 州 市	0.04	1	0.00	六盘水市	0.12	2	0.02
阜 阳 市	-0.11	3	0.00	遵 义 市	0.09	2	0.00
宿 州 市	-0.07	3	0.00	安 顺 市	0.16	2	0.05
巢 湖 市	0.04	1	0.00	昆 明 市	0.15	2	0.03
六 安 市	-0.01	3	0.00	曲 靖 市	-0.04	4	0.01
亳 州 市	0.03	1	0.00	玉 溪 市	-0.22	4	0.03
池 州 市	0.04	1	0.00	保 山 市	0.61	2	0.02
宣 城 市	0.24	1	0.00	昭 通 市	0.38	2	0.00
福 州 市	0.04	1	0.00	丽 江 市	0.54	2	0.01
厦 门 市	-0.17	3	0.00	普 洱 市	0.43	0	0.06
莆 田 市	-0.10	3	0.00	临 沧 市	0.49	2	0.03
三 明 市	0.10	1	0.00	拉 萨 市	1.71	0	0.08
泉 州 市	-0.02	3	0.00	西 安 市	0.27	2	0.00
漳 州 市	0.04	1	0.00	铜 川 市	0.33	2	0.00
南 平 市	-0.02	3	0.00	宝 鸡 市	0.11	2	0.00
龙 岩 市	0.04	1	0.00	咸 阳 市	0.15	2	0.00
宁 德 市	0.24	1	0.00	渭 南 市	0.14	2	0.04
南 昌 市	0.04	1	0.00	延 安 市	-0.20	4	0.00
景德镇市	-0.15	3	0.00	汉 中 市	0.38	2	0.00
萍 乡 市	0.04	1	0.01	榆 林 市	-0.15	4	0.04
九 江 市	-0.07	3	0.00	安 康 市	0.15	2	0.00
新 余 市	-0.72	3	0.00	商 洛 市	0.22	2	0.00
鹰 潭 市	0.21	1	0.00	兰 州 市	0.29	2	0.00

城 市	I_ LR	CL_ LR	PVAL_ LR	城 市	I_ LR	CL_ LR	PVAL_ LR
赣 州 市	-0.07	3	0.00	嘉 峪 关 市	-0.36	4	0.02
吉 安 市	-0.02	3	0.00	金 昌 市	-0.34	4	0.00
宜 春 市	-0.01	3	0.01	白 银 市	0.29	2	0.02
抚 州 市	-0.07	3	0.00	天 水 市	0.47	2	0.00
上 饶 市	-0.15	3	0.00	武 威 市	0.02	2	0.01
济 南 市	0.04	1	0.00	张 掖 市	0.31	2	0.01
青 岛 市	0.29	1	0.00	平 凉 市	0.45	2	0.00
淄 博 市	0.33	1	0.00	酒 泉 市	0.05	2	0.00
枣 庄 市	0.16	1	0.00	庆 阳 市	-0.04	4	0.00
东 营 市	0.53	1	0.00	定 西 市	0.47	2	0.01
烟 台 市	0.43	1	0.00	陇 南 市	0.50	2	0.00
潍 坊 市	0.28	1	0.00	西 宁 市	0.28	2	0.01
济 宁 市	0.22	1	0.00	银 川 市	0.26	2	0.01
泰 安 市	0.10	1	0.00	石 嘴 山 市	-0.05	4	0.00
威 海 市	0.72	1	0.00	吴 忠 市	0.15	2	0.01
日 照 市	0.34	1	0.00	固 原 市	0.42	2	0.00
莱 芜 市	0.16	1	0.00	中 卫 市	0.09	2	0.02
临 沂 市	0.22	1	0.00	乌 鲁 木 齐 市	-0.39	0	0.08
德 州 市	0.28	1	0.00	克 拉 玛 依 市	-0.39	0	0.28

第七章　新增长模式：稳速、高效、均衡

第一节　中国经济增长阶段

我们把中国经济增长的阶段大致划分为两个：工业化和城市化。以"十二五"规划为时间界限，把经济增长模式相应划分为：以低要素成本获得竞争力的"低价工业化模式"，创新驱动的城市化阶段新增长模式。相对于世界平均经济增长速度来说，在"低价工业化模式"下中国一直维持着高速增长，步入城市化关键期（城市化率50%～70%区间）后，随着产业结构服务化的转变，中国新增长模式将迎来一个稳速增长时期。

在本书的理论探索部分，我们依据发达国家增长经验和经济结构转型规律，画出了一条长期增长曲线，这条曲线呈现了工业化向城市化过渡的经济增长速度变化。相比于工业化阶段，城市化阶段经济增长速度回落是一种趋势或规律。但是，在城市化过渡的关键时期，经济增长速度还要保持适度。所谓"适度增长"，这里是指以潜在增长速度为基准的增长，或稳速增长①。如根据第一章的假定，这个增长速度大概在7%左右。即使是这样，相对于世界经济增长总体状况而言，已经是比较高的了。

因此，我们把中国经济快速增长时期界定为两个阶段：低价工业化模式的高速增长阶段，以及城市化过渡关键期的稳速增长阶段。由高速向稳

---

① 我们在这里借用张平等（2011）在描述中国经济结构转型和城市化时使用过的术语："稳速、高效、均衡"，并赋予了进一步的理论内涵。

速的变化，不只是增长速度的变化，而且是增长目标和增长方式的转变。一方面，在城市化关键期中国要确立居民福利提高目标，因此需要一个较快的增长速度；另一方面，我们也需要一个平稳的减速区间来适应新时期的经济变化。

第二节 不同模式下增长因素的比较

一 长期增长趋势的比较

增长阶段、增长方式和增长表现在三个方面，基本上勾勒出特定增长时期的总体特征。低价工业化模式和新增长模式，分别代表了中国经济增长的两个不同时期，一个是已经发生了的，一个是正在发生的和带有远景预期的。前者以工业化为主线，后者以城市化为主线。增长方式的区别主要表现为是要素驱动还是创新驱动，当然也蕴涵了工业化向城市化转型时期创新要素的核心作用。低价工业化模式下规模报酬缺失的问题，在前文已有论述，这是经济增长过度依赖资源和初级生产要素的结果。根据发达国家的经验，发达经济与欠发达经济的本质区别就在于生产是沿着报酬递增路径进行，还是沿着报酬递减路径进行。报酬递增是增长高级阶段的一种现象，也是城市化的一个重要潜力。

表7-1提供了低价工业化模式和新增长模式相关因素的比较。

表7-1 中国经济增长模式的比较分析

	低价工业化模式	新增长模式
增长趋势：		
增长阶段	工业化	城市化
增长方式	要素驱动	创新驱动
增长表现	报酬递减	报酬递增
投入产出：		
增长三引擎	劳动力、投资、干中学	创新、报酬递增、集聚

续表

	低价工业化模式	新增长模式
经济结构	工业生产率增速大于服务业	工业、服务业协同演进
福利状况	低福利	高福利
路径转换：		
增长曲线	结构性加速	结构性减速
要素分配	资本/劳动要素比例 0.6：0.4	资本/劳动要素比例 0.3：0.7

二 投入产出因素的比较

我们把低价工业化投入要素归结为"增长三引擎"：劳动力、投资和干中学。劳动力、资本投入的边际递减以及干中学效应的递减，在经济理论中多有阐述，三引擎越来越面临收益递减和资源环境的约束。城市化的创新、集聚和报酬递增是相互联系的三个方面，创新的作用就是达成垄断利润和经济外部性，遏制过度竞争对利润的侵蚀，强化经济体持续增长的势头。

中国低价工业化模式下工业部门的扩张，主要在产业链的低端，从而抑制了分工和生产网络深化，导致工业部门与服务业部门发展的脱节，使工业生产增长率远远高于服务业部门的结构失衡。经济结构由工业化向服务化的演进，是沿着相对效率的路径进行的，即只有服务业部门生产率高于或等于工业部门，资源向服务业配置才有利，这也是我们强调城市化过程工业、服务业协同发展的原因之所在。

另一个反映经济总体产出状况的综合指标是居民福利状况。劳动生产率提高是国富的基础，但经济发展的最终目标和最综合的标志不是生产效率，而是居民福利的提高。原因是即使在欠发达经济体中，也可以有非常高的效率。比如，你不能说中国理发店师傅比美国理发店师傅的效率低，也不能断言中国水暖工的效率比美国水暖工的效率低。因此，效率不是反映国家穷富的根本指标。但是居民福利却是硬指标，经济发达与否，从居民保障、居民生活质量上立见分晓，高福利是发达城市化经济的本质特征。

三　增长路径转换

在本书的理论探讨部分，我们已经就长期经济增长与产业结构演化的内在联系进行了系统分析，并揭示出城市化过程结构性减速的原因。对于城市化过程结构性加速的必然性，我想在这里做些补充说明。发达国家自20世纪70年代普遍到达城市化成熟期后，与其他行业和部门比较起来，社会服务部门就业不仅占有最大比重，而且这个比重有越来越高的趋势。如，根据联合国数据库提供的数据测算，美国1970年社会服务就业比重是30%，1992年突破35%，且这个比重一直持续至今。这么大份额的服务部门，不是生产性部门，其对全社会生产率提高的抑制是可想而知的。

经济发展的核心指向是高福利社会的形成，经济发展的初始阶段由于工业化对社会资源的占用，国民福利增长缓慢是可以想见的，用生产函数的术语表达，就是收入向资本倾斜，这方面的例子可以参见现阶段我国收入分配问题的诸多文献。表7-1提供了低价工业化模式下资本/劳动要素比例0.6∶0.4（或者0.3∶0.7），是基于国内很多学者的共识。在第一章中我们提出了工业化向城市化演进过程的参数逆转问题，说的也是经济向均衡路径发展过程中，城市化的顺利发展将有利于收入分配格局的改善。

第三节　低价工业化模式

一　人口红利机会

中国经济增长中"马尔萨斯陷阱"的突破，源于改革开放所带来的动力。借助于户籍管理松动及工业部门的扩张，贮积于农业部门的庞大劳动力得以流动，从而打开了人口红利窗口。"人口红利"是指一个国家劳动年龄人口占总人口比重较大，抚养比偏低，经济高储蓄、高投资和高增长的局面。当生育率降低的人口转型发生时，一国如果采取了明智的措施，那么促进经济快速增长和人力资本发展的"人口红利"窗口将会开启（Ross，2004）。

从经济增长事实看，许多新兴工业化国家尤其是东亚国家，因为人口转型历时较短，人口年龄结构变化和经济高速增长之间表现出了较强的关联性，人口转变给经济增长带来的"红利"效应开始被越来越多的人所关注（张平、刘霞辉、王宏淼，2011）。人口红利通常包含以下方面：（1）"人口红利"是发生在高出生率、高死亡率向低出生率、低死亡率转变过程中的一种"机会"，其间，由于人口抚养比的下降和劳动年龄人口比重的上升，更多的资源被用于促进经济增长方面；（2）"人口红利"通常发生在一个较短的时期内，当人口红利逐渐消失时，"人口负担"或"人口负债"也将快速显现；（3）"人口红利"的兑现，常常需要依赖于有利的经济社会条件，包括国内有利于劳动力资源动用的经济政策和宽松的国内外市场环境。

中国人口转型过程为改革开放之后的经济增长带来了机会，20 世纪 80 年代乡镇企业的崛起及 90 年代中期以来私营个体经济的飞速发展，皆得益于劳动力资源禀赋。大规模廉价劳动力的存在，为中国企业发展带来了低成本竞争优势，30 多年来的经济持续高速增长，也是根植于这种低价工业化发展模式。

二 二元经济理论与中国低价工业化模式的形成

我们把廉价劳动力从农业部门向工业部门的转移，看成中国人口红利开启的主要动力。一方面，20 世纪 80 年代以来户籍管理制度的变革和松动，刺激了农村剩余劳动力的流动，"农民工"这个时代特色非常鲜明的群体的形成，即是二元经济条件下工业部门汲取增长动力的结果。另一方面，开放所带来的国外市场的扩大，成为工业部门持续增长的必要条件，在"工业增长—外向型经济"的大循环中，越来越多的农村剩余劳动力被吸收进来，劳动力不断向储蓄和资本积累的转化，成为经济总体规模持续扩大和高速增长的支撑。这是经典二元经济机制在中国的印证。经典二元经济理论认为，欠发达经济发展的核心问题是如何使剩余劳动力转化为储蓄和资本积累。在劳动力无限供给的条件下，现代部门以不变的实际工资水平，把从农业部门转移出来的劳动力用于资本形成。廉价劳动力的使用提高了现代部门资本形成的能力，而现代部门的扩张也为剩余劳动力持续转移并为经济突破贫困陷阱创造了条件（袁富华，2008）。然而，改革开放以来，在由中国二元经济向现代经济增长的转型过程中，也表现出了自身的一些典型特征，张平、张晓晶（2003）将改革开放以来中国二元结构变迁及工业化过程概括为"低价工业化"模式。低价工业化的核心是劳动力使用的低成本，典型如农民工劳动力使用的低成本。农民工劳动力仅仅按照"剩余劳动力"定价的机制，不仅作为早期"离土不离乡"的乡镇工业成长的催化剂，而且也成为20世纪90年代以后中国城市工业迅速扩张的重要推动力。实际上，众所周知的事实是，不仅是农民工劳动力使用的低成本，改革开放以来中国工业部门普遍存在的劳动报酬份额较低的问题（闻潜，2007），使得中国工业长期保持了低成本竞争优势。

三　转型要求

但是，随着劳动、资本和资源这些初级要素的大规模使用，规模不经济问题也相应出现，如被学者广泛关注的资本报酬递减、资源环境刚性约束加剧等问题。当然，从增长效果来看，低价工业化模式对经济规模扩张的追求也导致了要素收入分配过度向资本倾斜、增长分享机制缺失、外部失衡等问题。而且，工业化过程中资源向增长区位优势明显的东部地区的集聚，也导致了区域发展失衡。

二元经济发展的核心是工业化，这种论断已无可置疑。但是，从增长的历史和现实来看，由于制度创新和技术创新环节的缺失，发展中国家很难获得持续的递增收益。原因有两个方面，一是工业化对自然资源和初级产品生产的过度依赖，拉美国家的增长曾经受困于此；二是受制于人力资本的缺失和增长路径的依赖，发展中国家不得不选择在国际产业链的低端生产，过度竞争侵削了企业利润。

而且，受理论认识及政策导向的局限，发展中国家的增长也存在两个脱节：一个脱节是城市化与工业化的脱节；另一个是服务业发展与工业发展的脱节。这种脱节造成的"资源错配"和效率损失问题，我们已经在本书的理论探讨部分详细论述过。这些问题，都需要增长方式的选择和经济再平衡的塑造。

第四节　新增长模式

一　新增长模式内涵

（一）新增长模式的目标

中国经济发展阶段由工业化向城市化的转型，经济增长目标和增长方式的变化，要求一种不同于以往的低成本工业化模式。根据发达国家的经济发展经验，向城市化过渡以及城市化成熟期中，经济增长的国民福利提高及民生保障成为核心。前文已经说到，发展中国家与发达国家的本质区别，在于增长对居民生活水平带来的提高。也就是说，发达国家的增长是以居民收入的提高为前提的，发展中国家却相反，要素收入向资本倾斜以保障工业化。这种状况只有通过生产方式的重塑来扭转，这是新增长模式提出的背景和依据。

（二）新增长模式的内核

为什么发达国家能够围绕工资收入水平提高来实现经济增长？我们认为，这是发达国家增长方式的内核所激发的效应。发达资本主义国家企业广泛存在的对于创新的追求，目的是获得垄断租金，推动报酬递增效应的累积性增强。报酬递增累积性增强所蕴涵的劳动生产率提升潜力，足以抵消劳动力工资的上涨而有余。因此，新增长模式应当具有这样一个内核。

（三）新增长模式的动力

城市化为规模报酬递增这个增长内核的形成提供了条件。首先是城市化的空间集聚，带动产业、知识的集聚，并促进协作分工网络的形成，从而培育了创新潜力。由创新、集聚和报酬递增构成的"增长三引擎"，是新模式赖以运作的动力基础。

二　新增长模式特征：稳速、高效、均衡

借鉴有关研究的一些重要认识（张平等，2011），我们把新增长模式的特征描述如下：

（一）以潜在增长率为基准，稳速增效

进入到中高收入发展阶段，我国经济增长的目标应该以中国经济潜在增长率区间为基准，稳速发展，将发展的目标转向提高经济效益和可持续发展的轨道上来。从供给角度来看，未来的经济增长应从主要依靠投资规模扩张以及廉价劳动力，转变为主要依靠劳动力生产率的提高，这是居民收入持续提高的根本动力。

（二）创新激励，推进产业结构升级和均衡发展

中国的工业化属于典型的高投入、低附加值的工业化。前文的分析认为，中国工业化的水平和效率，与世界发达国家和新兴工业化国家比较起来，显得较为落后。工业化产业结构升级的缓慢，抑制了作为第二产业延伸的服务业的发展，因此，新增长模式强调以实体经济发展为内核，有其客观必然性。中国产业生产力水平低下，与技术创新能力低下和制度设计滞后互为因果，在这个方面，更深层次的制度显得更为迫切。

（三）重视空间和规划，合理提高城市化的空间集聚度，促进经济高效运转

中国目前正处于城市化率50%的关键发展期，其间城市人口向城市迅速集中。因此应抓住我国城市化模式选择的关键时期，加速人口的城市化步伐。国际经验表明，服务业和城市化发展高度相关，更与城市化规模、人口密度等集聚程度直接相关，而调整服务业和工业结构关键在于增加空间集聚。只有以人为本，科学规划，合理提升空间的集聚度，才能从根本

上促进中国服务业和实体经济的协调发展，实现城市化对经济发展和国民福利提高的促进作用。

三　增长机制分析

如何让"增长三引擎"具有持续活力和发挥应有的作用，这涉及增长机制的分析。当然，动力和机制是互为一体的，我们这里暂时把它们分开来，是为了表述的方便，在其他章节中，我们将把两者综合起来加以阐述。我们把城市化阶段的增长机制概括为两类：倒逼机制和助推机制。倒逼机制：（1）中国人口结构转型对未来经济增长的倒逼。即，劳动力拐点的出现以及与之有联系的刘易斯拐点的出现，将引致工资上涨，倒逼企业创新转型。（2）节能减排政策的落实对企业生产行为的倒逼。这种情况在 20 世纪 80 年代的日本增长转型中曾出现过，严厉的政策法规逼迫企业走向依靠创新的道路。助推机制：（1）城市化过程对集聚效应的发挥以及创新，是维持经济持续增长的助推力。（2）国家适应城市化的制度变革，是另一个蕴涵报酬递增机会的助推力。

参考文献

[1] 哈继铭：《受益人口红利，2010 年前资产价格将大幅上升》，《新财富》2007 年 2 月。

[2] 闻潜：《合理调节初次分配是促进居民收入增长的中心环节》，《经济经纬》2007 年第 6 期。

[3] 袁富华：《劳动力资源开发与经济增长：理论、历史与前景》，《开放导报》2008 年第 2 期。

[4] 张平、张晓晶：《经济增长、结构调整的累积效应与资本形成》，《经济研究》2003 年第 8 期。

[5] 张平、刘霞辉、王宏森：《中国经济增长前沿 II——转向结构均衡增长的理论和政策研究》，中国社会科学出版社，2011。

[6] Ross, J., Understanding the Demographic Dividend, www. policyproject. com /pubs/ generalreport/ demo_ div. pdf, September 2004.

第八章　人口结构转型、劳动力供给效应
转换倒逼经济增长路径转换

第一节　人口红利对于低价工业化的贡献

二元经济模型的假设（刘易斯，1989；费景汉等，2004），可以作为观察中国经济起飞初始条件的镜像。模型假设的核心在于二元经济下，由于人口增加而导致的过剩劳动力滞留于传统农业部门，而对这个人力资源贮水池的疏浚，激活了传统农业经济向现代增长转换的动力。

一　中国工业化的人口初始条件

改革开放之前的 30 年里，中国人口增长一直处在一个比较高的水平上。关于这一点，我们用表 8－1 提供的对比数据来说明。20 世纪 50～70 年代的二三十年中，中国人口出生率水平基本与世界平均水平持平，但是死亡率远低于世界平均水平，这种情况导致了中国人口净增长率不仅高于世界平均水平，而且高于各大洲的人口增长速度，从而为人口规模的持续迅速扩大提供了条件。

在那 30 年里，中国经济的主要特征是乡村人口占人口总量的比重在 80% 以上，直到 80 年代以后才出现持续下降的趋势。与此同时，50 年代户籍制度的实施把过多的劳动力留在农业部门，其间，有大约 80% 的劳动力在第一产业就业，经典二元经济模型的特征非常明显。

表 8 - 1　人口出生率和死亡率的对比

单位:‰

		世界总计	非 洲	美 洲	亚 洲	欧 洲	大洋洲	中 国
出生率	1954 ~ 1958	35	45	33	39	19	24	33.1
	1963 ~ 1969	33	45	30	37	18	25	37.0
	1970 ~ 1975	31	46	27	34	16	25	28.3
死亡率	1954 ~ 1958	18	26	13	21	11	9	11.9
	1963 ~ 1969	14	21	10	16	10	10	9.2
	1970 ~ 1975	12	19	9	13	10	9	7.4

数据来源：United Nations：“Demographic Yearbook（1959、1969、1978）”；中经网统计数据库。

持续 20 余年的人口高速增长之于经济增长的效应，或许只有放到更长的历史时期里考察，才能进行客观的评价。但是，一个不可否认的事实是，改革开放之前的 30 年里，人口的过度膨胀一度给中国经济和国民福利带来冲击，在那个历史时期里，农业部门生产力的低下和现代部门的狭小，导致人均国内生产总值增长速度长期处于一种低水平状况。封闭经济下依靠农业剩余支持工业发展的企望不仅难以为继，而且迫使农业部门陷入日益窘迫的增长困境，"马尔萨斯陷阱"阴影挥之不去。

二　人口过程和人口结构

20 世纪六七十年代的高出生率和低死亡率，为改革开放以来中国的人力资源供给提供了优势。我们从中国人口结构与世界水平的对比中，就改革开放以来的人口过程和人口结构进行说明。表 8 - 2 提供了 40 余年的人口结构变动趋势，包括 15 ~ 64 岁劳动年龄人口和 0 ~ 14 岁、65 岁以上非劳动年龄人口占总人口的比例，以及由此估算出的抚养比，比较说明如下：

1. 与国际比较起来，中国劳动年龄人口比重经历着一个上升阶段

与世界平均水平相比较，自 20 世纪 60 年代以来，中国 15 ~ 64 岁劳动年龄人口占总人口比重相对较高，并且自 80 年代以来，中国劳动年龄

人口高出世界平均水平的幅度逐渐增大。如，1964 年，中国劳动年龄人口比重为 55.8%，高出世界平均水平 0.4 个百分点；1982 年为 61.5%，高出世界平均水平 4 个百分点；2000 年以后，中国劳动年龄人口比重突破 70%，高出世界平均水平的幅度基本保持在 10 个百分点。不仅如此，与发达国家如七国集团比较起来，20 世纪 90 年代中期以来，中国劳动年龄人口比重呈现显著的相对上升趋势。放在国际人口变换过程中来考察，改革开放以来的 30 多年里，中国劳动年龄人口构成及动态变化的特殊性非常显著。

2. 与国际比较起来，中国的人口抚养比明显较低

人口抚养比是非劳动年龄人口与劳动年龄人口之比，包括少儿抚养比和老年抚养比，二者之和为总抚养比。从中国人口总抚养比的趋势和国际看：20 世纪 60 年代至改革开放之初的 80 年代，总抚养比经历了一个快速下降阶段，由 1964 年的 79.4% 下降到 1982 年的 62.6%，其后一直持续降低，2009 年为 36.9%。80 年代中期以来，中国人口总抚养比低于世界平均水平 20% 左右，90 年代中期以后低于发达国家如七国集团的平均水平。从总抚养比的构成来看，中国老年抚养比与世界平均水平基本持平，但是远远低于发达国家水平；少儿抚养比一直显著低于世界平均水平，但是长期以来高于发达国家平均水平。

3. 与国际比较起来，中国人口结构变动过于迅速

中国人口结构的迅速变动主要集中在 0～14 岁人口比重的迅速下降，和 15～64 岁劳动年龄人口比重的迅速上升上，即使把考察期框定在 1982～2009 年这个时期也是如此。

● 0～14 岁人口比重的迅速下降：1982～2009 年，中国 0～14 岁人口比重下降了 15.1%，几乎相当于同期世界平均水平变动幅度的 2 倍和发达国家平均水平变动幅度的 3 倍。2009 年，中国 0～14 岁人口比重基本上与发达国家平均水平持平。

● 15～64 岁劳动年龄人口比重的迅速上升：1982～2009 年，中国 15～64 岁人口比重上升了 11.5%，几乎相当于同期世界平均水平变动幅度的 2

倍，其间七国集团的平均水平基本上没有发生变化。

* 利与弊：中国人口结构的迅速变动的益处在于为改革开放以来劳动力资源的开发及经济高速增长提供了原动力，毫无疑问的是，巨大的劳动力资源的有效利用支撑起了持续近三十年的高增长；但是，人口结构迅速变动的弊端也是显而易见的，最大的隐忧就是迅速的人口结构变动加剧了人口老龄化趋势，以至于"未富先老"的问题成为未来中国经济增长何去何从的焦点。表 8 - 2 列示了中国人口结构与世界的对比情况。

表 8 - 2　中国人口结构与世界的对比

		1953 年	1964 年	1982 年	1987 年	1990 年	1995 年	2000 年	2005 年	2009 年
0 ~ 14 岁人口比重:%	中国	36.3	40.7	33.6	28.7	27.7	26.6	22.9	20.3	18.5
	世界平均	—	39.7	36.8	35.9	35.3	34.1	32.4	30.4	29.0
	七国集团平均*	—	26.7	21.0	19.5	18.9	18.4	17.6	16.7	16.2
15 ~ 64 岁人口比重:%	中国	59.3	55.8	61.5	65.9	66.7	67.2	70.1	72	73
	世界平均	—	55.4	57.5	58.3	58.7	59.5	60.8	62.4	63.5
	七国集团平均	—	63.4	66.4	67.5	67.4	67.0	66.9	66.6	66.3
65 岁及以上人口比重:%	中国	4.4	3.6	4.9	5.4	5.6	6.2	7	7.7	8.5
	世界平均	—	4.9	5.7	5.8	6.0	6.4	6.8	7.2	7.5
	七国集团平均	—	9.9	12.6	13.0	13.7	14.7	15.6	16.6	17.5
总抚养比:%	中国	68.6	79.4	62.6	51.8	49.8	48.8	42.6	38.8	36.9
	世界平均	—	80.5	74.0	71.4	70.4	68.1	64.4	60.3	57.5
	七国集团平均	—	57.7	50.6	48.1	48.3	49.3	49.6	50.1	50.8
少儿抚养比:%	中国	61.2	73	54.6	43.5	41.5	39.6	32.6	28.1	25.3
	世界平均	—	71.7	64.0	61.5	60.2	57.4	53.3	48.7	45.7
	七国集团平均	—	42.0	31.7	28.9	28.0	27.4	26.3	25.1	24.5

续表

		1953 年	1964 年	1982 年	1987 年	1990 年	1995 年	2000 年	2005 年	2009 年
老年抚养比:%	中国	7.4	6.4	8	8.3	8.3	9.2	9.9	10.7	11.6
	世界平均	—	8.8	10.0	9.9	10.2	10.7	11.1	11.6	11.8
	七国集团平均	—	15.7	18.9	19.2	20.3	21.9	23.3	25.0	26.3

注：七国集团：美国、英国、法国、德国、意大利、加拿大、日本。

数据来源：世界银行数据库；《中国人口和就业统计年鉴 2010》。

第二节　人口红利的数据表征：劳动力供给对经济增长的贡献

"人口红利"是指一个国家劳动年龄人口占总人口比重较大，抚养比偏低，经济高储蓄、高投资和高增长的局面。一些研究如 Mason（2001）、Bloom，et al.（2002），试图从人口转型与生产、消费的相互联系的角度，对人口红利进行数据刻画和模拟。而最近的文献如 Mason and Lee（2006），进一步把人口红利细分为"第一人口红利"和"第二人口红利"：（1）"第一人口红利"：根据 Mason 等的解释，"第一人口红利"是指当生育率降低的人口转型发生时，生产性人口比重上升所产生的结果，即我们前文所提及的"人口红利"概念，"第一人口红利"产生的原因在于这个过程中生产人口的增长速度快于消费人口的增长速度。（2）"第二人口红利"：在老龄化的初期阶段，新进入老龄阶段的人往往都有较高的储蓄率和储蓄倾向，从这个意义上说，劳动年龄人口丰富的"人口红利"期结束并非"人口红利"的真正结束，只要能够发挥好储蓄的资金效率，让资本得到合理的回报，则"第二人口红利"仍有可能为经济增长继续注入"活力"。Mason 等认为，人口老龄化趋势的预见性及资源再分配机制的完善，是延续第二人口红利的重要环节。

一 第一人口红利

首先对中国劳动力的供给情景给出一个简要说明。基于现有统计数据，运用年龄移算方法，我们可以把中国劳动力供给情景拉长到 2025 年[①]。图 8-1 显示了 20 世纪 50 年代以来中国劳动年龄人口的动态变化趋势，以及与此趋势相对应的劳动力供给趋势。

从劳动年龄人口看，1953 年的规模是 3.5 亿人，1964 年为 3.9 亿人，11 年里的平均增长速度为 1%；1982 年的劳动年龄人口为 6.3 亿人，1964～1982 年的平均增长速度为 3.4%。用年龄移算方法计算得到的劳动年龄人口峰值出现在 2015 年左右，约为 10 亿人，1982～2015 年的平均增长速度为 1.9%。2015 年之后劳动年龄人口将出现缓慢的下降。

从劳动力供给趋势看，1953 年的规模是 2.1 亿人，1964 年为 2.8 亿人，11 年里的平均增长速度为 3%；1982 年的劳动力为 4.5 亿人，1964～1982 年的平均增长速度为 3.3%。用年龄移算方法计算得到的劳动力供给"拐点"出现在 2015 年左右，我们提供了两个口径的劳动力序列：一是根据经济活动参与率下降趋势预测的劳动力供给（ii），峰值约为 7.9 亿人；二是根据经济活动参与率为 0.8 这个数值预测的劳动力供给（i），峰值约为 8.2 亿人。1982～2015 年的平均增长速度为 2%～2.5%。2015 年之后劳动力供给将出现缓慢的下降，并预示着第一人口红利的消失。

一般认为，中国人口红利起始于 20 世纪 60 年代。60 年代以来，人口转型的发生和劳动年龄人口的快速增长，为经济增长积聚了丰富的劳动力资源。其间，劳动力人口比重较大以及抚养负担的减轻（见表 8-2），促成了经济发展过程中的高增长、高储蓄和高投资的红利效应。（1）高增长。

[①] 劳动力人口年龄移算法预测的含义是：按照年龄分组的人口，随着时间的推移和人口的年龄转组，将引起劳动力人口数的变动，即劳动力人口随年龄变动而变动。我国人口统计按照 4 岁年龄组距，将人口分为"0～4 岁"，…，"65 岁以上"等 14 组。本章采取滞后 15 年的年龄移算方法，劳动力人口年龄估算遵从通常的"15～19 岁"，…，"60～64 岁"分组方法；劳动力供给数量为劳动力人口乘以劳动参与率。参见袁富华（2010）。

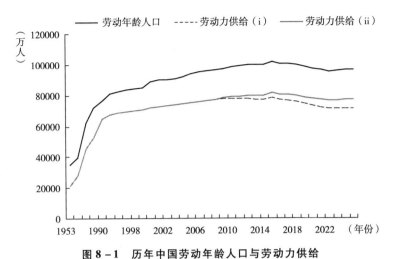

图8－1　历年中国劳动年龄人口与劳动力供给

数据来源：历年《中国统计年鉴》。

中国经济持续快速增长的奇迹，正是发生在劳动力供给快速增长的人口红利时期里。制度变革促进了劳动力资源的流动，劳动密集型产业的发展为丰富劳动力资源的有效使用提供了机会。中国经济的高增长可以从两个方面加以理解：第一，高增长率。在1979～2010年的31年间，GDP平均增长速度为9.9%，人均GDP增长速度为8.7%。其中，工业平均增长速度为11.5%，服务业平均增长速度为10.9%。第二，增长的稳定性。改革开放以来中国经济增长的稳定性，一方面表现为避免了以前增长大起大落的局面，如1953～1978年增长率的标准差为10.3，1979～2010年为2.8，波动幅度明显降低了；另一方面表现为20世纪90年代的中国经济虽然受到两次较大的国际金融危机的冲击，但是增长速度依然得到保持，如1998～1999年，中国经济增长速度平均为7.7%，2008～2010年平均为8.9%。（2）高储蓄。1978年，全国城乡居民储蓄存款年底余额为210.6亿元，1992年突破1万亿元，2003年突破10万亿元，2008年突破20万亿元。扣除通货膨胀因素（以1978年为基期的CPI计），2010年是1978年的240倍。中国居民储蓄规模增长的这种趋势，与劳动力资源的开发节奏是合拍的。不仅如此，从国民储蓄率的角度看，1978～2002年维持在0.3～0.4的水平，2004年以来继续攀升，2010年为0.5，远远高于世界同期基本稳定的0.2的水平。（3）高投资。高储蓄推动了高投资，90年代以来，中国固定资本形成率一直维持在30%以上的高水平。同时，随着中国市场化程度的提高和劳动力转移进程的深入，以吸收剩余劳动力为主渠道的非国有经济成分发展迅速，2010年，非国有经济成分的固定资产投资占全社会固定资产投资的比重达到70%[①]。

二　第二人口红利

运用年龄移算方法，基于现阶段的人口结构数据，后移15年的劳动年龄序列的构建，为我们观察近半个世纪的中国第一人口红利带来了便利，并对劳动力供给拐点进行了标识。为了对第二人口红利进行直观说明，我们引入"主要储蓄者比率"的概念（哈继铭，2007），并运用类似于第一人口红利的观察方法，阐释第二人口红利。主要储蓄者比率是指年龄在35~54岁人口在总人口中所占的比率，处于这一年龄段的人群，由于既要为子女储蓄，又要为防老储蓄，因此处于储蓄率的最高点。

在图8-1劳动年龄构造的基础上，运用35~54岁的年龄移算，我们把主要储蓄者数量序列延长到2045年。为了计算主要储蓄者比率，我们还需要构造总人口数量序列。总人口序列的构建是依据1965~2009年的年末人口趋势，运用逻辑曲线进行推算，由主要储蓄者数量和总人口估算的主要储蓄者比率序列参见图8-2。在改革开放以来的30多年里，中国主要储蓄者比率一直呈现持续的上升趋势，2001年以来逐渐接近30%的峰值。但是，主要储蓄者比率30%的水平在未来15~20年仍可能继续保持，大概到2030年，这个比例将呈现持续的下降。

主要储蓄者比率的上述趋势意味着，面对行将消失的第一人口红利，中国在未来一二十年里，或将继续拥有高储蓄带来的发展动力，此后人口红利彻底消失。第二人口红利的存在，意味着在未来一定时期里支持经济高增长的投资因素依然存在，但是前期支撑高增长的低成本劳动力因素却

---

① 数据来源：历年《中国统计年鉴》和世界银行数据库。

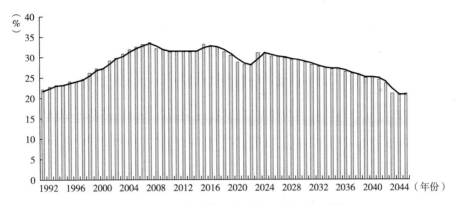

图 8 - 2 历年中国劳动年龄人口与劳动力供给

注：历年《中国统计年鉴》和《中国人口统计年鉴》；中国人口增长的趋势估计参见文章附录。

消失了，中国将面临新增长模式的重塑。

三 劳动力转移对经济增长的贡献

钱纳里等（1995）在比较多国经济增长时，曾就 GDP 增长与劳动力资源再配置的关系建立回归方程。依据二元经济理论和钱纳里等的方法，我们可以对中国农村劳动力转移的增长效应给出一个大致的说明。图 8 - 3 是 1985 ~ 2010 年中国 GDP 增长与劳动力转移关系的散点图示，其中 GDP 增长率序列是经过 HP 滤波处理后的数据；劳动力转移序列是基于第一产业就业人员（在总就业人员中的）比重的逐年变化计算得到的，并进行了 HP 滤波处理。从图 8 - 3 中可以看出，长期以来农村劳动力转移与 GDP 增长之间存在显著的正相关关系，即农村劳动力向现代部门的转移，具有显著的促进经济增长的作用。

劳动力转移效应的大小直观显示在图 8 - 4 上，该图以劳动力转移对 GDP 增长的贡献度，来表示劳动力转移的 GDP 促进效应[①]。从长期趋势来看，中国劳动力转移对 GDP 增长的贡献度在 20% ~ 30%，进入 21 世纪以来，随着城市化进程的加速，劳动力资源在配置上的增长促进作用也显著增强。

---

① 计量方程为：$GDP = \underset{(765)}{8.36} + \underset{(149)}{2.15} L_{transfer} - \underset{(-3.6)}{0.023 \cdot T_{1985-2010}} + \underset{(6.6)}{0.66} \cdot AR\ (1)$，$adjr\text{-}R^2 =$ 0.99，$DW = 2.20$；劳动力转移的增长贡献度的计算方法为：$(2.15 \cdot L_{transfer} / GDP) \times 100\%$。

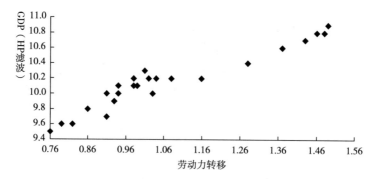

图 8 - 3　1985 ~ 2010 年中国 GDP 增长与劳动力转移的散点图

数据来源：中经网统计数据库。

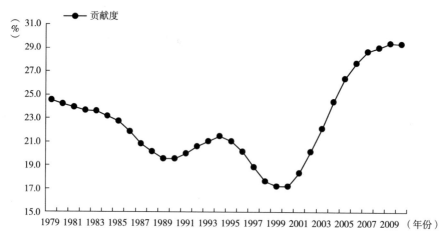

图 8 - 4　1979 ~ 2010 年劳动力转移对 GDP 增长的贡献度

数据来源：中经网统计数据库。

第三节　人口红利窗口关闭及增长预期

20 世纪六七十年代的中国人口的高增长，为其后 30 多年的经济高增长准备了条件。1978 年启动的经济改革和开放，适时地打开了丰富劳动力资源利用的窗口。作为劳动力流动所展示的风景，低价工业化模式按部就班地遵循了自身的规律发生作用：一代一代的廉价劳动力被转化为日益扩张的经济规模，起先是工业部门的迅速崛起，后来是服务业部门的不断壮大，结果是经济快速稳定的增长和马尔萨斯贫困化陷阱的突破。其间，相对宽松的国际经济环境，为廉价工业品的市场预备了前提，出口贸易既作为低价工业化模式自我加速的有力引擎发生作用，又为全球分享中国人口红利提供了契机。

但是，造就阶段性经济高增长奇迹的因素不会永远存在，人口红利既然于短时期内累积和释放，也必将在一个持续不会很久的时期里结束。中国人口转型的规律一方面揭示了第一人口红利在近期（2015 年左右）消失的演化进程，另一方面，随着 20 世纪 60 年代、70 年代和 80 年代生育高峰期出生的人口陆续进入退休年龄，主要储蓄者比率在 15～20 年之后也将出现持续下降，届时，支撑中国经济高增长的人口转型因素将不复存在。

如果我们把人口红利逐渐消失的这一时期称为"经济过渡期"，那么在可以预期的未来 15～20 年里，中国经济保持高增长的可能性依然存在。但是，即使是在这样一个可预见的时期里，也隐含着增长风险。原因之一是，30 多年的低价工业化模式，虽然做大了中国工业规模，但是长期的劳动力低成本从根本上阻滞了工业内部创新机制的形成，粗放型增长方式长期主导了中国工业成长且已形成路径依赖。在人口老龄化趋势面前，不仅工业赖以增长的廉价劳动力因素正在消失，而且作为投资来源的储蓄资源也将慢慢减少，因此，投资驱动的低价工业化模式的优势正在丧失，工业增长的持续性将面临风险。原因之二是，中国正在加速的城市化进程对于流动劳动力的吸收作用巨大，这也意味着剩余劳动力从"流动"向"转移"的本质变化。流动性劳动力向城市的转移和定居，对未来的城市化提出了挑战，主要是城市基础设施的提供和城市养老体系的建设，导致城市化的高成本。高成本的城市化需要稳定的资金支持，在城市化成本不能被增长利益覆盖的情况下，城市化也将面临风险，典型如城市病的发生。原因之三是，长期以来中国产品国内市场的开拓，主要立足于低成本竞争优势，人口红利的结束及加速的城市化，将刺激出口产品成本的上升，削弱竞争力。经济过渡期内中国工业转型的成功与否，将直接影响出口引擎作用的发挥。

总之，过去 30 多年的增长历程，是围绕中国巨大人口规模及人口转型这根红线有序展开的，低价工业化模式的历史作用，在于有效整合了经济资源，从而使得劳动力禀赋得以发挥。未来的一二十年，将是城市化对经济资源的再次整合，包括工业增长可持续能力的提升，以及城市集聚效应的发掘。鉴于第一人口红利的消失以及经济规模自身的扩张规律（S 型增长曲线），以往年均 9% ~ 10% 的增长速度不可能继续保持。但是，只要意识到人口转型的客观规律，在制度变迁上做好适应经济转型的准备，一个有效吸纳大规模劳动力存量的较高增长速度就仍可能得以保持。

第四节　人口结构转型、劳动力供给效应倒逼低价工业化模式转型

在前期的研究中，我们运用人口和劳动力增长的 Logistic 曲线，构造了一个附加人力资本投资的二元经济模型，来对劳动供给和经济增长路径关系进行描述（袁富华等，2007）。假设该二元经济由传统的农业部门和现代部门构成，农业部门存在过剩劳动力，现代部门的发展逐步吸收农业部门的劳动力。农业部门使用低技能的劳动力，现代部门使用高技能的劳动力。劳动技能的提高可以通过"干中学"和人力资本积累实现。经济增长由劳动力增长和劳动力资源转移、人力资本积累和两部门的技术进步等因素驱动。

一　二元经济条件下的劳动力供给[1]

1. 总人口和劳动力供给

我们有理由相信，劳动力规模在很大程度上与人口规模紧密相关[2]。为

---

[1] 参见袁富华等（2007）。

[2] 在王小鲁、樊纲的一项研究中，他们较早地注意到了就业规模与提前 16 年人口出生数量的关系，并试图据此对就业统计中的误差进行修正。如果将王小鲁、樊纲的全社会就业序列与提前 16 年相对应的人口规模序列进行比较，可以发现两者的趋势基本一致。参见王小鲁、樊纲《中国经济增长的可持续性》，经济科学出版社，2000，第 1 章及其附录。严格来说，劳动力供给与劳动力投入是两个稍有区别的概念，劳动力供给应该包含劳动力投入（就业）和失业等更加广泛的内容，但是由于失业问题不是本书关注的内容，因此为便于表述，我们将劳动力供给和劳动力投入路径视同。

此，我们可以简单假设劳动力供给机制与人口增长机制具有相似性。与人口增长机制的一个经验方程——Verhulst方程（即通常所说的Logistic模型或S曲线）相类比，我们在这里把劳动力规模随时间的变化路径表示如下：

$$\frac{\dot{L}(t)}{L(t)} = \frac{r}{\bar{L}}[\bar{L} - L(t)], \ r, \ \bar{L} > 0 \tag{1}$$

（1）式中，$\bar{L}$为最大劳动力规模（或峰值规模），r为劳动力自然增长率，$L(t)$为t时期劳动力规模。这个方程的意思是，t时期劳动力规模$L(t)$距离经济增长可吸收的最大劳动力规模$\bar{L}$越远，劳动力增长速度$\frac{\dot{L}(t)}{L(t)}$就越大。随着时间的推移，$\frac{\dot{L}(t)}{L(t)}$逐渐趋向于0，此时，劳动力规模存在"峰值"逼近现象。

假设初始时刻劳动力数量为$L(0)$，则劳动力增长的曲线为（1）式的解：

$$L(t) = \frac{\bar{L}}{1 + \lambda e^{-rt}} \tag{2}$$

其中：$\lambda = \frac{\bar{L}}{L(0)} - 1$。用图形表示如图8-5所示。

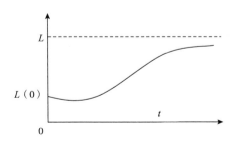

图8-5 劳动力规模变动趋势

劳动力增长率为：

$$\frac{\overset{\cdot}{L}(t)}{L(t)} = \frac{\lambda r}{\lambda + e^{rt}} \tag{3}$$

显然，当 $t \to \infty$ 时，劳动力供给增长率趋向于 0。

2. 传统部门的劳动力供给

为了体现中国的经济特性，我们假设存在一个二元经济的结构，传统农业部门存在大量剩余劳动力。假设初始状态所有劳动力都处于农业部门，初始劳动力为 $L(0)$，同时假设农村和城市的人口自然增长率相同。在转型开始后，农村剩余劳动力流向现代部门，假设劳动力流动人口数量为 L^F，因此农业部门的劳动力人口变化可用（4）式表示：

$$\frac{\overset{\cdot}{L_t^A}}{L_t^A} = \frac{r}{\overline{L}}(\overline{L} - L_t) - \frac{L^F}{L^A}, \ \mu_A, \ \overline{L}^A > 0 \tag{4}$$

初始时刻 $t = 0$ 对应的劳动力规模为：$L_t^A\big|_{t=t_0} = L_0^A = L(0) \leqslant \overline{L}$。

3. 现代部门的劳动供给

劳动力从传统农业部门流出，进入现代部门。我们假设现代部门的初始劳动力数量为 0，最初的城市劳动人口来自农村的劳动力转移，随后，现代部门按照人口增长规律增长，同时接纳传统部门流出的劳动力 L^F。那么转型过程中现代部门的劳动力 L_t^M 变化规律可用（5）式表示：

$$\frac{\overset{\cdot}{L_t^M}}{L_t^M} = \frac{r}{\overline{L}}(\overline{L} - L_t) + \frac{L^F}{L^M}, \tag{5}$$

初始时刻 $t = t_0$ 对应的劳动力规模为：$L_t^M\big|_{t=t_0} = 0$

二 二元劳动力结构条件下的经济增长

我们就剩余劳动力大量存在的传统农业部门和充当劳动力转移渠道的现代部门（第二产业、第三产业）增长趋势进行分析。

1. 传统农业部门

假定农业部门的就业岗位不需要培训，其劳动力来自人口的自然增长。

记上标 A 为农业部门，农业部门增长模型形式为：

$$Y_t^A = A_t^A \left(L_t^A \right)^{\alpha_A}, \ \alpha_A < 1 \tag{6}$$

其中 A_t^A 为农业部门的技术进步率。

2. 现代部门

假设现代部门的劳动是高技能的劳动投入，需要人力资本投资积累经验技术，记上标 M 为现代部门，其生产函数为：

$$Y_t^M = A_t^M \left(u h_t L_t^M \right)^{\alpha_M}, \ \underline{u} < u < 1, \ 0 < \alpha_M < 1 \tag{7}$$

其中 A_t^M 为现代部门的技术进步率，u 表示劳动力的平均工作时间比例，$\underline{u}$ 为最低的平均工作时间比例，h_t 表示平均人力资本水平。参照 Lucas（1987），假设人力资本的积累速度与教育学习时间呈正比，即遵循下述方程：

$$\dot{h}_t = B \left(1 - u \right) h_t - \delta h_t B > 0 \tag{8}$$

其中 B 表示教育部门的技术参数，δ 表示人力资本的折旧率。人力资本的折旧反映了技能下降、新技术与新知识导致的知识老化、死亡造成的损失等因素。

3. 人力资本投资转折点与经济增长路径转换

为了使分析结果简便且有经济学含义，下文重点分析现代部门。劳动和教育时间的分配是经济行为人的微观决策，其最优化配置决定了现代部门的劳动质量均衡水平。根据（7）式，使边际生产率等于 0 的时间配置为[①]：

$$u = \begin{cases} 1 & 0 < t < 1/B \\ 1/Bt & 1/B < t < 1/\left(\underline{B}u \right) \\ \underline{u} & t > 1/\left(\underline{B}u \right) \end{cases} \tag{9}$$

假设初始人力资本水平为 h_0，将（9）式代入（8）式，得到人力资本

[①]　可利用 Kuhn – Tucker 定理推导出。

的均衡增长路径：

$$h_t = \begin{cases} h_0 e^{-\delta t} & 0 < t < 1/B \\ h_0 e^{(B-\delta)t-1} & 1/B < t < 1/(Bu) \\ h_0 e^{[B(1-u)-\delta]t} & t > 1/(Bu) \end{cases} \quad (10)$$

表达式（9）和（10）说明了人力资本积累的动态路径：在经济发展的初期阶段，人力资本投资不划算，经济人将全部非闲暇时间用于工作，因此劳动供给对经济增长的效应必然以水平效应为主。随着生产率的提高，当时间人力资本投资收益上升，经济人逐步地将更多的时间用于人力资本投资，经济开始加速人力资本积累，对经济增长的贡献上升，垂直效应逐步发挥作用。但是，考虑到经济人不能将全部时间用于人力资本投资，必须将部分时间用于工作，即在人力资本投资的时间配置上存在上限，此时经济人的人力资本投资时间保持为（$1-u$）。因此，我们将 $\tau_{h1} = 1/B$ 称为人力资本投资转折点，将 $\tau_{h2} = 1/(Bu)$ 称为人力资本投资时间饱和点。

结合（7）、（9）、（10）式，可得到均衡产出的动态路径：

$$Y_t^M = \begin{cases} A_t^M (h_0 e^{-\delta t-1} L^M)^\alpha & 0 < t < \dfrac{1}{B} \\ A_t^M (h_0 e^{(B-\delta)t-1} L^M/(tB))^\alpha & 1/B < t < 1/(Bu) \\ A_t^M (u h_0 e^{[B(1-u)-\delta]t} L^M)^\alpha & t > \dfrac{1}{Bu} \end{cases} \quad (11)$$

根据生产函数（7），经济增长率可被分解为：

$$\frac{\dot{Y_t^M}}{Y_t^M} = \frac{\dot{A_t^M}}{A_t^M} + \alpha \left(\frac{\dot{L_t^M}}{L_t^M} + \frac{\dot{h_t}}{h_t} + \frac{\dot{u_t}}{u_t} \right) \quad (12)$$

其中，$\dfrac{\dot{A_t^M}}{A_t^M}$ 为技术进步增长率，$\dfrac{\dot{L_t^M}}{L_t^M}$ 与劳动力增长相关，我们称之为劳动

供给的水平效应；而 $\dfrac{\dot{h_t}}{h_t}$ 为人力资本增长率，我们称之为劳动供给的垂直效

应。$\dfrac{\dot{u}_t}{u_t}$ 为劳动时间的配置效应。

结合（9）式和（10）式，可得到经济增长率的动态路径：

$$\frac{\dot{Y}_t^M}{Y_t^M}=\begin{cases}\dfrac{\dot{A}_t^M}{A_t^M}+\alpha\left(\dfrac{\dot{L}_t^M}{L_t^M}-\delta\right) & 0<t<\dfrac{1}{B} \\[4mm] \dfrac{\dot{A}_t^M}{A_t^M}+\alpha\left[\dfrac{\dot{L}_t^M}{L_t^M}-\dfrac{1}{t}+\left(B-\delta\right)\right] & 1/B<t<1/\ (B\underline{u}) \\[4mm] \dfrac{\dot{A}_t^M}{A_t^M}+\alpha\left[\dfrac{\dot{L}_t^M}{L_t^M}+\left[B\ (1-\underline{u})\ -\delta\right]\right] & t>\dfrac{1}{B\underline{u}}\end{cases} \tag{13}$$

均衡产出的增长路径取决于人口增长模型和人力资本投资模型的初始条件，以及生产函数的各个参数，增长方程包含经济转型过程的丰富内涵。下面我们以 $\tau_h=1/B$ 为分界点，把经济发展的过程分为低级劳动力投入阶段和人力资本投资的转型阶段，具体揭示动态方程的含义。结果为以下几个命题。

命题 1：在经济发展的低级劳动力投入阶段，即 $0<t<1/B$ 时期，人力资本投资为 0，随着人力资本的折旧，人力资本水平下降，劳动供给只能通过水平效应促进经济增长。增长条件是：$\dfrac{\dot{A}_t^M}{A_t^M}+\alpha^A\dfrac{\dot{L}_t^M}{L_t^M}>\alpha^A\delta$。

命题 2：当经济进入人力资本投资的转型阶段，人力资本加速积累，人力资本的垂直效应成为经济增长的动力之一，经济增长的条件是：$\dfrac{\dot{A}_t^M}{A_t^M}+\alpha\left[\dfrac{\dot{L}_t^M}{L_t^M}-\dfrac{1}{t}+\left(B-\delta\right)\right]>0$。在转型阶段，如果人力资本投资不足，经济转型可能处于停滞，经济增长也会因此而停滞。

命题 3：人力资本积累的垂直效应是劳动力供给影响现代部门长期经济

增长率的唯一因素。当考虑长期情形，由于 $\lim\limits_{t \to \infty}\dfrac{\dot{L}_t^M}{L_t^M} = 0$，则有：

$$\lim_{t \to \infty}\frac{\dot{Y}_t^M}{Y_t^M} = \frac{\dot{A}_t^M}{A_t^M} + \alpha \left[B \left(1 - u \right) - \delta \right] \tag{14}$$

三 刘易斯转折点与经济增长的路径转换

假设经济发展的初期阶段传统农业部门的最低工资为 $\underline{W}$，农村的大量剩余劳动力决定了这一最低工资由最低生存费决定，刘易斯转折点描述随着劳动力转移传统部门劳动边际生产率提高至 $\underline{W}$ 以上的转折点，用 τ_L 表示。在初期阶段，现代部门的工资也被压低，为简化分析，可以假定现代部门支付制度性工资 $\varphi\underline{W}$，$\varphi > 1$ 为制度性工资系数。显然，只要现代部门的劳动边际生产率高于 $\varphi\underline{W}$，传统农业部门的劳动力就会不断地流入现代部门，由工资条件得到现代部门的劳动力需求：

$$L_t^{MD} = \left(\frac{A\alpha \left(uh \right)^\alpha}{\varphi\underline{W}} \right)^{\frac{1}{1-\alpha}} S \tag{15}$$

由此得到现代部门劳动力需求的增长率为：

$$\frac{\dot{L}_t^M}{L_t^M} = \frac{1}{1-\alpha}\left(\frac{\dot{A}_t^M}{A_t^M} + \alpha \frac{\dot{h}_t}{h_t} - \frac{\dot{\varphi}_t}{\varphi_t} \right) \tag{16}$$

（16）式表明，要保证现代部门的劳动力吸收能力不断扩大，需要技术进步、人力资本积累。城乡劳动市场的制度性障碍对劳动力转移具有副作用。如果经济发展处于人力资本投资转折点之前，即 $\tau_L < \tau_{h1}$，现代部门的劳动力投入是否增长主要取决于技术进步增长率。取消制度性障碍，促进劳动力市场的自由流动，将降低制度性工资，也可以增加现代部门的劳动吸纳能力。

结合现代部门的劳动供给表达式，可以计算出流动人口：

$$L^F/L^M = (1-\alpha)^{-1}\left\{\frac{\dot{A}_t^M}{A_t^M} + \alpha[B(1-u)-\delta]\right\} - r(\bar{L}-L(t))/\bar{L} \qquad (17)$$

随着剩余劳动力的流出，农业部门的就业人口下降，边际生产率上升，一旦跨越刘易斯转折点，农业部门的边际生产率超过最低工资水平 W，其工资水平就应该由农业部门的边际生产率决定。此时经济发展进入第二阶段，其典型特征是农业部门的就业人口下降，工资上升；同时由于农业部门的边际生产率仍低于现代部门的劳动边际生产率，即农业部门的工资仍低于现代部门的工资，农村的部分劳动力仍然向现代部门转移。这一阶段现代部门劳动力需求的增长率为：

$$\frac{\dot{L}_t^M}{L_t^M} = \frac{1}{1-\alpha^M}\left(\frac{\dot{A}_t^M}{A_t^M} + \alpha\frac{\dot{u}_t}{u_t} + \alpha\frac{\dot{h}_t}{h_t} - \frac{\dot{\varphi}_t}{\varphi_t} - \frac{\dot{A}_t^A}{A_t^A} + \frac{\dot{L}_t^A}{L_t^A}(1-\alpha^A)\right) \qquad (18)$$

这一阶段 $\dfrac{\dot{L}_t^M}{L_t^M}$ 的变化还受人力资本投资转折点和人力资本投资时间饱和点的影响。理论上存在三种情况：（1）$\tau_L < \tau_{h1}$，经济仍处于无人力资本投资状态，技术进步率是抵消工资上涨、维持劳动需求持续增长的主要因素；（2）$\tau_{h1} < \tau_L < \tau_2$，经济处于人力资本投资转折点和人力资本投资时间饱和点之间，人力资本投资加速增长，成为提高劳动需求增长率的另一个主要因素；（3）$\tau_{h1} < \tau_L$，人力资本投资的时间已经达到上限，人力资本投资将以固定速度增长，仍然是提高劳动力需求增长率的重要因素。由于一般的技术进步往往与人力资本积累密切相关，因此现实中第（1）种情况不太可能出现。

如果其他参数不变，由于工资增长率上涨，跃过刘易斯转折点的第二阶段现代部门劳动力需求增长率比第一阶段下降，结合经济增长率的（13）式，就意味着劳动供给的水平效应下降。随着劳动力的继续转移，直到传统部门和现代部门的劳动边际生产率相等，二元经济的转型过程结束，经济进入命题 3 描述的内生增长阶段。

以上论述表明，刘易斯转折点是"二元经济"成功转型过程中的一个必然结果，如果不出现"刘易斯转折点"，"二元经济"的转型就是不成功的。转折点之后，经济学意义上的"劳动力无限供给"不再成立，与工资上涨对应的是传统和现代两个部门的劳动生产效率提高，以及人力资本投资收益上升，劳动力需求增长率和水平效应下降，垂直效应上升。经济成功转型产生的劳动供给效应转变，在附加了人口和劳动力增长趋缓的外生因素之后，更容易成为现实。

参考文献

［1］ 阿瑟·刘易斯编著《二元经济论》，北京经济学院出版社，1989。

［2］ 费景汉、拉尼斯：《增长和发展：演进观点》，洪银兴等译，商务印书馆，2004。

［3］ 哈继铭：《受益人口红利，2010 年前资产价格将大幅上升》，《新财富》2007 年 2 月。

［4］ 钱纳里等：《工业化和经济增长的比较研究》，上海三联书店，1995。

［5］ 袁富华等：《劳动力供给效应与中国经济增长路径转换》，《经济研究》2007 年第 10 期。

［6］ 袁富华：《劳动力资源开发与经济增长：理论、历史与前景》，《开放导报》2008 年第 2 期。

［7］ 袁富华：《低碳经济约束下的中国潜在经济增长》，《经济研究》2010 年第 8 期。

［8］ Bloom, D. E., Canning, D. and J. Sevilla. "The Demographic Dividend: A New Perspective on the Economic Consequences of Population Change," Santa Monica, CA: RAND, 2002.

［9］ Lucas, Robert E., Jr., "On the Mechanics of Economic Development," *Journal of Monetary Economics*, 22, 1 (July, 1988), pp. 3 – 42.

［10］ Mason, A., *Population Change and Economic Development in East Asia: Challenges Met, Opportunities Seized*, Stanford: Stanford University Press, 2001, pp. 1 – 30.

［11］ Mason, A. etal., "Reform and Support Systems for the Elderly in Developing Countries: Capturing the Second Demographic Dividend," GENUS, LXII (2), 2006, pp. 11 – 35.

附录　中国人口增长的逻辑曲线

令：pop 表示年末总人口；

tt 代表时间且 $tt_{1965} = 1$，$tt_{1966} = 2$，$\cdots$，$tt_{2009} = 45$，$\cdots$，$tt_{2045} = 81$。则由 1965~2009 年人口数据估计的逻辑方程为：

$$\frac{1}{pop} = \frac{1}{150000} + [\underset{(120.5)}{7.391 \times 10^{-6}}] \times \underset{(3183)}{0.952^{tt}}; \ Adj\text{-}R^2 = 0.99$$

其中，圆括号内的数字为 t – 检验值。曲线拟合状况如图所示：

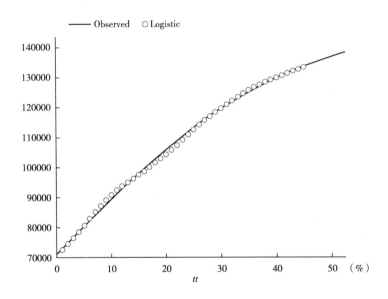

第九章 低碳经济、节能减排倒逼结构转型[*]

第一节 引言

低碳经济即低排放、低污染、环境和经济相协调的经济发展模式（Department of Trade and Industry，2003）。2003 年低碳经济理念提出之后迅速引起广泛响应和讨论的原因，在于当前全球生产和消费模式的失衡及增长的不可持续性。次贷危机发生后，全球经济进入所谓的"新常态"（new normal）：即全球潜在增长率下降以及全球范围内（包括发达经济体与发展中经济体）的增长模式转型。2009 年末的哥本哈根会议，发达国家和发展中国家在减排问题上虽然没有达成共识，但是国际上致力于经济增长模式转换和结构调整的努力仍在继续。作为一个人口规模巨大的经济体，中国所推进的工业化和城市化规模前所未有，从这一特征来说，中国未来经济增长将面临更大的资源环境约束。因此，强调增长与资源环境的协调，转变发展方式，是中国经济潜力持续开发的关键。

为了促进增长方式转型，国家提出 2020 年单位 GDP 碳排放比 2005 年减少 40% ~ 45% 的目标。针对这一目标，本章尝试着回答的一个问题是：低碳经济下中国经济未来的增长状况如何？从增长历史来看，长期存在于中国经济中的"低价工业化"模式，对于突破贫困循环陷阱和奠定起飞基

* 本文发表在《经济研究》2010 年第 8 期，原文题目是《低碳经济约束下的中国潜在经济增长》（社科基金资助论文，10BJY004）。

础居功至伟（张平、张晓晶，2003），但是，这种低水平增长模式下的资源价格扭曲和短期化投资行为，也导致了重复建设和高耗能高污染问题的发生，致使中国经济增长技术进步动力缺失和增长环境失衡的矛盾加剧。20世纪80年代以来，虽然万元国内生产总值能耗和碳排放大幅度降低，但是，受现有生产方式的限制，碳排放总量的增长速度仍然较快。从10年样本期的平均情况看：1989～1990年的碳排放增长速度为4.7%，1990～1999年为3.4%，2000～2006年为9.2%（数据来源于CDIAC）。

20世纪80年代和90年代单位GDP碳排放的大幅度减少，在某种程度上可以说是弥补低水平生产方式对环境的历史欠账。但是，在单位GDP减排空间受到20年的挤压后，减排目标所施加的力度能否被现有生产模式承受？我们认为，这才是减排目标之所以引起广泛关注的主要原因。为了就减排目标的经济意义进行比较系统的观察，本章尝试着建立了一个含有环境要素的增长核算框架，而经典增长核算框架中的劳动力、资本、技术进步等要素也同样被这个框架关注，以便于进行较为深入的比较性说明。基于这样的思路和数据分析，我们给出了低碳经济约束下中国未来10年潜在增长的情景，认为现有的低水平增长模式不足以承受这样的减排压力，而技术进步和结构转型在未来中国经济增长中将发挥越来越大的作用。

作为现有文献基础上的一个扩展分析，本章组织如下：第二节是文献及笔者的评述，第三节是方法和数据说明，第四节是长期增长实证分析和预测，第五节是对实证结果的现实检验，第六节是结论和建议。

第二节　文献及评述

本章研究与国内外现有潜在增长核算理论和方法一脉相承。从理论方法来看，宏观经济模型通常把潜在产出当作一种平滑的确定性趋势来看待，根据实际产出与潜在产出的缺口制定经济政策（Boschen and Mills，1990）。真实周期理论产生后，人们对潜在增长的看法发生了变化，该理论认为，受劳动力供给和生产率变化的冲击，潜在增长将呈现不规则的波动，因此以平滑的确定性趋势看待产出缺口是有偏差的。在这种状况下，为了对经济增长潜在趋势进行识别，一系列滤波方法被引入经济分析并得到广泛应用（Dupasquier et al.，1999），如 HP 滤波、BK 滤波、卡尔曼滤波等，类似的方法还有 Watson（1986）等的单变量因素识别模型。无论是滤波方法还是单变量模型，其优点是简洁，局限性是缺乏可以深入观察经济现象的信息，为此，综合随机分析与经济理论的多变量方法被引入进来，如 Cochrane（1994）等。多变量方法引入增长核算领域的初衷（吕光明，2007），是为了将经济理论或结构信息与滤波方法进行有机结合，使得潜在增长率估算既有经济含义（如潜在增长中的资本、劳动和技术进步贡献），又有统计意义（或将潜在产出当作一种长期趋势进行分离）。其中，将卡尔曼滤波方法与生产函数法结合起来对潜在增长趋势及技术进步因素进行抽取，在国内外相关研究文献中得到广泛应用，一些学者如刘斌和张怀清（2001）认为，相较于其他方法而言，多变量状态空间卡尔曼滤波方法是一种潜在产出估计的较为理想的方法。

对于中国潜在经济增长率的估算，上述方法多有运用。郭庆旺、贾俊雪（2004）运用消除趋势法、增长率推算法和生产函数法对中国 1978～2002 年的潜在增长速度进行了比较分析，认为平均在 9.5% 左右。运用生产函数法，沈利生（1999）认为，1980～1990 年、1991～1998 年的潜在 GDP 增长率分别为 9.9%、10.0%；王小鲁、樊纲（2000）认为 2001～2020 年中国的潜在经济增长率低于 7%，林毅夫等（2003）的估计结果是，2004～2014 年为 8.5%，2014～2024 年为 7.1%。董利民、吕连菊等（2006）运用 HP 滤波和生产函数法对 1979～2004 年中国的潜在经济增长率进行了估计，HP 滤波法得到的估计结果是 9.54%，生产函数法得到的估计结果是 9.67%。刘斌、张怀清（2001）运用线性趋势方法、HP 滤波方法、单变量状态空间和多变量状态空间的卡尔曼滤波方法，及 1992 年第一季度至 2001 年第一季度的 GDP 数据，对潜在经济增长率进行了估计，4 种方法的估计结果分别为 9.1%、8.6%、8.4% 和 8.3%，并认为 8.3% 的潜在经济增长率较为合理。一些文献试图对中国 GDP 增长中的技术进步因素进行解读：运用生产函数法，王小鲁

（2000）认为，中国 1979~1999 年的 TFP 增长率为 1.46%；Wang and Yao（2001）认为，1979~1998 年中国的 TFP 增长率为 2.4%；Young（2003）认为，中国 1979~1998 年的 TFP 增长率为 1.4%；张军、施少华（2003）认为，中国 1979~1998 年的 TFP 增长率为 2.8%；Chow and Li（2002）对中国 1978~1998 年的 TFP 增长率的估计结果是 2.6%；王中宇（2006）的测算认为，1978~2005 年中国 TFP 增长率大多数年份在 1.8%~2% 波动，并对技术进步缓慢的原因进行了系统性解读；Zheng，Bigsten and Hu（2006）对中国 1978~1993 年的 TFP 增长速度的估计结果是 4.3%；Bosworth and Collins（2008）认为，1978~2004 年中国的 TFP 增长率为 3.6%，其中，1978~1993 年为 3.5%，1993~2004 年为 3.9%。

　　为方便估算潜在经济增长率，上述研究大多采用规模报酬不变的柯布－道格拉斯生产函数形式，这种技术倾向普遍受到青睐的原因主要有两个：一是，较之于其他生产函数形式，如 CES 生产函数和超越对数生产函数而言，柯布－道格拉斯生产函数更容易进行拓展且模型参数更易于解释；二是，从统计意义上来说，规模报酬不变相当于为模型参数估计施加了一个约束条件，进而有利于缓解和消除经济变量序列多重共线性问题（王立平、万伦来等，2008）。关于规模报酬不变假设是否适用于中国经济增长分析的问题，李京文、钟学义（1998）曾做过系统性论述，并在规模报酬递增或递减的计量分析方面进行了一定拓展，但是，一些研究如 Chow（2008）认为，规模报酬不变的柯布—道格拉斯形式的生产函数可以被中国统计数据验证，Chow 进一步认为，在只考虑资本和劳动投入的生产函数框架下，资本的产出弹性约为 0.6（Chow and Li，2002；Chow，2008）；类似的，中国总量生产函数中规模报酬不变的性质，在郭庆旺、贾俊雪（2004）及沈利生（1999）等的文献中也受到了检验和运用。

　　将生产函数与滤波方法结合起来研究中国有约束的潜在增长，是我们的一个尝试性分析。在现有潜在增长研究方法的基础上，我们还需要关注减排与长期增长之间的理论分析。关于这一点，内生增长理论提供了一个很好的框架。通过将污染或生产技术清洁度变量纳入生产函数，一些文献如

Bovenberg and Smulders（1995）、Lighart and Ploeg（1994）、Stokey（1998）及阿吉翁、霍伊特（2004）等分析了最优路径下污染控制之于长期增长的影响，认为污染控制将拉低均衡增长。近年来，CO_2排放测算技术的完善以及碳排放数据的可获得性，为经济增长的环境代价测算提供了便利，尝试性研究文献也不断产生，根据陈诗一（2009）的归纳，国内外文献中通常有两类处理排放变量的方法：一种是将污染排放作为投入要素，与资本和劳动投入一起引入生产函数，代表文献如 Mohtadi（1996）等，把排放和能源一起作为投入的代表文献有 Ramanathan（2005）、Lu et al.（2006）等；另一种方法则将污染看作非期望产出，和期望产出（比如 GDP）一起引入生产过程，利用方向性距离函数来对其进行分析，比如 Chung et al.（1997）、涂正革（2008）等。鉴于本文的研究目的，我们采用第一种方法——把污染作为一种投入要素来观察长期中碳排放波动之于潜在增长的冲击问题。

我们将尽可能地遵循规范的研究路径，在充分吸收已有文献的基础上展开问题分析。但是，在一些细节性技术处理上，本章采取了更为谨慎的态度。一是如何看待在传统生产函数框架中纳入碳排放指标和能源消费指标的问题。之所以把这个问题提出来，是因为在通常情况下，碳排放计算严格按照能源消费来进行，因此碳排放数据序列与能源消费序列将呈现高度相关性，在这种状况下，若把两个指标同时纳入生产函数，将加剧令人头疼的共线性问题，而且可能会产生一些奇怪的估算结果，如高度相关两变量系数差异较大或一正一负，为避免这种统计问题的发生，本章在传统生产函数中只引入碳排放指标，并对能源消费与碳排放之间的统计关系进行了阐述。二是增长核算框架下纳入人力资本指标的问题。从早期的教育倍增型劳动投入（Jorgenson，1995）到人力资本变量的引入，围绕人力资本核算展开的经济增长研究文献林林总总，但是，正如乔治、奥克斯利和卡劳（2009，中译本）所指出的那样，由于作为问题核心的人力资本设定问题仍然备受争议，因此人力资本对于经济增长的重要性这一问题仍有分歧。本章的关注重心是碳排放变化情景下中国经济潜在增长分析，为了分析简便，同时也为了尽量避免人力资本指标选取可能带来的一些争议，我们采取传统的生产函数分析方法。

第三节　方法与数据

带有环境变量的增长模型，本质上是把环境作为一种生产要素加以考虑的。作为经济可持续增长的一种便利工具，近年来，内生增长理论对于污染控制与长期增长关系的分析取得了不少成果。在现有理论文献中，Stokey（1998）引入生产技术清洁度的 AK 扩展模型，被认为是一个设定较为理想的分析框架，若以 Y，L，K，B，z 代表产出、劳动力供给、资本投入、知识和技术清洁度，经过修正之后的 Stokey 模型可以写成：$Y = K^{\alpha}(BL)^{(1-\alpha)}z$。均衡分析揭示，长期中的均衡增长因清洁技术的采用或污染的降低而下降，但是，技术进步能够起到抵消长期增长下降的作用，且这种具有技术进步的增长是可持续的（阿吉翁、霍伊特，2004）。

本章的主要目的是在这样一个一般性理论框架中，对碳排放约束下中国经济长期趋势及其影响因素进行探讨。鉴于状态空间模型在参数动态变化描述方面的便捷性，我们把中国主要宏观变量的关联分析建立于这种方法之上。遵循汉密尔顿文献（1999）论及的一般性模型，随机变参数系统的状态空间形式可以表示为：

$$\text{量测方程：} y_t = x_t' \bar{\beta}_t + x_t' \xi_t + w_t$$

$$\text{状态方程：} \beta_{t+1} - \bar{\beta} = F(\beta_t - \bar{\beta}) + v_{t+1} \tag{1}$$

其中，y、x 为因变量向量和解释变量向量，β 为随机变参数向量，扰动向量 w、v 满足：

$$\begin{pmatrix} v_{t+1} \\ w_t \end{pmatrix} \sim N\left(\begin{pmatrix} 0 \\ 0 \end{pmatrix}, \begin{bmatrix} Q & 0 \\ 0 & \sigma^2 \end{bmatrix} \right) \tag{2}$$

在下文的实际操作中，我们将用主要宏观经济指标替换这个抽象模型中的变量向量。为此需要对这些经济指标进行一下概要性说明：（1）增长核算分析中所有价值量指标如 GDP、资本存量 K，基期设定为 1990 年。我们运用中国国内生产总值核算资料中的固定资本形成指数以及统计年鉴的固定资产投资价格指数，对 1952～2008 年的国内资本存量序列进行了盘存合成，1952 年起始期资本存量采用了何枫、陈荣和何林（2003）的估算数据，折旧率取值 5%。（2）就业（L）数据在 1990 年出现一个异常的增加，关于这个问题的产生原因，王小鲁、樊纲（2000）的文献进行了较为详细的分析，并对序列进行了矫正。本章劳动力供给长序列的 1990 年以前数据取自王小鲁、樊纲的估算，1991～2008 年的数据来自《中国统计年鉴》，2009～2020 年的劳动力供给运用年龄移算方法估算得到。劳动力人口年龄移算法预测的含义是：按照年龄分组的人口，随着时间的推移和人口的年龄转组，将引起劳动力人口数的变动，即劳动力人口随年龄变动而变动。我国人口统计按照 4 岁年龄组距，将人口分为"0～4 岁"，…，"65 岁以上"等 14 组。本章采取滞后 15 年的年龄移算方法，劳动力人口年龄估算遵从通常的"15～19 岁"，…，"60～64 岁"分组方法：即分别以 1994～2005 年的年龄分组人口推算 2009～2020 年劳动力人口；劳动力供给数量为劳动力人口乘以劳动参与率[①]。（3）1953～2008 年中国能源消费数据来源于中经网统计数据库；1952～2006 年中国二氧化碳排放量（CO_2）数据来自美国能源部二氧化碳信息分析中心（CDIAC）的估算，2007～2008 年数据系根据这个长序列的能耗——碳排放系数进行推算和递补得到。

关于碳排放约束下潜在 GDP 核算方法的建立，一方面立足于内生增长理论有关污染控制之于长期增长影响的理论框架，另一方面为了检验中国数据应用于这个框架的可行性，本章对于主要宏观变量的相依关系进行了一些统计分析，并以此为基础归纳了长期增长的因素关联模型，这个简单的反馈回路是

[①] 2009～2020 年劳动参与率系根据 1993～2008 年劳动参与率变动趋势推算，估算方程为：
$$LR = \underset{(50096)}{0.84} - \underset{(-1828)}{0.35} \cdot t_{1993-2008}, \quad R^2 = 0.99, \quad DW = 2.14，其中，LR 为劳动参与率。$$
2009～2020 年劳动参与率的估算值分别为：0.79，0.79，0.78，0.78，0.77，0.77，0.77，0.76，0.76，0.76，0.75，0.75。

进一步表达我们对于未来增长认识的出发点。总之，围绕我们的研究目的，在分析方法的运用上，本章尽力遵循从理论到实证再到现实分析的行文逻辑。

我们尽可能依据宏观变量之间的经验联系和统计关系，对影响长期增长的因素进行识别。用符号 $\ln\left(\frac{GDP}{L}\right)$、$\ln\left(\frac{K}{L}\right)$、$\ln\left(\frac{CO_2}{L}\right)$ 分别表示对数形式的人均国内生产总值、人均资本存量、人均碳排放量（或技术清洁度），其中，GDP、K、CO_2、L 为国内生产总值、资本存量、碳排放量和劳动力投入，则三变量之间的趋势直观标示如图 9 – 1 所示。总体来看，三变量之间存在较强的共同趋势性，这种共同趋势性是由增长过程本身要素间的相互影响决定的。简单的相关性分析显示，人均国内生产总值与其他变量以及其他变量之间相关系数都在 0.9 以上。考虑到长期存在于中国经济增长过程中的低价工业化模式，资本驱动增长和就业吸收以及增长高能耗和相应高污染的状况是不难理解的。变量 GDP、K、CO_2、L 之间的长期均衡趋势，在内生增长理论中已经得到充分论述，就本章所运用的数据序列看，趋势性较强的三个人均变量 $\ln\left(\frac{GDP}{L}\right)$、$\ln\left(\frac{K}{L}\right)$、$\ln\left(\frac{CO_2}{L}\right)$ 均存在一阶单整性，且至少存在一个协整关系（见附录1）。

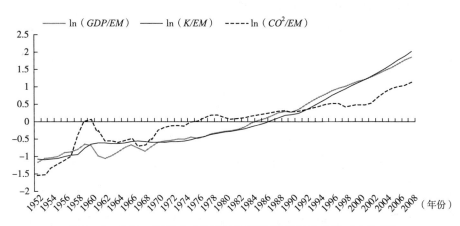

图 9 – 1　1952～2008 年中国宏观经济变量对数化趋势（去均值）

数据来源：《中国国内生产总值核算历史资料：1952～2004》，《中国统计年鉴2009》，何枫、陈荣、何林（2003），王小鲁、樊纲（2000），CDIAC。

对于这些具有长期均衡关系的因素，建立一个因果反馈图有益于下文的进一步分析。实际上，人均形式和对数形式变量的引入，纯粹是出于统计分析便利考虑，主要是为了解决生产函数分析中的劳动、资本和碳排放的高度共线性问题。但是，为了使长期增长机理得到阐释以及潜在增长核算的便利，有必要对变量 GDP、K、CO_2、L 进行综合观察。长期以来，中国的低成本工业化模式根源于丰富的劳动力资源禀赋，资本驱动、劳动驱动的增长模式，一方面推动了国内生产总值的迅速扩大，另一方面，增长速度和规模扩张也是吸纳就业的内在要求。但是这种模式的一个明显的弊端是，低成本扩张也导致能耗居高不下和环境的损害，为了进一步揭示长期增长中各变量之间的相互作用，根据 AIC 准则，我们对差分形式的变量序列进行 3 阶的格兰杰因果检验（见附录 2）。从因果关系看：（1）人均 GDP 增长速度 $\Delta\ln\left(\frac{GDP}{L}\right)$ 与人均资本投资增长速度 $\Delta\ln\left(\frac{K}{L}\right)$ 互为因果关系，鉴于中国资本驱动的增长特征，这种统计关系的经济意义明显。（2）人均碳排放增长速度 $\Delta\ln\left(\frac{CO_2}{L}\right)$ 引致人均 GDP 增长速度 $\Delta\ln\left(\frac{GDP}{L}\right)$ 显著，即中国长期经济的环境代价比较明显；相对而言，从统计意义上来说，经济增长单向引致碳排放速度的关系虽然较弱（12% 的水平上显著），但是如果拉长滞后阶数，经济增长引致碳排放的统计因果关系在 10% 的水平显著。此外，从中国历年经济增长和调控经验来看，增长波动引起污染波动的事实的确存在，因此，可以认为两者之间存在统计意义和经济意义上的双向因果关系。（3）人均碳排放增长速度 $\Delta\ln\left(\frac{CO_2}{L}\right)$ 单向引致人均资本投资速度 $\Delta\ln\left(\frac{K}{L}\right)$，其经济含义是，增长过程中若对环境改善的价值评价降低，则诱致高耗能、高污染投资上升。基于这种统计因果和经验对比分析，我们建立了如图 9－2 的增长机理框架：这个框架简单勾勒了长期以来存在于中国经济增长中的资本驱动模式及未来增长转型对于潜在增长的影响。这个简单的模型框架包括三个反馈路径，即：①投资→经济增长→投资；②经济增长→碳排放→经济增长；③投资→经济增长→

碳排放→投资。我们感兴趣的是回路①和②，它们基本上说明了中国长期增长的机理，即回路①所示的资本驱动模式和回路②所示的增长代价评价，以及两个反馈路径中蕴涵的投资方式转变、劳动力结构转型和节能减排对于未来增长潜力的影响及政策意义。至此，我们在经济增长潜力分析中纳入了供给面的主要因素——劳动力、资本以及环境约束，当然，技术进步可以用时间趋势的形式进行反映，就像很多国内外现有文献已经论述过的那样。

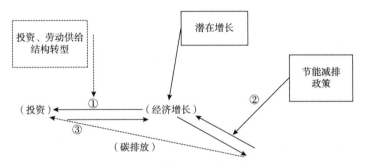

图 9 - 2 经济增长机理：要素关系分析

第四节 潜在增长核算

一 潜在增长核算方程

鉴于 20 世纪 50 年代宏观变量序列波动较为剧烈，我们选取 1960 ~ 2008 年这一时期的数据样本进行统计分析。基于增长理论模型和变量间的统计关系，为把碳排放对于增长的作用分离出来，建立如下增长核算方程：

量测方程：

$$\ln\left(\frac{GDP}{L}\right)_t = d_0 + \alpha_t^{(k)}\ln\left(\frac{K}{L}\right)_t + \alpha_t^{(CO_2)}\ln\left(\frac{CO_2}{L}\right)_t + \alpha_t t_{1960-200} + \mu_t(d_0')$$

状态方程：

$$\alpha_t^{(k)} = \alpha_t^{(k)}(-1), \ \alpha_t^{(CO_2)} = \alpha_t^{(CO_2)}(-1), \ \alpha_t = \alpha_t(-1) \qquad (3)$$

其中，$\ln\left(\dfrac{GDP}{L}\right)$、$\ln\left(\dfrac{K}{L}\right)$、$\ln\left(\dfrac{CO_2}{L}\right)$ 表示对数形式的人均国内生产总值、人均资本存量、人均碳排放量（或技术清洁度）；参数 $\alpha^{(\cdot)}$ 表示弹性；t 为 1960～2008 年时间趋势，相应参数 α_t 反映长期增长中的技术进步状况；d_0 为截距，$\mu_t(d_0')$ 为残差；方程（3）刻画了变量间长期均衡关系。

二 潜在增长核算方程的参数估计

1. 参数估计方法

立足于潜在增长核算方程（3），在接下来的实证分析中，我们将利用卡尔曼滤波方法，对潜在经济增长率及时变参数 $\alpha^{(\cdot)}$ 和 α_t 给出统计估计。具体说明如下：①潜在 GDP 的估计：本文采用固定参数和递归参数的卡尔曼滤波方法，基于核算方程（3）和向前一步预测获得人均潜在 GDP 增长率及相应潜在 GDP 增长率；②时变参数或弹性 $\alpha^{(\cdot)}$ 及技术进步指标 α_t：类似于潜在 GDP 的估计，对于参数 $\alpha^{(k)}$、$\alpha^{(CO_2)}$、α_t 采用向前一步预测获得，由于本文采用了规模报酬不变形式的生产函数，产出的资本弹性 $\alpha^{(k)}$ 估出的同时，产出的劳动弹性 $\alpha^{(l)}$ 也被估算出。③碳排放贡献：我们以碳排放贡献点数来计算潜在增长率中环境消耗的代价，公式为：产出的碳排放弹性 × 碳排放增长率。

2. 实证结果[①]

表 9-1 是增长核算方程（3）统计分析结果的一个汇报，我们主要列示了改革开放以来的数据。从模型估计的潜在增长速度看，1978～2008 年的均值为 9.5%，其中，80 年代平均为 8.1%，90 年代平均为 10%，2000 年以来平均为 10.5%。从劳动力投入、投资和碳排放的参数 $\alpha^{(l)}$、$\alpha^{(k)}$、$\alpha^{(CO_2)}$ 来看：（1）经济增长对于投资增长的弹性，经历了 20 世纪 80 年代至

---

① 更加详细的估算结果参见本章附录3。

90 年代的缓慢上升，进入 21 世纪以来有下降趋势，但是从总的状况来看，长期增长的投资弹性较高，1978～2008 年的均值为 0.6。（2）碳排放对于经济增长的拉动效应在 30 年间平均为 0.2，但经历了明显的先降后升趋势：80 年代平均为 0.25，90 年代逐步降低到 0.14，进入 21 世纪以来又有上升趋势，2000～2008 年平均为 0.20。但是，中国资本驱动的工业化模式，经济增长的一部分是以高能耗和环境污染为代价的，根据估算，1978～2008 年的平均 9.5% 的潜在增长速度中，有 1.3 个百分点是环境的代价。进入 21 世纪以来，伴随着新一轮经济规模的扩大，环境代价也相应提高，2000～2008 年环境消耗拉动经济增长平均为 2 个百分点。（3）劳动力投入弹性相对较小，30 年来平均为 0.15。（4）技术进步速度 30 年中平均为 1.8%，整体趋势是 20 世纪 80 年代平均为 1.8%，90 年代平均为 1.7%，21 世纪以来平均为 1.9%[①]（见图 9－3）。（4）在表 9－1 中，有必要对一些估算数据做出进一步的说明：第一，1990～1993 年，资本、劳动、碳排放的弹性、技术进步率都相同，但是潜在增长速度却不一样，类似的现象还出现在 1998 年、2000 年和 2001 年。这种现象的出现，是与各年相对应的资本、劳动、碳排放增长率的观测数据紧密相关的，这有点类似于常参数的情景，即尽管时序回归分析中各期的参数估计都相同，但是由于各期样本或观测值的不同，从而带来不同的拟合或预测估值。第二，碳排放贡献估算出现的类似现象，也可以做出类似的解释。需要指出的是，表 9－1 中某些年份，如 1980～1981 年、1997～1998 年的碳排放贡献为负，原因是，根据前文的碳排放贡献计算公式，由于产出的碳排放弹性为正值，负的碳排放贡献由负的碳排放增长率形成，这有点类似于支出法核算中的出口下降导致的对 GDP 增长的负贡献。

———————————

① 卡尔曼滤波器用于估计时间控制过程的状态变量，其性能是对观测噪声进行过滤（参见 Welch, G. and G. Bishop, 2006）。因此，较之于其他文献而言，本书估算的技术进步数值更加平滑。作为滤波性能的体现，不同于一些研究的是，本书技术进步数值估算都为正数，从经济意义上来说，这种结果似乎较为容易理解，因为负值的技术进步率总是显得有些不可思议。

表 9-1 潜在增长方程（3）的参数估计及碳排放核算

年份	弹性			技术进步	潜在经济	碳排放
	$\alpha^{(k)}$	$\alpha^{(CO_2)}$	$\alpha^{(l)}$	α_t:%	增长速度:%	贡献点数:%
1978	0.64	0.24	0.12	1.88	5.7	2.9
1979	0.60	0.22	0.18	1.84	4.8	0.5
1980	0.58	0.21	0.21	1.80	5.2	−0.5
1981	0.57	0.20	0.23	1.77	5.5	−0.2
1982	0.57	0.20	0.23	1.73	7.2	1.4
1983	0.56	0.20	0.24	1.70	7.3	1.1
1984	0.56	0.20	0.24	1.71	9.5	1.8
1985	0.57	0.20	0.23	1.74	10.9	1.7
1986	0.58	0.21	0.21	1.77	10.7	1.1
1987	0.59	0.21	0.20	1.79	11.1	1.4
1988	0.60	0.22	0.18	1.80	11.2	1.6
1989	0.61	0.22	0.17	1.80	7.5	0.4
1990	0.62	0.23	0.15	1.79	7.3	0.1
1991	0.62	0.23	0.15	1.79	7.9	1.1
1992	0.62	0.23	0.15	1.79	8.9	1.0
1993	0.62	0.23	0.15	1.79	11.6	1.6
1994	0.63	0.24	0.13	1.78	12.6	1.5
1995	0.65	0.25	0.10	1.74	13.6	2.0
1996	0.66	0.26	0.08	1.70	12.2	1.2
1997	0.66	0.26	0.08	1.68	9.5	−0.3
1998	0.67	0.27	0.06	1.67	8.0	−1.4
1999	0.67	0.27	0.06	1.66	10.4	1.2
2000	0.67	0.27	0.06	1.67	9.4	0.7
2001	0.67	0.27	0.06	1.67	9.2	0.6
2002	0.66	0.26	0.08	1.68	10.5	1.6
2003	0.66	0.26	0.08	1.70	14.0	4.6
2004	0.65	0.24	0.11	1.77	12.9	4.2
2005	0.63	0.22	0.15	1.90	10.4	2.3
2006	0.61	0.20	0.19	2.02	9.8	1.7
2007	0.59	0.18	0.23	2.12	9.3	0.9
2008	0.59	0.17	0.24	2.18	10.0	1.2

$\bar{R}^2 = 0.97$，$DW = 1.62$（样本期：1960~2008 年）

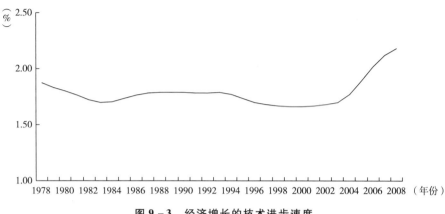

图 9 - 3　经济增长的技术进步速度

三　现有经济模式下的能源消费与碳排放：增长核算方程（3）的进一步说明

潜在增长核算方程（3）是传统两要素生产函数的一个扩展，我们只是把碳排放作为增长的一个要素纳入进来。从因果关系上来说，能源消费增加是碳排放增加的一个主要原因；从中国能源消费和碳排放序列的统计性质上来说，二者存在高度相关性，因此，增长核算方程（3）意味着，我们实际上把能源消费与碳排放视为同一现象的一体两面，这也是本文不同于一些文献同时将能源与碳排放纳入生产函数中的重要原因。对于这一点，本节将从统计角度给出进一步说明。图 9 - 4（a）是 1960～2008 年中国能源消费（对数化）与 CO_2 排放（对数化）关系图示，图中，横坐标以 CO_2 排放量表示，纵轴以能源消费量表示，二者近乎完全重合的线性关系非常明显。同时，简单的相关性分析也显示，二者的相关系数为 0.99，接近于 1。图 9 - 4（b）是 1978～2008 年碳排放对能源消费的弹性，对于这个弹性的估算，我们采用了类似于增长核算方程（3）的状态空间模型[①]。从碳排放对能源消费的弹性表现来看，1978～2008 年，能源消费增长 1%，碳排放增长约 1.02%，近乎单一弹性，而且这种趋势在 30 年间波动较小（标准差

---

① 参见本章附录 4。

为 0.007）。也就是说，在中国现有经济模式下，碳排放与能源消费同步增长，对于正处在工业化持续推进的中国经济而言，这个问题值得关注。上述分析也表明，节能减排是一个事物的两个方面，力度持续加大的减排意味着能源消费的节约和能源利用效率的提高，进而说明未来经济结构调整和技术进步之于持续增长的重要意义。

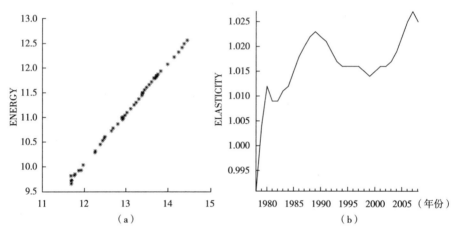

图 9 – 4　1960～2008 年中国能源消费（对数化）与 CO_2 排放（对数化）关系
数据来源：http：//db. cei. gov. cn/；CDIAC。

四　基于主要因素的潜在增长核算

前文的两个主要工作——长期增长因素关联分析和主要宏观变量的长期增长效应分析，是本节的基础。在这里，我们尝试着根据上述统计分析结果，对中国未来 10 年潜在增长速度给出一个大致的评价，以便为进一步的政策分析做数据准备。在潜在增长评价开始之前，有一个技术性细节需要讨论。我国碳排放远景的规划是依据单位国内生产总值制定的，而实证模型的参数估计主要针对 GDP 与碳排放水平的关系给出结果，因此，为了运用模型的估算数据，这里将引入 CO_2 排放量增长速度与单位国内生产总值碳排放增长速度的统计关系。基于本文变量序列，我们可以很方便地给出单位国内生产总值碳排放及增长速度指标，若 CO_2 排放量增长速度与这个指标存在可计量的统计关系，那么我们就很容易把单位国内生产总值碳排放增长速度转化成 CO_2 排放量增长速度和人均 CO_2 排放量增长速度，运用量测方程参数对未来潜在增长的环境代价就可以识别了。图 9 - 5 给出了 1953 年以来中国碳排放量增长速度与单位国内生产总值碳排放增长趋势的直观印象，简单的相关关系分析也显示这两个波动序列的相关系数高达 0.9。带有截距和趋势的稳定性检验表明，对数化的碳排放水平序列和单位国内生产总值碳排序列为 Ⅰ（0）过程，如果以 θ 表示对数化的单位国内生产总值碳排放水平序列，对数化的碳排放水平用 CO_2 代表，那么，控制了截距和长期时间趋势后，两者的统计关系如下：

$$co_2 = \underset{(17.37)}{7.69} + \underset{(8.20)}{0.77\theta} + \underset{(22.83)}{0.08\, t_{1965-2008}} + \underset{(3.11)}{0.52\, AR(1)} + \underset{(6.07)}{0.73\, MA(1)}$$

$$R^2 = 0.99, \ DW = 1.91 \tag{4}$$

（4）式中，为了提高拟合优度和消除残差自相关，我们引入一阶自回归滑动平均 ARMA（1，1）对回归方程残差序列进行修正（高铁梅，2009）。根据这个统计结果，我们接受长期中 CO_2 对于 θ 升降弹性为 0.77 的统计关系。基于这个统计关系和量测方程弹性，下面的数据模拟便有了依据。

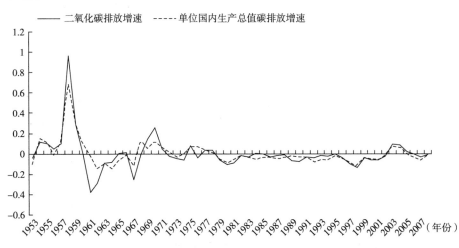

图 9 - 5 二氧化碳排放增速和单位国内生产总值碳排放增速的趋势对比

数据来源：《新中国五十五年统计资料汇编：1949~2004》，《中国统计年鉴 2009》，CDIAC。

1. 控制 K、L 和技术进步因素，碳减排之于潜在增长影响的核算

考虑碳排放规划远景：到 2020 年，中国单位国内生产总值二氧化碳排放比 2005 年下降 40% ~45%，可以看出，要在 15 年内达到这个目标，单位国内生产总值二氧化碳排放应以年均 3% 的速度累积下降。基于这种理解，这里以 2008 年潜在增长速度、变参数以及 θ 弹性为基准，观察低碳经济对潜在 GDP 的影响（见表 9－2）。

表 9－2　控制 K、L 和技术进步因素，到 2020 年单位国内生产总值减排 45%
下潜在经济增长速度：以 2008 年为基准

单位:%

	2010 年	2011 年	2012 年	2013 年	2014 年	2015 年	2016 年	2017 年	2018 年	2019 年	2020 年	平均
$\alpha^{(CO_2)}$ 情形 I:	0.162	0.157	0.153	0.149	0.145	0.141	0.137	0.132	0.128	0.124	0.120	—
碳排放年均增长	−2.3	−2.3	−2.3	−2.3	−2.3	−2.3	−2.3	−2.3	−2.3	−2.3	−2.3	—
潜在增长速度	9.2	8.9	8.5	8.2	7.9	7.5	7.2	6.9	6.6	6.3	6.1	7.6
$\alpha^{(CO_2)}$ 情形 II:	0.10	0.10	0.10	0.10	0.10	0.10	0.10	0.10	0.10	0.10	0.10	—
碳排放年均增长	−2.3	−2.3	−2.3	−2.3	−2.3	−2.3	−2.3	−2.3	−2.3	−2.3	−2.3	—
潜在增长速度	9.5	9.3	9.1	8.9	8.6	8.4	8.2	7.9	7.7	7.5	7.2	8.5

根据碳排放参数弹性变化趋势，我们设定了两种情景 I 和 II。$\alpha^{(CO_2)}$ 情景 I 是按趋势预测，可能是较为现实的情景，假定从 2008 年逐渐降低到 0.1 左右的水平；$\alpha^{(CO_2)}$ 情形 II 是假定未来 10 年平均处于 0.1 左右的水平，这个假定暗含污染拉动效应在未来 10 年被增长评价较低。情景 I 假定随着环境治理力度的逐步提高和减排措施的落实，环境资本消耗对于增长的作用逐步降低，这是一种较为可能的情景，在这种情景下，2015 年之前，8% ~9% 的增长潜力仍可以维持，但是，随着减排力度的累积性增强，以牺牲环境为代价的高增长方式将不可持续，潜在增长有可能降低到 8% 以下。

情景Ⅱ是一种理想中的状况，假定未来 10 年里碳排放之于增长的效应平均维持在 0.1 的较低水平，即使在这种理想状况下，受减排的影响，2015 年后潜在增长仍将降低到 8% 以下。

2. 控制 K、技术进步因素，考虑到劳动力增减的影响：第一步修正

根据我们的年龄移算数据，中国劳动力供给拐点趋势在 2010 年已出现，而劳动力供给持续的下降趋势 2015 年之后将变得更加明显。虑及劳动力供给对于中国经济长期增长的巨大作用，这个因素在预测潜在增长时是需要考虑的。从长期来看，根据前文模型实证结果，在考虑环境资本消耗的条件下，长期增长的劳动力供给弹性平均为 0.15。对于资本、劳动和碳排放三个变量之间的关系，根据模型统计结果的表现，在进行未来预测时，把增长的资本弹性 $\alpha^{(k)}$ 暂时控制在 0.6 的水平比较合理，因此，在剩下的 0.4 个点的弹性里，$\alpha^{(l)}$ 情景将随 $\alpha^{(CO_2)}$ 变化而变化。表 9-3 中未来潜在增长评价，是在表 9-2 的基础上做出的，持续性减排压力和劳动力结构转型，将把潜在增长速度下拉 0.2 个百分点左右。

表 9-3　控制 K、技术因素，考虑到劳动力增减的影响：第一步修正

	2010 年	2011 年	2012 年	2013 年	2014 年	2015 年	2016 年	2017 年	2018 年	2019 年	2020 年	平均
$\alpha^{(l)}$ 情形Ⅰ：	0.238	0.243	0.247	0.251	0.255	0.259	0.263	0.268	0.272	0.276	0.280	—
碳排放年均增长	-2.3	-2.3	-2.3	-2.3	-2.3	-2.3	-2.3	-2.3	-2.3	-2.3	-2.3	—
潜在增长速度	9.2	8.9	8.5	8.2	7.9	7.7	7.0	6.8	6.4	6.0	5.8	7.4
$\alpha^{(l)}$ 情形Ⅱ：	0.30	0.30	0.30	0.30	0.30	0.30	0.30	0.30	0.30	0.30	0.30	—
碳排放年均增长	-2.3	-2.3	-2.3	-2.3	-2.3	-2.3	-2.3	-2.3	-2.3	-2.3	-2.3	—
潜在增长速度	9.5	9.3	9.1	8.9	8.5	8.7	7.8	7.8	7.4	7.1	6.9	8.3

3. 资本存量增长速度 8% 的情景：第二步修正

1978 ~ 2008 年中国资本存量的增长速度平均为 10%，呈现较为稳定的

线性增长；与此相对应，1978～2008 年中国固定资本形成速度为 11%，90 年代中期以来增长较快，达到 12%。从表 9-3 的情景来看，若不考虑固定资本形成速度降低的情况，2015 年之前，中国潜在经济增长速度仍将处于 8%～9% 的水平。但是，2015 年之后，减排力度的累积性增强，迫使潜在增长速度降低到 7%～8%，若要维持较高的增长，资本增长可能是一个重要因素。表 9-4 给出了固定资本投资未来 10 年增长速度比历史平均趋势低 2%～3% 的情景，在两种情景下，平均的潜在增长速度为 6%～7%。表 9-4 的情景尽管在未来较短时期内不会出现，但是数据模拟仍然揭示了这样一个现象，即长期资本驱动之下的经济，若投资率下降过于猛烈，则潜在增长的反应也相应激烈，鉴于中国庞大劳动力规模及经济发展的要求，维持较高资本形成率仍是必需的。

表 9-4　控制其他因素和减排远景，考虑到 K 增长速度 8% 情形的
潜在经济增长速度：第二步修正

	2010 年	2011 年	2012 年	2013 年	2014 年	2015 年	2016 年	2017 年	2018 年	2019 年	2020 年	平均
$\alpha^{(k)}$ 情形:	0.60	0.60	0.60	0.60	0.60	0.60	0.60	0.60	0.60	0.60	0.60	—
潜在增长速度 Ⅰ	8.0	7.7	7.3	7.0	6.7	6.5	5.8	5.6	5.2	4.8	4.6	6.3
潜在增长速度 Ⅱ	8.3	8.1	7.9	7.7	7.3	7.5	6.6	6.6	6.2	5.9	5.7	7.1

4. 技术进步的作用

前文数据分析述及长期以来，中国碳排放始终处于走走停停的状态。表 9-4 是对碳排放累积下降之于潜在增长影响的评价，实际上，根据碳排放远景规划，碳排放控制力度的增强，对于未来经济增长空间施加了很大压力。但另一方面，这种压力的有利之处是促进生产方式和投资结构的优化。有两个路径似乎可以阻止潜在增长的大幅下降：一是资本形成，二是技术进步。至少在较短的时期中，10% 的资本形成速度可以阻止潜在增长速度的下降，但是，2015 年之后，人口结构转型所带来的社会保障问题、减排目标的实施，都对这个较高的固定资本形成能否维持施加了压力。有一

点可以肯定的是，无论上述各种情景的预测准确与否，2015～2020 年，若技术进步速度不能达到年均 3% 的水平，那么，中国的潜在增长很可能降低到 8% 以下。

第五节　增长因素及增长转型期问题分析

让我们回到实际增长过程中来进一步印证实证分析的一些基本结论，主要对投资和污染之于长期增长的作用进行直观的静态比较分析。表 9 - 5 列示了"七五"以来中国经济增长状况及资本和能耗，其中，"七五"至"九五"这段增长历史在中国增长方式的体现方面最为典型。先设定比较分析的出发点。根据前文实证分析的结论，碳排放的持续下降将导致长期增长速度的减缓，除非在碳排放减少的同时有投资的支撑。首先，中国经济增长中碳排放趋势的一个典型事实是，单位 GDP 的碳排放在 20 世纪 80 年代以后呈现迅速下降态势（见图 9 - 6），关于这一点，在接下来的阐述中还要进行分析。1986～1990 年至 1991～1995 年的 10 年里，是单位 GDP 碳排放下降最为快速的时期，累积下降 50%。分阶段看，1986～1990 年至 1991～1995 年这段时期，尽管碳排放下降很快，但是持续高企的固定资产投资抵消了碳排放下降所带来的消极影响，进而支撑起实际经济增长速度和潜在增长速度的高位运行。1991～1995 年至 1996～2000 年的这段历史时期里，单位 GDP 碳排放下降趋势进一步增强，但是受宏观调控和国际经济环境的影响，投资速度比前一阶段明显降低，在这期间，无论是实际 GDP 增速还是潜在 GDP 增速，均出现显著下降趋势。在 2001～2005 年这一段时期，随着国内外经济环境的改善，投资增长速度较快，其间，高涨的投资引致单位 GDP 能耗的上升和污染的回升，这段时期不仅实际 GDP 表现出了强劲增长，而且经济增长潜力也得到进一步开发，潜在 GDP 达到 11% 的高水平。"十一五"以来，在高投资的驱动下，实际 GDP 增长速度高于潜在 GDP 增长速度。

表 9 - 5　每 5 年主要宏观经济指标变动情况（1990 年不变价 GDP）

单位：%

年　　份	1986~1990	1991~1995	1996~2000	2001~2005	2006~2008
单位 GDP 碳排增减（阶段变动）	-12.9	-21.6	-27.0	+10.5	-8.4
单位 GDP 能耗增减（阶段变动）	-9.0	-22.6	-27.4	+7.6	-6.0
固定资产投资速度（5 年平均）	16.5	36.9	11.2	20.2	24.7
实际 GDP 增速（5 年平均）	7.9	12.3	8.6	9.6	11.2
潜在 GDP 增速（5 年平均）	9.6	10.9	9.9	11.4	9.7

数据来源：http：//db. cei. gov. cn/；CDIAC；前文计量分析结果。

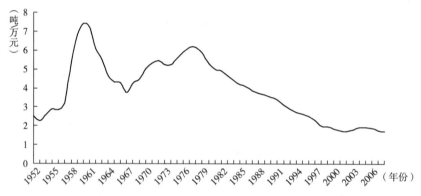

图 9 - 6　1952~2008 年单位 GDP 碳排趋势（1990 年不变价 GDP）

数据来源：《新中国五十五年统计资料汇编：1949~2004》，《中国统计年鉴 2009》，CDIAC。

接下来一个自然而然的问题是，为什么进入 21 世纪以来，单位 GDP 碳排放速度持续递减的趋势受到阻遏，这种趋势的经济含义是什么？为了对这一问题进行考察，让我们回到图 9 - 6。20 世纪 80 年代至 90 年代碳排放的迅速下降，在很大程度上挤压了 21 世纪以来的减排空间，从这个趋势可以看出，一条"反 S"型的减排力度轨迹，在 2000 年以来已经隐约出现。这个轨迹暗示着，如果以目前生产技术和产业结构继续支撑高位增长和庞大就业，则减排将面临巨大压力，于是，我们似乎看到了这样一个"悖论"，即在现有投资和技术主导的增长模式下，要想维持高增长，必须在减排和高投资驱动之间进行转换，但是这种转换的一个可能效应是——高投资可能再次抵消减排力度，从而使得中国经济的未来发展步入一个不确定性较大的循环。另一方面，如果为了减排而减排，在现有技术条件下，占能耗70%的工业无疑将受到很大冲击，进而降低未来增长速度。

因此，为减排力度持续加强制造较大空间的路径有两个：技术进步和产业结构调整。产业技术更新之于长期增长的益处在经济文献中已经得到充分论证，这里，我们感兴趣的有两点：一是技术更新及相应旧增长模式的改造和新型工业行业的发展，不仅可以直接拉动更"清洁"的投资比重，而且可以通过增长质量的提高为未来持续增长培育潜力。二是工业结构的转型，为服务业的健康发展带来激励，从而促使中国抓住城市化推动经济增长的机遇，这实际上是产业结构转型的问题。至此，我们对于低碳经济的影响及中国的未来经济发展趋势，基本勾勒出了一个前景。

第六节　结论和建议

立足于经济增长核算模型及一系列统计数据，本章对碳排放之于长期增长影响和低碳发展要求下未来的增长前景进行了分析。总体来看，在投资模式不能得到顺利转型的情况下，低碳经济将削弱未来增长潜力，鉴于中国庞大劳动力存量的现实，低于8%的增长将会使就业压力凸显。但是，如果考虑到未来人口结构转型及一系列社会需求的日益扩大，长期存在于中国增长历史中的高投资的持续前景也不令人乐观。比如人口老龄化的来临将导致高储蓄的下降，并压缩资本形成速度的增长空间。因此，技术进步及结构转型的发展，自然成为未来增长着重关注的问题。基于本章的数据分析及相应的问题解释，我们认为以下几点值得思考。

1. 摆脱高增长依赖症，逐步容忍和适应经济增速的放缓，提高经济增长的质量

减排规划既是压力也是动力，根据前文的分析，中国长期潜在增长的速度在9.5%左右，这个统计分析结果与国内文献的分析结果相差不大。但是，从现实经济表现来看，受高投资驱动，中国增长历史上多次出现高于10%的情况，其结果是能耗和污染的加大。低碳情境下适度降低投资速度的结果并非不可容忍，只要维持一定的技术进步速度即可。从发展要求来看，未来8%左右的发展速度是可以容忍的。这个速度的内涵，本质上意味着增长质量提高和产业结构转型，从而有利于中国已经开启的城市化效应的发挥。

2. 建立环境污染对我国经济增长的反馈机制

图9-2关于增长机理分析的简单模型，主要依据中国的历史数据建立，碳排放变量的纳入，给予我们一个观察主要宏观变量的反馈机制的视角。目前，污染问题还未能对中国的经济增长产生较强的抑制作用。污染对经济增长变化的反馈机制相对较弱，这说明环境问题还是"外部性"的问题。存在着地方讲"发展"，中央讲"科学"，即由发展所产生的很多负的外部性如污染问题等都要由国家层面来解决的情况，这意味着我国目前还缺乏有效的环境资源产权保护体系与市场交易机制来对污染的负外部效应进行清晰界定。因此，建立清晰的环境资源产权界定体系与市场交易机制，是促进环境污染对我国经济增长的反馈机制的关键之所在。

3. 促进产业结构转换，减弱增长对于资源环境的依赖

1985年以来我国经济增长过程中"先污染，后治理"的特征明显，而经济增长带来的污染增加是一个长期的过程。这和中国正处在工业化发展阶段有很大关系。图9-4和表9-5提供了能耗与碳排联系的统计说明及进一步的对比性分析，数据和统计结论给予我们的印象简洁而直观。从能耗分布来看，长期以来，增加值占GDP 40%的工业部门耗用了70%左右的能源，尽管这是由工业生产本身的性质所决定的，但中国工业生产方式中高耗能、高污染的特征也加剧了能源消耗。以技术进步和增长质量提高为前提，工业部门生产方式的转型不仅有利于环境压力的缓解，而且有利于中国长期增长可持续潜力的深度挖掘。

4. 运用价格和财税手段，促进环境保护与经济增长之间的协调

价格和财税是保障环境与经济增长之间协调的关键环节。长期以来，中国能源价格偏低的状况至今没有得到很大改观，如果让中国未来经济增

长逐步转入以技术进步和增长质量为支撑的轨道上来，进一步理顺资源能源价格依然是关键环节。能源价格的理顺主要从提高能源技术进步的角度，促进能耗总量和结构的转变，进而有利于长期中增长资源环境压力的缓解。在公共政策支持方面，近年来，国家在环保的财政支持方面力度不断加大，但是由于环境税收体系建立的滞后，限制了环保公共投入支持的资金来源。从实施减排规划、促进增长方式转型的长远角度考虑，应参考发达国家在环保制度领域的有益经验。

参考文献

［1］阿吉翁、霍伊特：《内生增长理论》，陶然等译，北京大学出版社，2004。

［2］陈诗一：《能源消耗、二氧化碳排放与中国工业的可持续发展》，《经济研究》2009年第4期。

［3］董利民、吕连菊、张学忙：《中国潜在产出测算实证研究》，《中国农学通报》2006年第10期。

［4］高铁梅：《计量经济分析方法与建模》，清华大学出版社，2009。

［5］郭庆旺、贾俊雪：《中国潜在产出与产出缺口的估算》，《经济研究》2004年第5期。

［6］汉密尔顿：《时间序列分析》，刘明志译，中国社会科学出版社，1999。

［7］何枫、陈荣、何林：《我国资本存量的估算及其相关分析》，《经济学家》2003年第5期。

［8］李京文、钟学义：《中国生产率分析前沿》，社会科学文献出版社，1998。

［9］林毅夫、郭国栋、李莉、孙希芳、王海琛：《中国经济的长期增长与展望》，北京大学中国经济研究中心讨论稿，2003。

［10］刘斌、张怀清：《我国产出缺口的估计》，《金融研究》2001年第10期。

［11］吕光明：《潜在产出和产出缺口估计方法的比较研究》，《中央财经大学学报》2007年第5期。

［12］沈利生：《我国潜在经济增长率变动趋势估计》，《数量经济技术经济研究》1999年第12期。

［13］唐纳德.A. R. 乔治、莱斯·奥克斯利、肯尼斯·I. 卡劳：《经济增长研究综述》，

长春出版社，2009。

[14] 涂正革：《环境、资源与工业增长的协调性》，《经济研究》2008 年第 2 期。

[15] 王立平、万伦来等：《计量经济学理论与应用》，合肥工业大学出版社，2008。

[16] 王小鲁：《中国经济增长的可持续性与制度变革》，《经济研究》2000 年第 7 期。

[17] 王小鲁、樊纲：《中国经济增长的可持续性》，经济科学出版社，2000。

[18] 王中宇：《"技术进步"迷思》，《创新科技》2006 年第 10 期。

[19] 张军、施少华：《中国经济全要素生产率变动：1952～1998》，《世界经济文汇》2003 年第 2 期。

[20] 张平、张晓晶：《经济增长、结构调整的累积效应与资本形成》，《经济研究》2003 年第 8 期。

[21] Bovenberg, A., and S. Smulders, "Environmental Quality and Pollution-augmenting Technological Change in a Two-sector Endogenous Growth Model," *Journal of Public Economics*, Vol. 57, Issue 3, 1995, pp. 369 – 391.

[22] Boschen, J. and L. Mills, "Monetary Policy with a New View of Potential GNP," *Federal Reserve Bank of Philadelphia Bussiness Review* (July – August, 1990), pp. 3 – 10.

[23] Bosworth, Barry and Susan M. Collins, "Accounting for Growth：Comparing China and India," *Journal of Economic Perspectives*, Vol. 22, No. 1 (Winter 2008), pp. 45 – 66.

[24] Chow, G and K – W. Li, "China's Economic Growth：1952 – 2010," *Economic Development and Cultural Change*, Vol. 51, No. 1 (2002), pp. 247 – 256.

[25] Chow, G, "Another Look at the Rate of Increase in TFP in China," *Journal of Chinese Economic and Business Studies*, 2008, Vol. 6, Issue 2, pp. 219 – 224.

[26] Cochrane, J. H., "Permanent and Transitory Components of GNP and Stock Prices," *Quarterly Journal of Economics*, 61 (1994), pp. 241 – 265.

[27] Chung, Y. H., Fare, R and S. Grosskopf, "Productivity and Undesirable Outputs：A Directional Distance Function Approach," *Journal of Environmental Management*, 51 (1997), pp. 229 – 240.

[28] Department of Trade and Industry, "Our Energy Future-creating a Low Carbon Economy," UK Energy White Paper, 2003.

[29] Dupasquier, C. G., and P. St – Amant, "A Survey of Alternative Methodologies for Es-

timating Potential Output and the Output Gap," *Journal of Macroeconomics*, *Summer*, Vol. 21, No. 3 (1999), pp. 577 – 595.

[30] Jorgenson, D. W., "Productivity," Vol. 1: Postwar U. S. Economic Growth, Vol. 2: International Comparisons of Economic Growth, Cambridge, MA: MIT Press, 1995.

[31] Lighart, J. E. and Van der Ploeg, F, "Pollution, the Cost of Public Funds and Endogeous Growth," *Economic Letters* (1994), pp. 339 – 349.

[32] Lu Xuedu, Jiahua Pan and Ying Chen, "Sustaining Economic Growth in China under Energy and Climate Security Constraints," *China and World Economy*, 2006, 14 (6), pp. 85 – 97.

[33] Mohtadi H., "Environment, Growth and Optimal Policy Design," *Journal of Public Economics*, 1996, 63, pp. 119 – 140.

[34] Ramanathan Ramakrishnan, "An Analysis of Energy Consumption and Carbon Dioxide Emissions in Countries of the Middle East and North Africa," *Energy*, 2005, 30 (15), pp. 2831 – 2842.

[35] Stokey, N. L., "Are There Limits to Growth," *International Economic Review*, 1998, 39 (1), pp. 1 – 31.

[36] Wang, Y., and Y. Yao, "Sources of China's Economic Growth: 1952 – 1999: Incorporating Human Capital Accumulation," Policy Research Working Paper 2650. World Bank, Development Research Group, Washington, D. C., 2001.

[37] Young, Alwyn, "Gold into Base Metals: Productivity Growth in the People's Republic of China during the Reform Period," *J. P. E.* 111 (December 2003), pp. 1220 – 1261.

[38] Zheng, Jinghai, Bigsten, Arne and Hu, Angang, "Can China's Growth be Sustained? A Productivity Perspective," Working Papers in Economics 236, Goteborg University, Department of Economics, 2006.

[39] Watson M. W., "Univariate Detrending Methods with Stochastic Trends," *Journal of Monetary*, *Economics*, 1986, 18, pp. 49 – 75.

[40] Welch, G. and G. Bishop, "An Introduction to the Kalman Filter," www. cs. unc. edu/ ~ welch/ kalman /klmanIntro. html, 2006.

附录 1：宏观经济变量 ln $\left(\dfrac{GDP}{L}\right)$、ln $\left(\dfrac{K}{L}\right)$、ln $\left(\dfrac{CO_2}{L}\right)$ 的协整检验：1960~2008

	迹统计量	5% 临界值	最大特征值统计量	5% 临界值
不存在协整关系	39.01	0.00	28.85	0.00
至少存在 1 个协整关系	10.16	0.27	9.34	0.26
至少存在 2 个协整关系	0.82	0.37	0.82	0.37

注：包含截距和趋势，AIC 准则下最优滞后阶数为 3。

附录 2：滞后 3 阶的格兰杰因果检验

原假设	相伴概率
$\Delta\ln\left(\dfrac{K}{L}\right)$ 不是 $\Delta\ln\left(\dfrac{GDP}{L}\right)$ 的格兰杰原因	0.00
$\Delta\ln\left(\dfrac{GDP}{L}\right)$ 不是 $\Delta\ln\left(\dfrac{K}{L}\right)$ 的格兰杰原因	0.00
$\Delta\ln\left(\dfrac{CO_2}{L}\right)$ 不是 $\Delta\ln\left(\dfrac{GDP}{L}\right)$ 的格兰杰原因	0.00
$\Delta\ln\left(\dfrac{GDP}{L}\right)$ 不是 $\Delta\ln\left(\dfrac{CO_2}{L}\right)$ 的格兰杰原因	0.12
$\Delta\ln\left(\dfrac{CO_2}{L}\right)$ 不是 $\Delta\ln\left(\dfrac{K}{L}\right)$ 的格兰杰原因	0.00
$\Delta\ln\left(\dfrac{K}{L}\right)$ 不是 $\Delta\ln\left(\dfrac{CO_2}{L}\right)$ 的格兰杰原因	0.46

附录 3：潜在增长核算方程（3）的数据

1. 未知参数的最大似然估计

方法：最大似然估计（Marquardt）			
	系数	标准差	z - 统计量	相伴概率
d_0	- 2.19776	0.192808	- 11.3987	0.000

续表

方法：最大似然估计（Marquardt）			
	系数	标准差	z-统计量	相伴概率
d_0'	-5.39846	0.286527	-18.841	0.000
	最终状态	均方误差	z-统计量	相伴概率
$\alpha^{(k)}$	0.578414	0.02408	24.02032	0.000
$\alpha^{(CO_2)}$	0.158846	0.041006	3.873692	0.0001
α_t	0.022409	0.002565	8.735364	0.000

对数最大似然值：27.52593；AIC 准则：-1.04188；SC 准则：-0.9646

2. 指标速度数值

单位：%

年　份	资本存量增长速度	劳动力增长速度	劳均潜在 GDP 增长速度	潜在 GDP 增长速度	碳排放增长速度
1978	7.917725	3.143867	2.517261	5.661129	11.956029
1979	7.580986	3.477146	1.339492	4.816637	2.158508
1980	8.016951	4.092763	1.112038	5.204801	-2.281693
1981	6.820489	3.983805	1.511408	5.495213	-0.997823
1982	7.139280	4.001916	3.224909	7.226824	7.024384
1983	7.680215	3.185249	4.145524	7.330773	5.439814
1984	9.093992	3.967792	5.568939	9.536731	8.720304
1985	9.999372	3.831296	7.104092	10.935388	8.402584
1986	10.054653	3.396959	7.32592	10.722879	5.15178
1987	10.731445	3.222778	7.90025	11.123028	6.699439
1988	10.484990	3.199623	8.030888	11.230511	7.189096
1989	7.138105	-0.935022	8.465179	7.530157	1.595617
1990	6.736663	5.271047	2.037275	7.308322	0.583136
1991	7.744255	2.475395	5.411969	7.887364	4.999286
1992	9.678660	1.009299	7.897552	8.906851	4.332465
1993	11.729398	0.991656	10.563408	11.555064	6.759167
1994	12.653134	0.968447	11.605037	12.573484	6.215674
1995	12.832711	0.904307	12.649157	13.553464	8.146726

续表

年 份	资本存量 增长速度	劳动力 增长速度	劳均潜在 GDP 增长速度	潜在 GDP 增长速度	碳排放 增长速度
1996	12. 511984	1. 300228	10. 872643	12. 172871	4. 66296
1997	11. 529477	1. 261784	8. 240022	9. 501806	− 1. 199066
1998	11. 302537	1. 170152	6. 87257	8. 042721	− 5. 326124
1999	10. 716623	1. 071676	9. 35136	10. 423037	4. 488415
2000	10. 571973	0. 967868	8. 399902	9. 367771	2. 63542
2001	10. 646536	1. 304016	7. 894207	9. 198223	2. 430055
2002	11. 304483	0. 979117	9. 50664	10. 485757	6. 110422
2003	12. 563690	0. 938432	13. 055312	13. 993744	17. 598162
2004	12. 881309	1. 031814	11. 874218	12. 906032	17. 134725
2005	13. 513173	0. 831117	9. 611488	10. 442605	10. 323692
2006	13. 737709	0. 758325	9. 012896	9. 771221	8. 495715
2007	13. 550171	0. 772251	8. 479714	9. 251965	5. 278000
2008	12. 953959	0. 636446	9. 353657	9. 990103	7. 181000

3. 时变参数估计值及碳排放贡献

年 份	$\alpha^{(k)}$	$\alpha^{(CO_2)}$	$\alpha_t : \%$	碳排放拉动增长点数
1978	0. 639874	0. 239083	1. 876183	2. 85848
1979	0. 602271	0. 216349	1. 837149	0. 46699
1980	0. 581717	0. 205258	1. 802625	− 0. 46834
1981	0. 572960	0. 202176	1. 770398	− 0. 20174
1982	0. 566678	0. 201891	1. 726522	1. 41816
1983	0. 563049	0. 201629	1. 703025	1. 09682
1984	0. 563827	0. 201720	1. 707839	1. 75906
1985	0. 572103	0. 204045	1. 740271	1. 71451
1986	0. 584712	0. 209239	1. 769834	1. 07795
1987	0. 593807	0. 213244	1. 787104	1. 42862
1988	0. 603810	0. 218501	1. 795895	1. 57082
1989	0. 613901	0. 224530	1. 796236	0. 35826
1990	0. 618214	0. 227295	1. 793985	0. 13254
1991	0. 617040	0. 226937	1. 790922	1. 13452

续表

年　份	$\alpha^{(k)}$	$\alpha^{(CO_2)}$	$\alpha_t : \%$	碳排放拉动增长点数
1992	0.617040	0.226936	1.791025	0.98319
1993	0.622902	0.229983	1.793476	1.55449
1994	0.633830	0.237816	1.776323	1.47819
1995	0.647178	0.248853	1.740486	2.02734
1996	0.656964	0.257861	1.704983	1.20240
1997	0.662171	0.262795	1.684279	− 0.31511
1998	0.666022	0.266258	1.670336	− 1.41812
1999	0.668482	0.268105	1.664439	1.20337
2000	0.667603	0.267389	1.666741	0.70468
2001	0.665600	0.265724	1.672733	0.64572
2002	0.662698	0.263311	1.681724	1.60894
2003	0.657904	0.258863	1.700754	4.55551
2004	0.645421	0.244739	1.771925	4.19354
2005	0.626622	0.221518	1.895745	2.28688
2006	0.608482	0.198360	2.021902	1.68521
2007	0.594394	0.179980	2.123488	0.94993
2008	0.586670	0.169846	2.179843	1.21966

附录 4：碳排放与能源消费关系的数据分析

类似于潜在增长核算方程（3），我们在状态空间中对碳排放的能源消费弹性进行分析：

量测方程：$\ln \left(\dfrac{CO_2}{L} \right)_t = m_0 + \beta_t^{(ENERGY)} \ln \left(\dfrac{ENERGY}{L} \right)_t + \beta_t t_{1960-200} + \varphi_t(m_0')$

状态方程：$\beta_t^{(ENERGY)} = \beta_t^{(ENERGY)}(-1)$，$\beta_t = \beta_t(-1)$

其中，$\beta_t^{(ENERGY)}$ 为碳排放的能源消费弹性，β_t 为碳排放的长期变动趋势，m_0 为截距，$\varphi_t(m_0')$ 为残差，样本期为 1960~2008 年。

时变参数的卡尔曼滤波估计值如下（1978~2008 年参数估计值）：

年　份	$\beta_t^{(\,ENERGY\,)}$	β_t	m_0
1978	0. 991492	− 0. 002914	− 6. 569210590
1979	1. 003767	− 0. 002614	− 7. 263619210
1980	1. 011523	− 0. 002418	3. 162308024
1981	1. 009360	− 0. 002475	1. 659588589
1982	1. 008770	− 0. 002494	− 7. 699372170
1983	1. 011058	− 0. 002420	− 4. 260105210
1984	1. 012365	− 0. 002381	− 8. 226928650
1985	1. 014991	− 0. 002311	− 7. 937541570
1986	1. 017796	− 0. 002244	− 6. 920444910
1987	1. 020075	− 0. 002192	− 4. 986680940
1988	1. 021847	− 0. 002155	− 4. 065142760
1989	1. 023426	− 0. 002126	2. 422802377
1990	1. 022291	− 0. 002144	5. 895327410
1991	1. 020714	− 0. 002174	5. 177091338
1992	1. 019333	− 0. 002199	6. 178432506
1993	1. 017465	− 0. 002228	3. 318219859
1994	1. 016220	− 0. 002243	1. 502542321
1995	1. 015546	− 0. 002251	− 1. 055806710
1996	1. 016190	− 0. 002245	0. 613199882
1997	1. 015749	− 0. 002248	1. 132278838
1998	1. 015323	− 0. 002252	5. 189469062
1999	1. 014430	− 0. 002265	− 7. 577294530
2000	1. 015494	− 0. 002248	− 4. 375257970
2001	1. 016123	− 0. 002239	− 1. 455226430
2002	1. 016327	− 0. 002237	− 1. 973523040
2003	1. 016681	− 0. 002233	− 3. 454328740
2004	1. 018806	− 0. 002226	1. 574652533
2005	1. 022109	− 0. 002228	3. 622786395
2006	1. 025048	− 0. 002234	2. 696416511
2007	1. 026583	− 0. 002239	− 2. 629332840
2008	1. 025293	− 0. 002234	− 2. 653706480

$\bar{R}^2 = 0.80$, $DW = 1.14$

第十章 城市化过程的技术创新

第一节 报酬递增的源泉：规模经济、范围经济和集聚经济

经济研究对于规模报酬递增机制的关注，贯穿于当代内生增长理论、企业管理理论和新地理经济理论的发展过程中。根据舒尔茨（2001，中译本）的论述，报酬递增来源于以下几个方面：（1）劳动分工和专业化；（2）技术进步；（3）人力资本积累、教育培训、"干中学"和知识获得；（4）知识外溢、经济思想；（5）经济制度和经济组织；（6）恢复经济均衡。在这些来源中，舒尔茨特别强调专业化和人力资本对于报酬递增的重要性，并认为专业化、人力资本促进经济增长，现代经济系统的最突出特点是人力资本的增长，人力资本积累带来了人均国民收入的增加。

主流经济学文献对报酬递增因素及其之于经济增长的影响机理进行了分析。在其经典文献《报酬递增与经济进步》中，Young（1928）用迂回生产的概念深化亚当·斯密的分工思想，他认为，表现为报酬递增的主要是生产资本化或迂回方法的经济，并发展出"分工一般取决于分工"的著名论断。阿罗（1962）的干中学理论认为，知识经济活动的产物，将在企业的生产经营活动中得到积累；企业积累的知识会逐渐变成全社会的公共知识，即"干中学"有较强的正外部性，"干中学"是报酬递增的来源。罗默（1986）和卢卡斯（1988）各自发展了阿罗的"干中学"思想，并把阿罗的

劳动者专业技能提高导致递增报酬的假设，扩展到由知识和人力资本外部性导致的递增报酬假设，分别建立了基于知识外溢导致报酬递增的内生增长模型和基于人力资本外溢导致报酬递增的内生增长模型。罗默 1990 年的模型假定技术进步由追求利润最大化的代理人有意识的投资行为带来，因此，技术进步在模型中是内生的。

从生产者角度来看，上述报酬递增的因素被组合和利用，形成熊彼特意义上的创新（熊彼特，1990，中译本），并表现为通常意义上的规模经济、范围经济。从定义来看，规模经济和范围经济的划分，是基于规模特性的定义：第一，企业重复生产同种产品的数量；第二，企业内部一体化程度的高低或企业生产环节的数量。上述规模属性分别代表了横向企业规模和纵向企业规模，规模经济主要来自于横向规模的扩大（泰勒尔，1998，中译本）。（1）规模经济。在理论分析中，规模经济被看作在某些产量范围内随着生产扩大而出现的平均生产成本下降现象，因此，长期平均成本曲线就是规模曲线。联系报酬递增的上述各个要素，劳动分工和专业化、人力资本积累、教育培训、干中学、技术进步等都是导致规模经济的有利因素。（2）范围经济。范围经济是规模经济的扩展，指企业通过扩大经营范围，增加产品种类，生产两种或两种以上的产品而引起的单位成本的降低。与规模经济不同，它通常是企业或生产单位从生产或提供某种系列产品（与大量生产同一产品不同）的单位成本中获得节省。作为报酬递增源泉的专业化、经济组织和管理变革，也是范围经济的源泉。

新经济地理理论为报酬递增的认识带来了新的要素。以克鲁格曼为代表的新经济地理学，在迪克西特—斯蒂格利茨模型的基础上，建立了描述经济活动在空间分布的区域模型、城市体系模型和国际模型（Fujita, Krugman, Venables, 1999）。其中用于描述区域经济活动分布的核心——外围模型是所有其他空间经济模型的基础模型。Fujita and Thisse（2002）把格罗斯曼—赫尔普曼—罗默的具有产品差异的内生增长模型结合进上述核心——外围模型，提出了一个分析集聚与增长的"一般"分析框架。集聚经济是规模经济和范围经济的深化，产生于特定区域内企业集群（杨国亮，2005）。由于企业集群具有空间上集聚和专业化的特征，因此，与单个企业相比，企业集群内企业在横向规模上扩张了，而在纵向规模上收缩了。纵向一体化程度低是集群企业的一般特征，意味着企业之间分工和专业化程度不断提高，进而有利于知识传播、创新网络，在扩大市场需求的同时，降低生产成本，提高效率，关于这一点，我们在下文将展开分析。

第二节　中国城市化关键期增长动力的转换

一　"增长三螺旋"：两种不同的增长方式

在对发达国家和发展中国家经济增长进行考察后，Reinert（2009）认为，两者差距的根源在于截然不同的增长路径。发达国家竞争力的根源，在于对"增长三螺旋"或增长三动力的严格发挥，即：创新、报酬递增、协作（集聚）效应。

"增长三螺旋"的核心，是新技术和新生产模式带来的知识和劳动生产率的增长，这也是理解经济发展的关键。就技术创新而言，包括企业的"产品创新"和"过程创新"。"产品创新"是报酬递增和经济持续发展的保证，通过产业联动和城市化的空间集聚效应，产品创新又被发挥成"过程创新"，两个创新的互动在更大程度上导致了整体经济的报酬递增。通过技术创新，发达国家长期保持了竞争优势。技术创新的目的，是筑起产业的高进入壁垒和获得高利润。正是在开放条件下，发达国家利用这种优势让本国产品和服务与外国竞争，并保持国内真实收入的增长。因此，竞争力可以看作真实工资提高的过程，不完全竞争导致的"租金"与之紧密相关。

相对于发达国家而言，发展中国家在国际竞争中处于下风，为了获得竞争优势，通常采用低成本竞争策略，压低劳动力成本。因此采用了一条与发达国家相反的增长路径。一般而言，欠发达国家生产要素中普遍缺乏知识和创新因素，主要依靠劳动力、资源和资本驱动增长，这恰恰是报酬递减的发展方式。古典经济理论很早就注意到依赖土地、自然资源的经济，迟早会遇到发展瓶颈和报酬递减；新古典理论也认为，劳动力、资本的过度投入，最终将产生收益递减的后果。经常发生的事实是，经济发展中知识和创新环节的缺失，使得发展中国家只能在产业链的低端生产。生命周期理论揭示，位于产业链低端的产品生产，往往是被发达国家认为是已经成熟、不再具有报酬递增的产品生产。因此，发展中国家长期从事着报酬递减的生产，与发达国家的差距越来越大。

二 低价工业化模式下资本驱动力的下降趋势

中国的低价工业化模式，以劳动力、资本、资源消耗为主要特征，属于典型的资本驱动型经济增长。近年来，资本投资报酬递减效应开始出现，并表现为投资效率的降低趋势。投资效率问题一直为广大研究者和决策者所关注。研究中观察投资效率的简便方法是计算投资边际生产率，即通常所说的"投资效率"。依据投资效率判断中国投资效率需要综合考虑两个层次的因素：一是中国固定资产投资效率的时间序列趋势，二是经济发展相似阶段中国与国外状况的对比。本节两个层次的综合分析表明，工业化城市化加速发展时期的中国经济增长，投资效率不仅表现出了持续下降的普遍规律，而且与日本的相似经济发展阶段比较起来，中国固定资本投资效率递减的趋势出现得过早，下降程度也更大①。

1. 资本的边际生产率

作为衡量投资效果的常用方法，资本的边际生产率可以表示为产出的增量与资本增量或新增投资之比，即 $\Delta GDP/I$。首先来看全社会资本边际生产率状况（见图 10 - 1），改革开放之初至今的 30 多年里，全社会固定资本

---

① 为了方便长期趋势的分析，下文对资本边际生产率序列进行了 HP 滤波，资本 - 产出的统计相关性分析，也是立足于长期滤波趋势序列。

投资经历了由上升到下降的变化，这种变化符合资本驱动经济增长的规律。随着资本积累的增加，资本报酬不可能一直增加下去，资本边际生产率递减趋势迟早要发生。资本边际生产率递减趋势发生在 20 世纪 90 年代中期以后，1981～1995 年，全社会资本边际生产率保持在 0.4～0.5 的水平，1995年之后出现持续下降，目前处于倒 S 型曲线的平缓部分，基本维持在0.2～0.3。

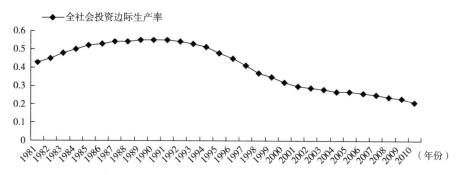

图 10 - 1　1981～2010 年全社会固定资本投资边际生产率（HP 滤波）
数据来源：历年《中国统计年鉴》。

对于 1995 年以后的下降趋势，我们在图 10 - 2 中进行了分解，该图提供了 1996～2010 年三次产业的固定资产投资边际生产率变动状况：第一产业的投资份额在全社会中占比较少，但是近年来资本边际产出表现出显著

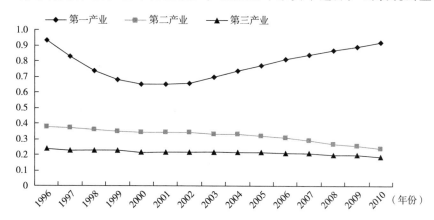

图 10 - 2　1996～2010 年三次产业固定资产投资边际生产率变动状况（HP 滤波）
数据来源：历年《中国统计年鉴》。

的上升趋势；第三产业基本稳定，在 0.2 左右；第二产业的下降趋势比较明显，由 1996 年的 0.4 下降为 2010 年的 0.24。再来看三个地区的资本边际生产率。

图 10-3 提供了东、中、西部地区资本边际生产率的变动趋势：东部和中部地区在 1979~1995 年基本保持在 0.5~0.6 的水平，两个地区的边际生产率相差不大；1995 年之后，均出现持续下降趋势，1996~2010 年下降50%。西部地区的资本边际生产率，在 1979~1995 年出现先上升后下降的趋势，进入 21 世纪以来维持在 0.3 左右的水平。

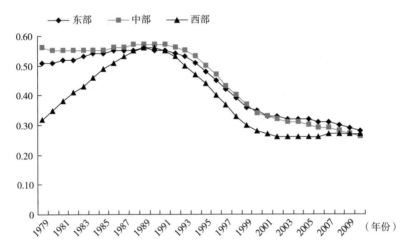

图 10-3　1979~2010 年东、中、西部地区资本边际生产率的变动趋势（HP 滤波）
数据来源：历年《中国统计年鉴》。

2. 产出的投资弹性 *g/k*

记 GDP 的增长率为 *g*，资本形成的增长速度为 *k*，那么产出的投资弹性可以表示为 *g/k*。正如上文的变量序列处理方法，我们以实际 GDP 和投资序列的滤波趋势计算 *g/k*。实际 GDP 增长率直接取自统计年鉴，实际资本形成序列以 GDP 减缩指数缩减名义资本形成序列得到。图 10-4 是 1979~2010 年全社会产出的投资弹性长期趋势，基于用前文实际 GDP、固定资本形成 HP 滤波序列的增长率计算得到。改革开放至今，产出的投资弹性表现出较为明显的下降趋势：由起初的接近于 1 逐渐下降到目前的 0.8 左右。

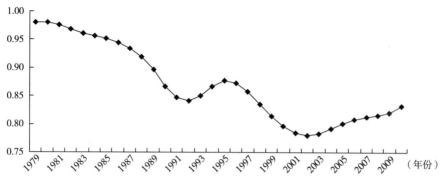

图 10 - 4　1979 ~ 2010 年全社会产出的投资弹性

数据来源：历年《中国统计年鉴》。

3. 投资效率的国际比较

我们以日本的相似工业化城市化阶段的固定资本投资边际生产率与中国相比。图 10 - 5 提供了日本城市化加速至成熟时期固定资本投资边际生产率的 HP 滤波趋势。20 世纪 50 年代，日本人口城市化率为 30% 左右，到 70 年代中期达到 70%，走向城市化发展成熟时期，用了不到 30 年的时间，产生了典型的"压缩"工业化城市化发展路径。如图 10 - 5 所示，1956 ~ 1975 年，日本固定资本投资边际生产率在 0.35 ~ 0.45，有缓慢的递减趋势，其后的 20 年，投资边际生产率持续下降。中国自 90 年代以来进入城市化加速期，目前已经达到 50% 的水平，预计 10 年左右将抵达城市化 60% ~ 70%

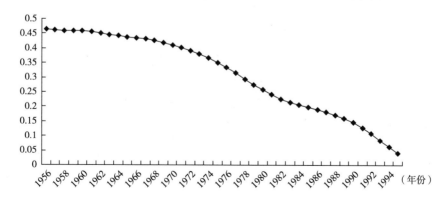

图 10 - 5　1956 ~ 1995 年日本全社会固定资本投资边际生产率（HP 滤波）

数据来源：日本总务省统计局。

的水平，因此工业化城市化的特征与日本具有较大的可比性。根据前文，1990~2010年的20年里，中国投资边际生产率由0.55下降为0.2，相对于日本类似的发展阶段来说，固定资产投资效益递减的势头来得较快，程度也较大。因此，中国经济增长中的投资质量相对较差。

三　城市化关键期增长动力转换的必要性

我们把中国城市化水平进入50%这个临界点以后的发展阶段（持续到70%这个城市化成熟期分界点），称为中国城市化的关键期，这个关键时期，也是空间集聚报酬递增效应最大的时期。规模经济、创新溢出、分工深化、范围经济程度，成为中国城市化关键期经济增长的新动力。

中国2011年跨过城市化率50%这一重要增长门槛。根据国际城市化经验，在这个临界点之后，城市化进程将发生从"量"的增加向着"质"的提高的转变，主要标志是经济增长动力因素发生了根本转变，即经济增长动力由城市化初期的资本积累驱动增长和城市发展，转变为城市化中后期的以"空间资源配置"推动增长的阶段，空间集聚推动了技术进步、知识溢出和经济结构的快速调整。

城市化水平50%~70%这个阶段，如果进展顺利，城市化的集聚效应将会推动人均国民收入迅速提高和产业结构优化，完成增长方式的转变，顺利进入可持续发展的轨道；如果进展不顺利，就可能导致城市化的高成本抑制产业调整，降低国家竞争力，拉大收入差距，城市失业严重等社会发展矛盾，易陷入"中等收入陷阱"。拉美国家在1950~1980年创造了经济增长奇迹，其间，城市化水平由40%提高到60%，人口向少数大城市高度集中。但是，80年代以后城市化水平提高，却没有带来人均国民收入的相应提高，城市规模效应缺失，城市化与产业发展和社会进步脱节，导致拉美的停滞。而发达国家如德国和日本，在城市化稳步提高的同时，长期积极推动技术进步和产业竞争力的提高，促使经济进入持续发展轨道。

为适应经济发展的需要，我国在不同历史时期提出了相应的城市发展方针。改革开放以来，工业化促进了城市化演进。1996年我国城市化率达到30%，进入城市化快速发展阶段；2011年城市化水平达到50%，开始步入城市化由量增到质变的临界点。城市化对创新潜力、报酬递增和集聚效应的开发，是缓解资源压力、劳动力成本上升的冲击的重要推动力，也是新时期经济可持续发展的要求。

第三节 城市化与创新集聚

一 创新

熊彼特认为，"创新"就是把生产要素和生产条件的新组合引入生产体系中，也就是实现生产函数的变化，包括五个方面：（1）引入一种新产品；（2）引入一种新工艺；（3）开发新的市场；（4）开发新的原材料来源；（5）引入一种新的产业或企业组织形式。其后，研究者对创新的认识不断深入。岳清唐（2009）把"创新"理论的发展归纳为四条线索：（1）理论经济学关于创新的分析。内生增长理论继承和发展了熊彼特技术创新和制度创新思想，从经济主体的利益最大化行为出发，提出品种多样化创新（产品创新）和质量创新（工艺创新）等；新制度从组织效率、制度、文化等角度研究创新问题。（2）科技政策管理理论分析。"国家创新系统理论"认为创新不是企业的孤立行为，而是涉及包括政府在内的一个复杂系统，从而提出了国家创新系统。"区域创新系统理论"是国家创新系统研究的拓展，关注跨国经济区域以及国内各层次经济区域创新的组织结构、空间结构、创新环境、创新绩效等。（3）科学哲学和社会学家理论分析。代表性的行动者网络理论主张，科学知识与技术的构建不是单纯由社会（人）来决定，而是同时由人与非人（工具、物、被研究的对象等），构成一个"异质物的网络"来加以决定。（4）创新集聚和集成创新理论。作为熊彼特创新理论的深化，两种理论分别从产业层面和微观方面对创新之于产业结构和企业竞争力的影响进行分析。创新集聚理论把创新的空间分布纳入分析视野，为城市化规模报酬递增的认识注入了活力。

二　空间集聚

从发达国家经济增长的历史来看，工业化、城市化和现代化的过程，不仅表现在经济结构的变迁上，而且表现在地理空间的变迁上。空间集聚的本质，是人口迁移所导致的城市人口密度和经济密度的提高，以及由此产生的内生增长效应。世界银行（2009）的研究报告提出城市化促进经济增长的相互联系"三维角度"：密度、距离和分割。城市化过程中空间人口密度的上升，不仅缩短了信息知识传播的地理距离，而且消除了经济联系的地理分割，从而节约了交易成本，增加了效率提高和收入公平的机会，这些都是经济获得持续增长动力的必要条件。

1. 空间集聚、规模效率与报酬递增

人口和资源的空间集聚，是城市规模扩张和规模经济产生的前提。空间集聚的规模效率，主要表现为城市公共设施及公共服务的利用效率。因此，城市规模扩张中蕴涵了人均成本降低所带来的报酬收益。公共设施建设、公共服务的有效提供，是城市化顺利推进的必要条件，也是避免城市化消极效应的保证。

2. 空间集聚、创新外溢与报酬递增

产业集聚需要三个关键因素：专业劳动力"稠密市场"的存在，基础设施的支持以及知识和技术的外溢。产业的空间集群导致成本的降低、区域创新网络的形成以及区域规模报酬的出现。同时，城市化进程中的空间结构调整，具有将不同层次的人力资源、消费群体整合在一起的功能，这种多元化集聚有利于城市市场规模的扩大，对于企业竞争力的提高具有重要作用。

三　创新集聚

近年来，创新的空间集聚问题越来越受到研究者和政府的关注，人们

对于创新集聚机制及其作用的认识也在逐渐深入。

作为一种新的理论认识，尽管创新集聚目前还没有建立起统一的概念体系和研究规范（刘凤朝等，2011），但是，研究者通过创新集聚案例研究和借鉴产业集聚研究成果，对创新集聚有了不少新的认识。就现有研究看，创新集聚包括以下几个方面：创新投入的集聚，一般运用研发支出和人力资本（如科学家、工程师）等指标的空间分布，对创新集聚进行描述；创新组织的集聚，一般运用高新技术企业和企业研发实验室的分布状况，对创新集聚进行描述；创新产出的集聚，通常运用专利或出版物的空间分布进行描述。

创新集聚是伴随城市化过程中生产要素的空间集聚所产生的一种现象，城市化对于人口、经济密度的提升，城市化对于空间距离的拉近以及市场分割的削弱，为创新集聚提供了土壤，各种各样的创新动因也产生于这个环境中。研究认为，创新集聚的激励因素包括以下几个方面：（1）创新投入要素的地理集中。这一机制一般采用知识生产函数的形式，即创新过程的产出是研发投入或人力资本投入的函数，投入因素的空间集聚导致了更多的创新产出。如，Lucas（1988）认为人力资本的区域经济中，是技术水平提高的动因。一些研究认为，人口密度的提高有助于专利的生产和知识传播、溢出，类似地，研发资金、实验室的集聚及其外部性对于产业创新的作用显著。（2）空间布局与生产集中的互动。创新活动通常伴随着生产活动的集中，而生产活动的集中又产生于空间布局的变动，因此，创新活动与空间布局之间存在着良性的互动关系。而且，空间布局的不断创新，有利于优化创新资源的流动和整合，保持创新的活力。（3）创新网络的协同效应。Freeman（1991）对创新网络的定义是，创新网络是处理系统性创新的一种制度安排，网络构架的主要连接机制是企业间的创新合作关系。创新网络类型包括合资企业和研究公司，合作研发协议，技术交流协议，有技术因素推动的直接投资、许可证协议、分包、生产分工和供应商网络、研究协会、政府资助的联合研究项目等。企业网络结构及其联系的区域性外溢效应，是促进创新的重要动力。

四　城市群与创新集群

区域创新集聚的主要载体是城市化集聚辐射效应。城市化与产业集群互动，产业集群拓展城市空间结构。发达国家城市化过程的一个显著现象是，大城市产业集聚发展到一定程度后，将产生对城市周边地区的辐射带动效应，从而促进周边地区城市化水平的提高。知识、产业的关联把城市联系起来，形成城市群或城市圈。因此，城市群是不同等级规模的城市以大城市为核心组成的城市集合体，是城市化进程演进到高级阶段的地理经济现象。

城市集群的形成，使得城市分工和专业化成为可能。位于城市圈核心的大城市，以其规模和强大的资源集聚能力，更有可能充当创新集聚的角色，并经由创新扩散和知识传播，促进区域产业集群结构的升级，最终促进创新集群产生。根据丁魁礼等（2010）的研究，所谓"创新集群"，是指以新知识生产、新产品大量涌现为本质含义的创新型组织（创新型企业、各种知识中心和相关机构），基于地理集中或技术经济空间集中与外界形成有效互动的产业组织形态，如技术集群、知识集群、智力集群等。

与通常意义上的产业集群比较起来，创新集群强调技术的创造或生成性特征，而不是发展中国家经济中通常呈现的低成本产业集群或技术模仿；创新集群强调创新型组织之间的互动，而非单纯的空间集聚。创新集群随着城市集群的演进而产生，是区域经济的创新集聚的载体。创新集群与非创新产业集群互动，保持了特定区域产业发展的均衡和产业竞争力。

第四节　中国城市化与产业竞争力

一　中国城市化模式

改革开放以来，以沿海地区为先导，我国经历了一个工业规模迅速扩张的时期，但是低价工业化也导致了一些突出问题，如以单一资源集聚为特征的"块状经济"，产业链条偏短、分工程度低。长期以来，受制于户籍制度改革的滞后，以及工业化发展水平的落后，我国城市化进程相对缓慢。20 世纪 90 年代末期以来，随着经济建设投资向城市部门发展的倾斜，快速城市化进程启动，目前达到 50% 的水平，步入向城市化成熟的迈进期。

但是，城市化过程中的诸多问题也开始显现：一是土地城市化远远快于人口城市化，工业增长质量不高及工业服务业不匹配问题突出；二是以外延式扩张为特征的城市化后劲不足，地区内部、区际之间发展不平衡；三是收入差距日益加大，失地农民、城市低收入人群和农民工面临"贫困化"的威胁，影响社会经济的不稳定性因素增加；四是依赖于资源扭曲、土地财政和负债扩张的政府主导型投资模式难以持续，城市的无序扩张、拥挤与污染、基本公共服务不足与管理效率不高的问题比较突出。

针对上述问题，近年来就如何城市化的问题，一直存在着很大争论：（1）大城市重点论。主张中国城市化以大城市为主体的思路认为：大城市发展是城市化过程中的普遍现象；大城市的规模经济和集聚效应较高，能最大程度地节约土地；大城市有利于资源环境管理，节省土地资源、水资源和公共建设资源，且有利于第三产业发展，增加就业机会（如王小鲁等，1999）。（2）中等城市重点论。主张中国城市化以中等城市为主体的思路认为：比起小城镇来，中等城市具有较大的生产生活集聚效应，又能够避免大城市人口、经济密度过高引发的城市病；与大城市和小城镇相比，中等城市比较容易实现经济效益、社会效益和环境效益的统一；发达国家城市化过程的"分散—集中—再分散"趋势，人口最终趋于向中等城市扩散（如李金来，1990）。（3）城市体系论。国家"十一五"规划纲要提出在继续坚持大中小城市和小城镇协调发展的基础上，把城市群作为推进城镇化的主体形态，形成高效协调可持续的城镇化空间格局。

我们认为，强调大城市优先发展和中等城市有限发展的理论，都是立足于单个城市角度对城市化问题进行分析，有其局限性。城市体系发展理论，应突出城市群发展对于产业竞争力的促进作用，不只是优化空间问题，还要以空间格局优化带动经济结构的优化和升级。

二 中国的城市群状况

改革开放以来，伴随着工业化的演进，产业的集聚促进了城市集群的发展。在现阶段，初具规模的国家级城市群是珠江三角洲城市群、长江三角洲城市群、京津冀城市群和成渝城市群。正在发展的省级城市群包括辽中南、山东半岛、北部湾、长株潭、武汉、环鄱阳湖、皖江、中原、太原、关中等城市群；地方级的城市群包括温州、汕头、徐州等城市群（黄顺江，2010）。被公认的三大经济圈中，长三角城市群城市化水平较高，空间布局由分散走向集中，大中城市发展趋势明显，在竞争中一直保持着显著的区位优势；京津冀城市群知识产业互补优势明显，产业配套能力强，具有较强的资源集聚优势；珠三角在产业规模和知识资源方面虽然不能与其他两个城市群相比，但是在制度创新方面一直走在全国前列，具有较强的制度创新和经济发展活力。

从经济总量来看，长三角、珠三角、京津冀三个城市群 GDP 占全国GDP 的比重达 40%，但是，资源驱动型经济增长方式依然比较显著。根据吴晓隽（2008）的测算，1986~2006 年长三角资本、劳动和 TFP 对经济增长的贡献分别为 38%、16%、46%；珠三角资本、劳动和 TFP 对经济增长的贡献分别为 32%、21%、47%；京津冀资本、劳动和 TFP 对经济增长的贡献分别为 29%、12%、59%。从 TFP 的表现来看，京津冀城市群比其他两个城市群稍高，但是与发达国家 70%~80% 的水平相差较远。

实际上，由于对经济增长速度的片面追求，城市群产业结构趋同、结构优化升级步伐缓慢等问题依然阻碍着城市增长质量的提高，三大城市群都面临着结构调整与竞争力提高的问题。如区位优势较为明显的长三角城市群，正经历向工业化后期的过渡，摆脱工业发展的资源驱动模式，发展先进制造业和升级服务业结构，是未来需要面对的问题；受劳动力、资源价格上升的倒逼，珠三角城市群资源驱动型增长呈现乏力态势，以低利润加工贸易为主导的制造业经济发展模式面临着挑战；京津冀城市群产业竞争力的提高，也需要解决该区域分工协作及经济一体化问题。

三　城市集群提升产业竞争力

城市群的发展和演化，为报酬递增的创新集聚要素的成长提供了条件，创新动力是产业集群结构优化、产业竞争力持续提高的动力源。之所以强调城市群的创新功能，是因为产业集群也像单个产品一样，具有生命周期的特性。Tichy（1998）认为，产业集群从盛到衰要经历 4 个阶段：形成阶段，期间企业聚集在一起，通过分工协作进行产品生产和开发，获得竞争优势；成长阶段，产品大规模生产成为可能，主导产业或产品形成，产业集群迅速扩张，资源集聚能力扩大；成熟阶段，产品生产标准化，学习效应减小，区域内市场竞争加剧；衰退阶段，企业大量退出市场。

中国工业化过程中产业竞争力主要是通过压低要素成本获得的，包括压低劳动力成本和扭曲资源价格。以产品加工和技术模仿为主的国内生产，由于市场准入门槛较低，因此，当国际产业转移的机会到来时，短期内就会出现大量企业。国内学者把这种现象称为"吹哨经济""潮涌现象"等。改革开放 30 余年来，中国工业技术进步主要依靠"干中学"途径获得，内生增长机制一直没有很好地建立起来。在经济增长过程中，尽管中国工业效率表现出追赶发达国家的趋势，但是现阶段不但与发达国家的差距不小，而且与新兴工业化经济体比较起来也不令人满意。

近年来，为了促进产业结构性转型和核心竞争能力的提升，国家批准了一系列战略性区域规划和区域文件。如，《国务院关于进一步推进长江三角洲地区改革开放和经济社会发展的指导意见》《珠江三角洲地区改革发展规划纲要（2008～2020）》等，明确了高新技术产业为龙头、空间布局优化为载体、自主创新为核心、企业竞争力提升为目标的结构优化方向，并对中心城市集聚扩散的带动作用进行了强调。因此，未来城市化过程对空间资源和产业资源的整合优化，是产业发展素质提高的重要动力。

参考文献

［1］ 丁魁礼、钟书华：《创新集群的本质含义及其与产业集群的区分》，《科技进步与对策》2010 年第 10 期。

［2］ 黄顺江：《我国城市群发展现状与趋势》，《2010 年中国城市发展报告》，2010。

［3］ 李金来：《我国城市应走优先发展中等城市的道路》，《城市问题》1990 年第 2 期。

［4］ 刘凤朝、杨玲、孙玉涛：《创新活动空间集聚及其驱动因素国外研究进展评述》，《管理学报》2011 年第 9 期。

［5］ 世界银行：《2009 年世界发展报告》，清华大学出版社，2009。

［6］ 舒尔茨：《报酬递增的源泉》，姚志勇、刘群艺译校，北京大学出版社，2001。

［7］ 藤田昌久、保罗·克鲁格曼、安东尼·J. 维纳布尔斯：《空间经济学》，中国人民大学出版社，2005。

［8］ 藤田昌久、雅克弗朗克斯·蒂斯：《集聚经济学》，刘峰等译，西南财经大学出版社，2004。

［9］ 泰勒尔：《产业组织理论》，张维迎总译校，中国人民大学出版社，1998。

［10］ 王小鲁、夏小林：《优化城市规模，推动经济增长》，《经济研究》1999 年第 9 期。

［11］ 吴晓隽：《中国三大都市圈经济发展方式的比较研究》，上海交通大学博士后报告，2008。

［12］ 熊彼特：《经济发展理论》，何畏、易家详译，商务印书馆，1990。

［13］ 杨国亮：《论范围经济、集聚经济与规模经济的相容性》，《当代财经》2005 年第 11 期。

［14］ Arrow, Kenneth, J. , "The Economic Implications of Learning by Doing," *Review of Economic Studies*, 1962, 29, pp. 153 – 173.

［15］ Erik S. Reinert, *How Rich Countries Got Rich and Why Poor Countries Stay Poor*, New York: Public Affairs, 2009.

［16］ Freeman, C. , "Networks of Innovations: A Synthesis of Research Issues," *Research Policy*, 1991, 20, pp. 499 – 514.

［17］ Lucas, Robert E. , "On the Mechanics of Economic Development," *Journal of Monetary Economics*, 1988, 22 (1), pp. 3 – 42.

［18］ Romer, Paul M. , "Increasing Returns and Long-Run Growth," *Journal of Political*

Economy, 1986, 94 (5), pp. 1002 – 1037.

[19] Romer, Paul M. , "Growth Based on Increasing Returns to Specialization," *American Economic Review Papers and Proceedings*, 1987, 77 (2), pp. 56 – 62.

[20] Romer, Paul M. , "Endogenous Technological Change," *Journal of Political Economy*, 1990, 98 (5), pp. 71 – 102.

[21] Tichy, G. , "Clusters: Less Dispensable and More Risky than Ever," Clusters and Regional Specialisation, London: Poin Limited, 1998.

[22] Young, A. , "Increasing Returns and Economic Progress, Increasing Returns and Economic Progress," *The Economic Journal*, 1928, Volume 38, pp. 527 – 542.

第十一章 城市化过程的体制和管理创新

第一节 治理模式创新

一 制度创新的顶层设计

城市化阶段的经济发展具有多极性、网络性和系统性，因此比工业化阶段更需要制度创新赋予活力。在制度变革方面，应突破以往摸着石头过河的思维方式，注重制度创新的战略性、整体性，树立制度创新的顶层设计理念。在党的十七届五中全会和"十二五"规划中，提出加强"改革顶层设计"这一新理念，目的是强调改革"整体的明确性"和"具体的可操作性"，在实践过程中能够"按图施工"，避免各自为政造成工程建设过程的混乱无序（竹立家，2011）。"顶层设计"的含义有三点：一是指导方针，着力于提高发展的全面性、协调性、可持续性，在实践中不断开拓科学发展之路；二是基本内容，强调坚持统筹兼顾、突出重点，从党和国家的全局出发，提高辩证思维水平、增强驾驭全局能力，把经济社会发展各领域各环节协调好，同时要抓住和解决牵动全局的主要工作、事关长远的重大问题、关系民生的紧迫任务；三是实现路径，重点解决体制性障碍和深层次矛盾，全面协调推进经济、政治、文化、社会等体制创新。"顶层设计"是中国经济社会发展新形势下，科学把握城市化规律的要求，对于制度改革阶段性复合目标的定位、约束条件的分析以及实现路径的规划等均具有很好的指导意义。

二 政府治理模式的创新

理想的政府治理方式包括以下几个方面：治理的合法性，即权威和政治秩序被认可和服从；透明性，即政治经济等各种信息的公开透明化；责任性，即治理者对其行为负责；回应性，即治理者（机构和职员）必须对公民的呼吁和要求做出及时负责的回应；有效性，即管理机构设置合理，经济有效（俞可平，2000）。伴随城市化及公民社会组织的发展，政府治理模式越来越具有治理权利主体多元化趋势，在治理权利向社会回归的情况下，政府与非政府部门的合作协调，成为最主要的治理方式。

长期以来，"强政府、弱社会"一直是我国政府治理模式的主要特征，生产型政府是在这种管理模式下的主要表现形式。对于工业化的资源动员和经济增长来说，强势政府的存在有其有利的一面，政府主导的经济发展推动了中国工业化进程。但是，这种治理模式的弊端也有目共睹，典型如权力垄断导致的腐败和资源浪费、政务透明度低、缺乏民众信任感等。十七大报告提出，坚持国家一切权力属于人民，从各个层次、各个领域扩大公民有序政治参与，最广泛地动员和组织人民依法管理国家事务和社会事务、管理经济和文化事业。这个思路为我国政府治理模式由政府单独治理模式向政府—社会共治模式转变指明了方向。

中国政府治理模式的创新，应当把握以下几点：（1）公共服务型政府的建立。经济发展的城市化阶段与工业化阶段的本质不同在于，城市社会对公共服务的需求不断扩大，这些服务涵盖了包括水、电、气、路、通信、交通工具等有形的物质产品及包括安全、医疗、教育、娱乐等在内的公共物品和公共服务。公共物品供给体系的高效运行，需要精心的制度设计和组织安排，这种要求非全能型政府管理模型所能满足。（2）非政府组织的发展。培育发展经济类、公益慈善类、民办非企业单位和城乡社区社会组织，强化其服务职能；推动行业协会、商会的改革和发展，发挥沟通企业与政府的作用；推动政府部门向社会组织转移职能，向社会组织开放更多的公共资源和领域。（3）政府治理的公共性。主要是强化政府治理过程中的公民参与意识和公民主体性，鼓励公民在经济、政治和社会事务领域参与管理。

三 财政体制改革的创新

改革开放 30 多年来，为了适应经济发展的需要，我国财政体制不断在调整和理顺中创新（侯一麟，2009）。1979～1993 年是调整时期，主要是放权让利以调动地方积极性；1994 年以来是理顺时期：1994～1998 年分税制推行，使得中央具有大规模提供公共产品和公共服务的能力；1999 年以来开始公共财政体系的探索。财政体制的改革，归根结底是中央与地方财权事权的关系问题，从这一点上来说，分税制改革所带来的矛盾也是争论最多的。争论焦点一致集中于分税制导致了中央财政的集中，随着地方政府公共服务化职能的明晰和公共品供给规模的扩大，分税制下的地方政府面临着财权与事权不匹配的问题，地方财政捉襟见肘。对这一问题的解决，存在两个改革的方向：一是从 2009 年开始推行的省管县财政体制，即地级市不再集中县财政收入、转移支付及专项资金不再经过地级市结算、加强县级财政实力和省对县的财政平衡。二是广东、上海、浙江、深圳等地开展地方政府自行发债试点，为适应城市化要求而进行了大胆创新。在工业化模式下，中国公路、铁路等基础建设主要由国家来做，地方市政融资需求并不大。但是随着城市化的推进，地方融资需求增大，这就要求地方拥有一定的独立融资权，以解决城市化过程中的市政融资问题。地方政府独立融资是用市场来对政府融资及信用的新形式，能够促进地方政府的资金使用效率，而且也有利于解决地方与银行之间融资的不透明问题。

第二节 城市化制度创新

一 土地制度创新

土地财政是我国城市化快速发展时期呈现出的经济现象。正如一项研究所指出的那样（王慈航，2010），这种模式一方面推动了房地产经济的无序发展，遏制了其他国民经济部门的活力，透支居民的未来消费能力，容易诱发金融风险；另一方面，土地财政模式导致了地方政府财政收入的不可持续和不稳定，容易诱发财政风险。同时，城乡土地二元制度的存在，也使得政府土地征收中的农户补偿问题较突出（顾惠芳等，2011）。为保证城市化的顺利进行和经济增长的稳定，未来土地制度创新应包括以下几个方面：（1）改革城乡土地二元制度，建立统一土地市场。由于城乡二元土地制度的存在，农地转为非农用地时，首先要进行土地集体所有向国家所有的转换，然后由地方政府将土地使用权转让给土地使用者，土地财政收益就包含在这些转换和转让的环节中，同地同价原则也因此遭到破坏。因此，加快建立城乡统一的土地市场、完善土地转让制度，是遏制土地财政、减少农户损失的重要措施。（2）探索和完善土地交易机制，建立土地市场化交易平台。总结近年来在广东、上海、江苏、浙江等发达地区出现的土地交易模式，建立土地产权交易平台，为土地指标跨区交易创造条件，促进土地合理价格的形成。（3）经济开发区土地资源节约利用机制。为了避免经济开发区集聚效应不显著、管理混乱等问题，对于开发区用地效率建立科学合理的量化评价指标。

二 户籍制度改革

20世纪50年代为抑制农产品、原材料短缺而设置的城乡户籍障碍，其影响和后果波及至今。在户籍壁垒之下，广大农村被屏蔽在增长收益的合理分享之外，城乡差距日益扩大，也造就了"农民工"这个特殊的群体。户籍改革的背后是城乡居民的利益大调整，因此进展缓慢也在预期当中。但是，为了保持经济的稳定发展，这个壁垒必须拆除。原因很明显，不让农民工变市民，农民在人力资本上就无法提高，自身的劳动生产率就无法提高；只要农民工认为城市生活好，就会撂荒土地进程，无法提高农业生产率，最终导致城乡发展失衡及经济和社会问题。户籍改革的步骤如下：第一，明确户籍不是简单的户口本，而是户口本所代表的社会保障、优质教育资源、便利的生活方式。既然出于各种各样的原因，户口本不能向有需求的农民工敞开发放，那么，城市对农民工子女就不能敞开其教育资源。第二，健全农民的保障体系，增加农民的保障额度，缩小城乡居民福利差距。第三，稳步推进城镇化建设，打造城乡一体化格局。

三 社会保障安全网构建

城市化最大的特征是社会保障制度的健全，大规模人口向城市的集聚以及人口老龄化的趋势，要求城市化过程中的失业保险、养老保险、医疗保险等网络的构建。就中国社会保障建设的总体状况而言，城镇基本上拥有了基础较好的保障体系，但是农村的保障建设还刚刚起步。根据一些最新的研究成果（如陈颐，2010），未来具有中国特色的保障模式包括以下几个转型：（1）城镇保障向全民保障的转型，这是缩小城乡居民福利差距的重要途径，其中，国家对失地农民和农民工社会保障的健全显得尤为迫切。（2）差别型保障向公平型保障的转型：这种差别主要存在于城市内部，机关、企业、事业之间存在各式各样的保障差别，最重要的是整合现阶段存在的多种退休和养老保险制度，实现机关、企业、事业单位养老保险制度的并轨。（3）保障型保障向福利型保障的转型。这是随着城市化、现代化的发展以及国家经济强盛而来的社会保障待遇的提高，在这个愿景下，由保障基本生活升级为增加居民福利。

四 改革收入分配制度

我国的工业化竞争力是建立在廉价劳动力成本基础之上的，初次收入分配存在着明显向企业倾斜的特征，劳动力和资本要素收入比例基本是三七开，这也是研究者在估算中国经济增长方程时，习惯性地把劳动力弹性和资本弹性赋值0.3、0.7的原因。20世纪90年代以来，我国居民收入差距持续扩大，不但表现在城乡居民的收入之间，而且表现在城市、农村居民的收入之间。产生收入差距的原因有以下几个：劳动生产率差异、行政垄断、自然垄断。因此，中国居民收入差距问题不只是利益分配格局的问题，还牵扯到市场、管理体制等方方面面的因素，所以收入分配步伐调整得非常迟缓。未来收入差距的调整，可以分以下几步：第一，完善个人收入所得税征收制度；第二，教育资源的公平化，尤其是加强农村教育的建设；第三，垄断部门的改革；第四，探索农民工工资保障和增长制度；第五，加大国家对落后地区的转移支付。

第三节　科技创新及协作

一　中小企业融资支持制度创新

20 世纪 90 年代中期以来，随着市场化改革的推进，由原来的乡镇企业转型和新发展起来的中小企业，对于中国的经济发展做出了巨大贡献，担当了就业吸收主阵地的作用。但是，我国中小企业发展长期被融资难的问题所困扰，中小企业融资渠道窄、融资成本高已成为众所周知的问题。一项比较研究表明，在融资结构上，我国中小企业都以内源性融资为主，比例达 90% 以上，比美国中小企业高出 40%（聂强，2010），问题表现在以下几个方面：融资基本依赖银行，资金来源渠道单一，缺乏商业银行、投资公司、政府资助、风险投资等支持；融资机制上，尚未建立起面向中小企业的高效融资体系；中小企业融资信用担保体系不健全。城市化及创新集聚的过程，是企业分工协作的过程，中小企业健康发展是促进产业创新和成长的重要保证。因此，建立系统化的中小企业融资支持制度，对于城市化的顺利推进意义重大。基于现状和未来需求，中小企业融资支持制度建设包含以下几个方面：（1）发展中小资本市场，解决资金来源渠道单一问题。中小资本市场主要包括创业板市场和区域小额资本市场，我国目前已经推出创业板市场，但是由于容量有限，因此积极探索区域性小额资本市场的发展，是中小资本市场发展的重要方面。（2）融资担保制度建设。一方面，通过建立政府对担保公司的风险补偿机制，促进担保公司与中小企业的合作；另一方面，完善中小企业互助担保基金制度，形成政府、企业、银行共同出资共担风险的机制。（3）民间借贷转正。民间借贷是产业资本向金融资本转化的结果，是正规金融的有益补充，在一定程度上解决了中小企业的融资需求。对于经济发达地区的民间借贷，国家应采取分类管理、有效引导的措施，规范民间借贷行为，对合理合法的民间借贷给予支持和保护。

二　人力资源培育和劳动保护

科技和制度创新的实现最终要靠人才。30 多年的工业化，经济增长过程的干中学、投中学机制，促进了中国人力资本的积累，中国劳动者技能、知识存量处于不断积累的过程中。但是，由于中国工业化走的是"干中学"模仿型的技术进步道路，创新型企业家和创新型研发人力资源缺失，这是城市化阶段的人力资源政策之着力点。未来人力资源开发的制度，可以在吸取目前国内发达地区高层次人才引进、培养的经验基础上，借鉴发达国家经验，建立起国家高端人才培育的系统性规划。另外，吸取以往的经验教训，国家应建立起农民工劳动保护的相关制度，对占劳动力市场大部分的这一弱势群体的健康予以保护。

三　建立区域协调合作机制

城市群的形成，城市间的分工协作，已经突破了原有行政区划的范围。目前广泛存在的区域分割，已经不能满足新阶段经济发展的要求，城市群内部城市之间的协调以及城市群之间的合作，对于空间资源的整合非常重要。适应未来城市群发展和创新集群成长的区域治理模式，应该是跨行政区的协商协调机构。目前，城市群合作遇到的主要问题是：第一，区域合作的治理机构缺失，不具有议事制度化和决策合法化的环节；第二，协作补偿机制缺失。城市间的合作，应当是互利共赢，成本均摊，致使城市参与区域协作的积极性不高。这些问题的存在，往往导致诸如产业结构趋同等问题。未来的区域合作机制，应由国家和地方在区域合作方式上进行探讨和规范化，在法律保障、机构建设方面进行创新。

参考文献

［1］陈颐：《论社会保障的"中国模式"》，《江海学刊》2010 年第 5 期。

［2］侯一麟：《政府职能、事权事则与财权财力：1978 年以来我国财政体制改革》，《公共行政评论》2009 年第 2 期。

［3］顾惠芳、王大伟：《加快土地制度创新、促进城镇化质量提升》，《中国经贸导刊》2011 年第 22 期。

［4］聂强：《中美中小企业融资模式研究及路径探索》，《云南社会科学》2010 年第 4 期。

［5］王慈航：《"土地财政"模式转型的路径依赖与制度创新》，《经济与社会发展》2010 年第 9 期。

［6］俞可平：《治理与善治》，社会科学文献出版社，2000。

［7］侯一麟：《政府职能、事权事责与财权财力——1978 年以来我国财政体制改革中财权事权划分的理论分析》，《公共行政评论》2009 年第 2 期。

［8］竹立家：《改革需要什么样的"顶层设计"》，《人民论坛》2011 年第 2 期。

图书在版编目（CIP）数据

增长、结构与转型：中国经济增长潜力分析. 2 / 袁富华著.
—北京：社会科学文献出版社，2014.8
ISBN 978 - 7 - 5097 - 6043 - 7

Ⅰ. ①增… Ⅱ. ①袁… Ⅲ. ①经济增长 - 研究 - 中国
Ⅳ. ①F124

中国版本图书馆 CIP 数据核字（2014）第 106739 号

增长、结构与转型：中国经济增长潜力分析 II

著　　者 / 袁富华

出 版 人 / 谢寿光
出 版 者 / 社会科学文献出版社
地　　址 / 北京市西城区北三环中路甲 29 号院 3 号楼华龙大厦
邮政编码 / 100029

责任部门 / 经济与管理出版中心（010）59367226　　　责任编辑 / 高　雁　黄　利
电子信箱 / caijingbu@ ssap. cn　　　　　　　　　　责任校对 / 刘宏桥
项目统筹 / 恽　薇　　　　　　　　　　　　　　　　责任印制 / 岳　阳
经　　销 / 社会科学文献出版社市场营销中心（010）59367081　　59367089
读者服务 / 读者服务中心（010）59367028

印　　装 / 北京鹏润伟业印刷有限公司
开　　本 / 787mm×1092mm　1/16　　　　　　　　　印　　张 / 16.25
版　　次 / 2014 年 8 月第 1 版　　　　　　　　　　字　　数 / 239 千字
印　　次 / 2014 年 8 月第 1 次印刷
书　　号 / ISBN 978 - 7 - 5097 - 6043 - 7
定　　价 / 59.00 元

本书如有破损、缺页、装订错误，请与本社读者服务中心联系更换
Ⓐ 版权所有　翻印必究